走向职业化——高职高专"十四五"精品教材

[经济管理类专业基础课系列]

市场调研与预测

| 第4版 |

邱小平 编著

机械工业出版社
CHINA MACHINE PRESS

本书从高职高专市场营销专业、连锁经营专业课程的教学要求和特点出发，系统介绍了市场调研与预测的基本理论和实务，包括方案设计、调研方式方法选择、资料处理分析以及报告撰写等方面。本书正文有许多小知识、小案例，以及思考、训练、练习等，互动性很强；项目末尾有相应的习题、案例分析，帮助学生更好地掌握理论知识，提高实践能力。

本书可以作为高职高专市场营销专业、连锁经营专业以及经济管理类其他相关专业的教材，也可以作为市场研究工作者的参考读物。

图书在版编目（CIP）数据

市场调研与预测 / 邱小平编著 . —4 版 . —北京：机械工业出版社，2023.6（2025.1 重印）

走向职业化——高职高专"十四五"精品教材 . 经济管理类专业基础课系列

ISBN 978-7-111-73004-0

Ⅰ. ①市… Ⅱ. ①邱… Ⅲ. ①市场调研 - 高等职业教育 - 教材 ②市场预测 - 高等职业教育 - 教材 Ⅳ. ① F713.52

中国国家版本馆 CIP 数据核字（2023）第 063337 号

机械工业出版社（北京市百万庄大街 22 号　邮政编码 100037）
策划编辑：施琳琳　　　　　　　责任编辑：施琳琳　李晓敏
责任校对：龚思文　周伟伟　　　责任印制：单爱军
北京虎彩文化传播有限公司印刷
2025 年 1 月第 4 版第 2 次印刷
170mm×240mm・18 印张・338 千字
标准书号：ISBN 978-7-111-73004-0
定价：45.00 元

电话服务	网络服务
客服电话：010-88361066	机 工 官 网：www.cmpbook.com
010-88379833	机 工 官 博：weibo.com/cmp1952
010-68326294	金 书 网：www.golden-book.com
封底无防伪标均为盗版	机工教育服务网：www.cmpedu.com

高职高专经管类、旅游类规划教材总编委会名单

顾　　问	吴念香　卢 一　陈 智　刘跃南 叶小明　唐子峰　杨群祥　查振祥
主任委员	陈粟宋
副主任委员	陈云川　林惠华　汪 治　廖俊杰　张渝涓
委　　员	（排名不分先后） 唐 宇　黄文刚　谢金生　石 强　陈 健 刘志娟　李 丽　赵 红　于雁翎　熊 焰 朱 权　曾艳英　肖 平　罗千人　李立新 缪永合　高 伟
秘书长	欧阳丽
秘　　书	高 伟

高职高专经管类、旅游类规划教材
经管专业基础课分编委会

委　　员　（排名不分先后）

　　　　　黄　瑞　　朱　权　　高凤荣　　邱小平　　李海东
　　　　　焦利勤　　于雁翎　　肖　红　　郑　琦　　王志雄
　　　　　曾慧云　　彭宗群　　孙任祥　　廖晓红

走向职业化——高职高专经管类、旅游类规划教材联编院校名单

（排名不分先后）

1. 深圳职业技术学院
2. 顺德职业技术学院
3. 广东轻工职业技术学院
4. 广东工贸职业技术学院
5. 广东交通职业技术学院
6. 中山职业技术学院
7. 广东白云学院
8. 广东农工商职业技术学院
9. 广东邮电职业技术学院
10. 广州铁路职业技术学院
11. 广州航海高等专科学校
12. 黄河水利职业技术学院
13. 佛山职业技术学院
14. 珠海城市职业技术学院
15. 广东女子职业技术学院
16. 广东培正学院
17. 山西金融职业学院

前言 Preface

《市场调研与预测》第1版于2007年8月出版发行，其后在教材使用中不断提升积累，又于2009年进行了修订完善，经过11次印刷，成为一本深受多所院校欢迎的优秀教材；为了适应高职教育的发展，2012年3月进行再版；2016年7月进行第3版更新；本次更新到第4版。本次再版延续了教材以往的编写风格，更加适应"项目导向、任务驱动"的教学模式要求，通过结合具体市场调研项目应当完成的工作内容，按照工作流程分解成具体项目和具体任务，把教学内容整合成9大项目51项任务，以期学生通过完成一个个任务掌握相应的项目执行能力，进而掌握本门课程要求的能力。本书还融入了编者在多年教学中的体会，增强了学生自学的可读性、教师教学的可用性，特别是对教学中遇到的重点难点进行了梳理，使教学内容的表述更通俗易懂，充实了一些知识点，使难点能够更好地教授和学习掌握。另外，针对专业学习的精细化要求，本书更多地结合连锁经营和市场营销的案例，使得教材更具有专业针对性。

本书结合高职高专人才培养要求，突出"走向职业化，立足广东，面向全国"，以就业为导向，结合广东地区的经济发展，突出广东特色，同时兼顾全国范围的通用性；结合教学方法的改革实践并辅以相关的考核；打破传统的以学科体系来编写教材的模式，理论以够用、实用为度，强调实际操作能力的培养和职业素养的培养；突出"走向职业化"的特色，结合职业技能和资格证书的获取所需具备的知识与能力的要求，以企业管理专业学生所需要的岗位和岗位群能力为导向，构建起较完整的内容体系。本书图、表、案例丰富，文笔简明，是一本易读、易学的优秀教材。

本书秉承以完成实际市场调研项目为要求掌握知识能力的导向，以完成具体任务要求为阶段目标，将整体的教学内容分为9大项目，包括项目1建立市场调研与预测基本理念、项目2设计市场调研总体方案、项目3运用市场调研的样本组织方式、项目4设计市场调研问卷、项目5运用市场调研方法开展调研、项目6处理市场调研资料、项目7分析市场调研资料、项目8预测市场、项目9撰写市场调研报告。另外，本书还在一些比较重要的能力点新增了实训内容，以便教师教学。

本书由广东农工商职业技术学院市场营销学副教授邱小平撰写。本书在撰写中得到了广东农工商职业技术学院杨群祥教授的悉心指导。顺德职业技术学院高凤荣老师、广东邮电职业技术学院刘迎春老师、中山火炬职业技术学院焦利勤和孙任祥老师提供了支持与帮助，机械工业出版社也给予了大力支持。本书还参阅了许多学者的新近研究成果和案例，在此一并表示衷心的感谢！

邱小平
2023 年 3 月

教学建议 Suggestion

"市场调研与预测"是一门实用性很强的课程,在教学过程中应多结合实际案例进行教学。另外,根据高职教育的要求,还应多结合高职教育的特点组织教学。

在教学过程中建议做到:

(1)基于工作过程组织教学内容体系。根据调研公司在实际开展市场调研活动时的基本程序,组织教学内容,进行专项能力的培养。

(2)以项目导向、任务驱动组织教学。

(3)多采用工学结合的模式强化实践能力的培养。

在教学内容的组织上,以课程能力培养为宗旨,紧密结合生产实际,体现岗位能力的要求,以促进学生实践操作能力的培养为目标,将课程分解为市场调研总体方案设计能力、市场调研样本组织能力、市场调研问卷设计能力、市场调研资料收集能力和网络调研技术的运用能力、市场调研资料处理能力、市场调研资料分析能力、市场预测能力、市场调研报告撰写能力,以此来组织教学内容。

以项目导向、任务驱动模式组织的整体教学内容

教学项目	教学任务		培养的主要能力	学时安排	考核方式
项目1 建立市场调研与预测基本理念	任务1.1	市场调研活动概述	建立现代市场调研与预测基本理念	4	报告
	任务1.2	市场预测活动概述			
	任务1.3	商圈调研			
项目2 设计市场调研总体方案	任务2.1	设计调研方案的格式	市场调研总体方案设计能力	6	报告
	任务2.2	设计调研方案的封面			
	任务2.3	设计调研方案的标题与目录			
	任务2.4	设计调研方案的引言			
	任务2.5	设计调研方案的调研目的与内容			
	任务2.6	设计调研对象与调研单位			
	任务2.7	设计调研方式与调研方法			
	任务2.8	设计调研资料处理和分析方法			
	任务2.9	设计调研报告提交方式			
	任务2.10	设定调研时间和调研工作期限			
	任务2.11	设计调研预算和调研组织			
	任务2.12	进行调研方案可行性研究与评价			

（续）

教学项目	教学任务		培养的主要能力	学时安排	考核方式
项目3 运用市场调研的样本组织方式	任务3.1	确定调研样本的基本组织方式	市场调研样本组织能力	10	考试&报告
	任务3.2	确定能否采用随机抽样方式			
	任务3.3	确定可以采用的随机抽样方式并加以运用			
	任务3.4	运用随机抽样方式下的样本资料进行推论			
	任务3.5	确定采用随机抽样方式下应抽取的样本容量			
	任务3.6	确定能否采用非随机抽样方式			
	任务3.7	确定应运用的非随机抽样方式			
项目4 设计市场调研问卷	任务4.1	设计调研问卷的封面	市场调研问卷设计能力	8	考试&报告
	任务4.2	设计调研问卷的标题			
	任务4.3	设计调研问卷的问候语和问卷说明			
	任务4.4	设计调研问卷的编码			
	任务4.5	设计调研问卷的甄别部分			
	任务4.6	设计调研问卷的题目			
	任务4.7	设计调研问卷题目的答案			
	任务4.8	设计调研问卷的作业情况记录及结尾			
项目5 运用市场调研方法开展调研	任务5.1	确定是否采用间接的市场调研法	市场调研资料收集能力和网络市场调研技术的运用能力	8	报告
	任务5.2	运用访问法进行市场调研			
	任务5.3	运用观察法进行市场调研			
	任务5.4	运用实验法进行市场调研			
	任务5.5	运用网络市场调研技术			
	任务5.6	网络市场调研的方法与策略			
项目6 处理市场调研资料	任务6.1	拟定市场调研资料的处理程序	市场调研资料处理能力	6	考试&报告
	任务6.2	对市场调研资料进行审核			
	任务6.3	对市场调研资料进行编辑			
	任务6.4	进行市场调研资料的分类（组）整理汇总			
	任务6.5	对调研资料进行编码			
	任务6.6	对调研资料进行转换存储			
项目7 分析市场调研资料	任务7.1	选择市场调研资料的分析方法	市场调研资料分析能力	6	报告
	任务7.2	运用定性分析方法			
	任务7.3	运用定量分析方法			
项目8 预测市场	任务8.1	正确选择市场预测的方法	市场预测能力	6	报告
	任务8.2	运用定性预测法			
	任务8.3	运用定量预测法			
项目9 撰写市场调研报告	任务9.1	拟定市场调研报告的格式	市场调研报告撰写能力	4	报告
	任务9.2	设计市场调研报告的各要素			
	任务9.3	市场调研报告各部分的撰写			
合　　计				58	

具体的教学方法建议采用：

（1）角色扮演的方式，增强教学效果。主讲教师以市场调研公司经理人的角色、学生以调研部门员工的角色，进行情景模拟，融会贯通所需掌握的理论知识和实践能力。例如，在"设计市场调研问卷"项目的教学中，学生作为市场调研公司问卷设计部门或小组的人员，对客户所委托的调研项目的市场环境和条件进行分析并设计问卷。

（2）分组讨论的方式。分学习小组介绍方案，其他同学作为参与的人员进行讨论分析设计，最后老师作为"经理人"进行评价确定。

（3）现场实境教学法。带领学生深入实际市场环境开展实地的市场调研，老师负责指导和问题的解答。例如，在"运用市场调研方法开展调研"项目的教学中，学生作为市场调研公司的调研部门人员，对客户所委托的调研项目进行实地调研；在"市场调研与预测综合运用能力"的教学中，老师扮演指导者和问题解决者。

建议改革考核方法，以知识考核和能力考核相结合的方式对学生进行考核。总之，应当在教学中不断探索创新，促进教学效果的提升。

Contents 目 录

前言
教学建议

项目 1　建立市场调研与预测基本理念 ··· 1
　　任务 1.1　市场调研活动概述 ·· 1
　　任务 1.2　市场预测活动概述 ·· 37
　　任务 1.3　商圈调研 ·· 40

项目 2　设计市场调研总体方案 ·· 50
　　任务 2.1　设计调研方案的格式 ··· 51
　　任务 2.2　设计调研方案的封面 ··· 52
　　任务 2.3　设计调研方案的标题与目录 ·· 54
　　任务 2.4　设计调研方案的引言 ··· 56
　　任务 2.5　设计调研方案的调研目的与内容 ·· 57
　　任务 2.6　设计调研对象与调研单位 ··· 59
　　任务 2.7　设计调研方式与调研方法 ··· 60
　　任务 2.8　设计调研资料处理和分析方法 ··· 61
　　任务 2.9　设计调研报告提交方式 ·· 62
　　任务 2.10　设定调研时间和调研工作期限 ··· 63
　　任务 2.11　设计调研预算和调研组织 ··· 65
　　任务 2.12　进行调研方案可行性研究与评价 ·· 66

项目 3　运用市场调研的样本组织方式 ·· 74
　　任务 3.1　确定调研样本的基本组织方式 ··· 75
　　任务 3.2　确定能否采用随机抽样方式 ·· 80
　　任务 3.3　确定可以采用的随机抽样方式并加以运用 ······································ 84

任务 3.4　运用随机抽样方式下的样本资料进行推论 ·················· 95
　　任务 3.5　确定采用随机抽样方式下应抽取的样本容量 ·················· 103
　　任务 3.6　确定能否采用非随机抽样方式 ······························ 109
　　任务 3.7　确定应运用的非随机抽样方式 ······························ 111

项目 4　设计市场调研问卷 ·· 126
　　任务 4.1　设计调研问卷的封面 ······································· 126
　　任务 4.2　设计调研问卷的标题 ······································· 129
　　任务 4.3　设计调研问卷的问候语和问卷说明 ·························· 130
　　任务 4.4　设计调研问卷的编码 ······································· 131
　　任务 4.5　设计调研问卷的甄别部分 ··································· 132
　　任务 4.6　设计调研问卷的题目 ······································· 134
　　任务 4.7　设计调研问卷题目的答案 ··································· 140
　　任务 4.8　设计调研问卷的作业情况记录及结尾 ························ 144

项目 5　运用市场调研方法开展调研 ·· 150
　　任务 5.1　确定是否采用间接的市场调研法 ···························· 150
　　任务 5.2　运用访问法进行市场调研 ··································· 153
　　任务 5.3　运用观察法进行市场调研 ··································· 156
　　任务 5.4　运用实验法进行市场调研 ··································· 159
　　任务 5.5　运用网络市场调研技术 ····································· 161
　　任务 5.6　网络市场调研的方法与策略 ································· 164

项目 6　处理市场调研资料 ·· 169
　　任务 6.1　拟定市场调研资料的处理程序 ······························ 169
　　任务 6.2　对市场调研资料进行审核 ··································· 171
　　任务 6.3　对市场调研资料进行编辑 ··································· 175
　　任务 6.4　进行市场调研资料的分类（组）整理汇总 ···················· 178
　　任务 6.5　对调研资料进行编码 ······································· 189
　　任务 6.6　对调研资料进行转换存储 ··································· 195

项目 7　分析市场调研资料 ·· 200
　　任务 7.1　选择市场调研资料的分析方法 ······························ 200
　　任务 7.2　运用定性分析方法 ··· 206
　　任务 7.3　运用定量分析方法 ··· 209

项目 8　预测市场 ··· 232
任务 8.1　正确选择市场预测的方法 ····················· 233
任务 8.2　运用定性预测法 ································· 241
任务 8.3　运用定量预测法 ································· 249

项目 9　撰写市场调研报告 ··· 260
任务 9.1　拟定市场调研报告的格式 ····················· 260
任务 9.2　设计市场调研报告的各要素 ·················· 263
任务 9.3　市场调研报告各部分的撰写 ·················· 268

参考文献 ·· 273

项目 1

建立市场调研与预测基本理念

学习目标

知识目标

1. 了解市场调研的要义、作用、内容和程序
2. 掌握市场调研的类型、原则、特征和内容
3. 认识市场预测的要义
4. 掌握市场调研与预测两者之间的关系
5. 认识市场调研中宏观、中观、微观环境调研的主要内容
6. 掌握商圈调研的主要内容和方法

能力目标

1. 能结合实际项目应用市场调研的基本程序、类型、原则和特征,有效地组织开展市场调研活动,并能把握市场调研与预测之间的关系,从而有效地服务于企业的决策
2. 能结合实际项目开展商圈调研

项目介绍

本项目主要是认识市场调研与预测活动的基础,从而建立起好的市场调研与预测活动的理念,包括对市场调研活动意义、作用、特征、类型、原则与程序、内容等方面的认识,以及对市场预测活动的基本认识,并结合市场调研的重要活动"商圈调研"进行了专门的介绍。

任务 1.1 市场调研活动概述

"没有调查,就没有发言权",这是在实际工作和生活中人们积累的对事物的评判和决策者提出的共识性的要求。同样,对于企业的经营管理者来说,要对企业实施的营销管理活动提出判断、评价、决策,也必须以客观的态度、科学的调研认识市场,这样才能做出正确的、有利于企业发展的经营决策。

1.1.1 市场调研活动的基本认识

1. 市场调研与企业发展的关系

管仲曾说:"不明于数,欲举大事,犹舟之无楫而欲经于水险也。"就是说要做大事,如果都不知道情况,没有做到成竹在胸,就好像一艘没有楫的船要经受风浪之风险一样。企业是市场海洋中一艘艘的船,只有经得起风浪、认得准航向才能胜利地到达目的地,并开始新的航程。在这一航程中,有的船会沉没,沉没的船无疑是经不起风浪的。市场海洋为什么会这样呢?因为市场的环境多变。也就是说,企业的经营环境在不断变化,包括政治、经济、文化、法律、技术、自然等宏观环境的变化,以及企业所处的行业与竞争环境、消费需求、供求关系等行业和微观环境的变化。而对企业来说,这些环境是无法去改变的,只能去认识它们并适应它们。

市场中成功的、失败的企业都有例证。成功例子比比皆是。例如,宝洁公司的一款婴儿纸尿裤刚投放中国市场的时候,产品没有根据中国市场的情况设计,而是按照投放欧美市场的设计,比较厚,小孩绑一片纸尿裤就可以用一天。但是,在广州市场,家长反映小孩绑纸尿裤后易长湿疹,口碑并不好。宝洁公司发现问题后,马上进行市场调研,得出原因:广州气候比较潮湿,纸尿裤因为比较厚不够透气,所以小孩绑后易长湿疹。随后宝洁公司着手进行产品改良,以适应广州等地的市场,改良后的宝洁公司产品最终因满足了市场需求而成功地在中国市场站稳脚跟。不认识市场、违背了市场规律的企业,当然只能走向失败。例如,在广州市天河区粤垦路有两家超市,一家叫作家宜,另一家叫作好万家。家宜是广州市菜篮子工程企业家宜连锁食品有限公司旗下的一家店,刚开业的时候非常火爆,但在经营一段时间以后,该路段增开了一家超市,市场的环境发生了较大的变化,家宜在经营过程中一直没有采取有效的策略,再加上发生了烤鸡质量问题的公关危机事件,处理失当,超市先行关门。好万家同样没有采取什么有效的措施和策略,随后也关门了。这两家店经营失败除了市场竞争激烈,作为社区超市面对客流分流的原因,与它们没有及时通过市场调研认识和把握市场的变化,从而采取有效的市场战略和策略关系密切。

那么,企业如何才能有效地满足市场消费需求呢?企业为了在市场中生存发展,都必须重视市场的各种信息,并采取切实有效的方式开展市场的营销活动来满足消费需求。例如,市场中曾出现牛仔装消费热,但一度穿的人少了,款式也变了,生产和经营的企业就必须把握好这一市场信息,做出正确的决策。市场营销是以满足消费者的各种需求和欲望为目的,通过市场把潜在交换变为现实交换的活动。而为促使这一交换活动的实现,带来营销成功,营销者必须遵循"适当原理",即在适当的时间、地点,以适当的价格,使用适当的营销方式和手段,把适当的商品和服务销售给适当的对象。能做出这个适当决策的前提是,必须及时、准确地获取为制定决策所需要的信息。正如上面提到的牛仔装消费热的变化,企业可以转产、少产、主产、开发、转营来应对市场。市场调研就是为领导决策提供信息的一种主要手段。可见,市场调研是取得营销决策重要依据之源,是企业营销系统中不可或缺的一项活动。企业只有对市场做出科学的分析,并根据消费者的需求和欲望决定自己的生产经营策略,才能使市场营销活动具有针对性,才能在竞争中求得生存和发展。这里,初步可以把市场调研看作是获取市场信息的一种活动。

【练习】

请大家拿出一张纸回答老师想调研的问题:入学时你用了多少钱购买生活用品?主要是买什么?

【思考】

假如你想创业,你应该如何实现对市场有所认识?

2. 市场调研的作用

在市场经济条件下,企业是通过参与市场的交换来取得生存发展的条件和动力的。而参与市场交换时,企业并不是完全处于主动地位的,因为有诸多的市场因素在制约着企业,包括宏观、行业和微观的因素。准确把握市场信息,是取得有效交换的条件。如果市场的消费需求已经发生大的变化,企业还一味地盲从,则只会导致经营的失败。举例来说,现在的摩托车已在多个大城市禁止使用,企业就必须尽早适应这一变化,向中小城市和乡村转移。这就是迅速和准确地通过市场调研把握市场信息后,做出的适应性决策的变化。可见,市场调研在企业经营管理活动中所具有的作用是不可忽视的。搜集市场信息,建立市场信息网络,这是搞市场经济的首要条件。市场调研是企业把握市场信息的利器。市场调研是以提高营销效益为目的的,通过有计划地搜集、整理和分析市场的信息资料,提出解决企业面临问题的建议的一种科学方法。随着我国市场经济的进一步发展,市场竞争将日益激烈,企业必须开展有效的市场调研活动才能赢得市场,具体来说,市场调研的作用体现在如下几个方面。

(1)市场调研是企业经营决策的前提。从大的方面来说,市场调研可以为企业方方面面的经营决策提供依据,包括战略和策略方面。企业的经营决策水平直接决定了企业的生存和发展。而正确的决策主要取决于信息的把握能力。为此,当今许多的成功企业都非常重视市场调研活动。例如，2007年，广东碧桂园房地产企业对某四线城市房地产市场进行调研，得出了以下结论：第一，居民购房需求越来越强烈。第二，潜在购房需求以小单元的商品房为主。第三，居民可承受的房价以每平方米 4 000～6 000 元为主。第四，从年龄来看，25～34 岁的人占购房人群的 36%。第五，潜在购房的意愿面积以 80～100 米^2 的需求量最高。第六，主要的潜在房屋预购者的家庭月收入在 5 000～8 000 元。通过这项调研，该企业实施了以年龄 25～34 岁这一群体为主销对象的营销决策，企业取得了良好的营销业绩和迅猛的发展。

这里还要指出的是，企业面对模糊市场（如新生的市场、新的业态模式等）时，更要依靠规范的市场调研活动来认识和把握市场。

（2）为企业开拓市场和开发新产品服务。企业在开拓市场时首先必须把握市场的环境，主要是市场的需求和竞争的环境。企业还必须获得消费者现实需求与期望需求的差距，分析市场空缺，不断地寻找新的增长点，准确把握市场机会。例如，中国青岛海尔集团决定进军美国洗衣机市场时，被人认为是"鸡蛋碰石头"。在许多人的眼中，当时美国的洗衣机市场早就处于饱和状态，海尔要挤进这个市场，简直是以卵击石。但通过对自身实力进行准确的评估，对美国的洗衣机市场进行了详细的调研，并进行认真的分析和市场细分，海尔发现美国的小容量型洗衣机存在着细分市场，于是凭借自己准确的决策、优秀的产品质量，在美国占有了一席之地。从中可以认识到市场细分是市场竞争的一种有效战略，但是要准确无误地决策必须建立在详细的市场调研的基础之上。企业开发新产品也是同样道理，新产品卖给谁、卖多少钱、要有什么功能、新产品的替代产品情况怎么样、营销策略该如何设计才能适当且有效等都必须掌握，才能使新产品打开销路。

（3）促使企业在竞争中占据有利位置。市场竞争是企业之间的博弈，是对消费者的争夺。所谓"知彼知己，百战不殆"，只有既了解争夺的对象又了解参与的争夺者，才能赢得竞争。首先，要求对消费者的消费行为、动机、态度进行研究，了解消费者对产品或服务的需求，使企业在进行产品开发、设计、改进时，能充分考虑消费者的意愿，最大限度地满足消费者的需求。例如，高端电饭煲成为许多家庭的首选，美的和格力推出了多款产品以适应市场发展。其次，了解竞争对手的产品目前的营销策略，分析市场细分状况，寻找适合本企业发展的目标市场，恰当进行产品和市场定位，在竞争中取得优势。例如，国产汽车在 SUV 市场上取得的成功。再次，企业营销管理者可以通过市场调研，获知市场经营状况的及时反馈，了解某一种营销策略的执行情况，及时进行方案调整。最后，能把握好行业发展的生命周期和发展态势等方面。

（4）促进企业经营管理的改善，增强企业的竞争力。市场调研能促进企业经营管理的改善，增强企业的竞争力，主要是可以通过加强企业内部管理、完善企业内部管理制度、完善企业的各种公众关系、提高企业的形象等方面来实现。就客户关系管理来说，当今的市场经济下，企业赢得客户就能赢得市场。所以，企业都非常注重对客户关系的维护，客户是企业的利润之源，客户是企业的资产。人们从著名的帕累托法则推出企业经营的成功定律 80/20 法则，即一家公司 80% 的收益是由 20% 的客户带来的。就一家百货公司来说，拥有该公司会员卡的顾客，平均的贡献度比非会员要高，而拥有金卡、银卡的会员又会比一般会员高，差别就在于关系深入程度不同。因此，企业都非常注重对核心重点客户的管理。客户关系管理已经成为企业的重要管理活动。如果将企业的顾客分类的话，忠诚顾客是企业稳定的客源，也是企业生存发展的基础。由此可见，通过对客户的调研，掌握客户的态度和需求的变化，维系好与客户的关系，能为企业提高竞争力服务。

综上所述，市场调研是企业生产经营活动中必不可少的一项重要活动，是任何企业都无法脱离的营销管理活动。

【练习】

结合某一成功企业的实际，谈谈你对市场调研作用的认识。

【训练】

通过上网的方式了解一些著名的企业是如何发挥市场调研作用的。

1.1.2　市场调研的要义与特征

1.1.2.1　市场调研的要义

1. 基本要义

市场调研是通过使用专门的、科学的方式方法，以客观的态度，对所调研的市场现象中的一系列相关资料信息，进行搜集、整理、分析和报告，从而了解现有市场和潜在市场的情况，并以此为依据提出对策的一种理性认识市场的活动，也常称为市场调查。在广州市天河城永旺超市，常有一些企业开展资料搜集的活动。例如，曾有一家生产牛奶的企业专门进行关于牛奶口味的调查，通过免费的试饮调研 10 个左右的问题进行资料的搜集，之后进行资料的整理、分析、报告，为企业的经营决策服务。

2. 几点认识和说明

（1）调研是一种社会实践活动，应用于社会活动的各个方面，包括国家的管理、政府的运作、社会公共事务的管理、企业管理，乃至所有需要管理的活动。

（2）开展市场调研活动的方式多种多样，可以很正式、很正规地开展，即按照规定的流程和方式方法来进行。调研活动过程具体包括总体方案设计，问卷设计，调研技巧方法的运用，资料的整理、分析、报告，等等，通常把这一方式的调研活动称为"规范调研"。具体既可以企业自己来开展，也可以委托市场调研服务公司来开展。现实中企业更多地使用不是特别正规的开展方式，如企业内部部门之间的相互沟通了解、管理活动中对情况的了解等活动形式，可以把这一方式的调研活动称为"非规范调研"。两者是相通的，从学习和深入地认识市场的角度来说，市场调研讲的是"规范调研"，"非规范调研"只不过是"规范调研"的实际应用形式。

（3）市场调研是一种认识市场的工具。企业要深入地认识市场主要是借助市场调研的各种方式方法来进行。例如，宝洁公司通过市场调研了解到中国人的发质特点，推出海飞丝、飘柔、沙宣等产品。再如，现在有许多的企业在自己的网页上通过问卷向任意对象开展调查，就是为了认识市场。

（4）市场调研是市场营销活动的一个重要组成部分。市场信息是开展市场营销活动的基础。所以，要有效地开展市场营销活动，就必须掌握好市场的信息，而获取市场信息必须借助市场调研。

（5）市场调研活动的特点，主要在于以企业为调研主体开展各种形式的市场调研活动，并且更加偏重于对市场信息的搜集与分析、报告，为企业的营销决策服务。市场调研活动构成要素包括调研的主体、调研的客体和调研的内容。具体来说，调研的主体包括商品流通企业、生产企业、旅游饭店企业、房地产企业等；调研的客体具体来说包括企业、家庭、消费者、社会群体这些资料搜集的对象；调研的内容是影响营销活动的各种环境因素，包括政治、经济、文化、法律、自然地理、消费行为与动机、市场竞争、供求关系等。

（6）市场调研活动是一项专业技术活动。市场调研活动要求按照规定的程序，选择有代表性的对象，采用合适的样本组织方式确定样本对象，利用样本资料推论总体的结果，这些都具有很强的技术要求。其专业技术性还体现在合适样本数量的确定、误差的计算、问卷设计、调研方法的选择与运用，以及资料的分析和报告等方面。

1.1.2.2 市场调研的特征

市场调研与企业商品采购、广告、公共关系、销售与营业推广等其他活动相比，具有自身的一些特征。

1. 针对性

市场调研是针对企业面临的、亟须加以解决的问题开展的。任何企业都生存于特定的环境之中，在运营过程中会面临各种各样的环境变化，也在不断地按照所理解的环境的情况做出决策。如坐落在广州市天河北的百佳超市，就是在我国的经济条件、广州市的经济条件、广州市天河北商圈的条件等环境下开展经营的。环境是在不断变化的。环境的变化要靠调研来掌握。如此说来就必须天天或者说经常进行市场调研，把调研当作日常的工作？事实并非完全如此，如果将信息的了解作为市场调研的活动，是没有错的。因为信息的了解过程其实是以后章节所要学习的调研原理和方式运用过程，只不过从表象来看没有这么正规而已。但是从很正式的方式角度来说，那又是错的，因为企业并非要天天着手开展这样的正式的调查，一方面企业会吃不消，另一方面也没有必要。因为事实上环境的质的变化并不是天天变化的，存在从量变到质变的过程，我们所说的环境是在不断变化的，往往从环境的某一个或某几个因素发生变化，而对于这些变化，企业在一般情况下是可以应对的。例如，在市场经营中竞争对手的价格变化，企业采取相应策略应对。但是，企业也会出现应对不了的时候，企业采用的经营策略不行了，怎样都调整不过来，说明企业已对环境缺乏理解和把握，这时，就必须借助正式的市场调研活动来掌握信息。还有一种情况就是企业面对陌生的环境，如开发新产品、开拓新市场、进入新行业，也要借助正式的市场调研来把握信息以做出决策。综上所述，正式的市场调研知识和技术在企业中的运用，是针对企业亟须解决的、实实在在的关键问题。

> **小知识**
>
> 自从我国加入世界贸易组织以后，外资不断进入我国的流通领域，2006年12月11日，我国全面取消对外资进入流通领域的限制，但我们所担心的外资大规模进入并没有马上出现，外资企业还在小心翼翼地铺网，通过调研来认识中国市场。

2. 普遍性

任何企业都面临着多变的市场环境，包括宏观、行业和微观的环境。环境是客观存在的，企业无法改变环境，但是，企业可以积极地去认识环境，从而更好地适应环境。企业只有适应环境才能生存发展，所以，任何企业都很难避免市场调研的活动。从这个角度来说，市场调研具有普遍性。当然，并不是说每一个企业都一定要开展很正式的"规范调研"，正如在针对性中所分析的，现实中的企业其实是在不断开展调研活动的，只不过方式没有这么正规而已。同时要说明的是，实力强的企业更加注重对市场的科学认识，实力弱的企业更多地借助"非规范调研"。

3. 经常性

企业的运营过程从管理的角度来说就是决策过程。企业决策的正确与否与信息的把握息息相关。虽然企业每天都需要决策，但严格来讲，并非天天都必须开展规范的市场调研。所以，从这一角度来说，任何企业都必须开展经常性的市场调研。为了保证调研活动的经常性开展，现代企业多通过电子信息系统来加强信息的经常性的调研和共享。以全球商业巨鳄沃尔玛为例，沃尔玛建立了强大的配送中心系统，拥有全美最大的私人卫星通信系统和最大的私人运输车队，所有分店的计算机都和总部相连，配送中心从收到店铺的订单到向生产厂家进货和送货只要 2 天的时间，而美国另外两家大型折扣商店凯玛特和塔吉特则需 5 天时间；沃尔玛的物流费用率比后两者低 60% 以上。沃尔玛的物流效率之所以高，是因为它运用了先进的信息技术，专门从事信息系统工作的科技人员有 1 200 多人，每年在信息技术工作方面投入的资金不下 5 亿美元。而早在 20 世纪 90 年代初，沃尔玛就在公司总部建立了庞大的数据中心，全集团的所有店铺、配送中心和经营的所有商品，每天发生的一切与经营有关的购、销、调、存等详细信息，都通过主干网和通信卫星传送到数据中心，管理人员可根据数据中心的信息对日常运营与企业战略做出分析和决策；沃尔玛的数据中心也与供应商建立了联系，从而实现了快速反应的供应链管理。生产商通过这套系统可以进入沃尔玛的计算机配销系统和数据中心，直接得到其供应的商品流通动态信息，如不同店铺及不同商品的销售统计数据、沃尔玛各仓库的存货和调配状况、销售预测、电子邮件与付款通知等，以此作为安排生产、供货和送货的依据。生产商和供应商都可以通过这个系统查阅沃尔玛最近一周的全球销售数据，并可据此分析市场前景、消费趋势等以调整产品结构和制订产销计划。这套信息系统为生产商和沃尔玛都带来了巨大的效益。

4. 科学性

市场调研的技术从总体上可以分为普查和抽样调查。而在实际运用中更多的是采用抽样调查的技术。抽样调查是遵循数理统计的原理来开展的，具有很强的科学性。这一点，在进一步的学习中会深刻领会，特别是在项目 3 "运用市场调研的样本组织方式"中能得到较全面的认识。在这里，主要是要认识到市场调研从表象看好像是没什么技术含量一样，实质上是对多年实践应用的知识和技术的总结。如从全班同学中随意点学号抽取同学作为代表，调研同学们的月消费支出情况，可以从所抽取的同学的调研结果推出全班同学的月消费水平，这不是随意的，而是含有科学的道理，在后续学习中再具体说明。

5. 可信性

结合科学性中的认识，还应该认识到调研得到的结论是可信的。抽样调查技术分为随机抽样和非随机抽样。在保证调研资料准确的前提下，从总体中随机或非随机抽出部分，利用这部分资料推论总体所得出的结论是可信的，因为抽样调查是遵循数理统计的原理开展的，具有很强的科学性。否则，市场调研也无法成为一门学科和被广泛应用的技术。这里还要强调的是，调研结论的可信度取决于资料的准确性。这就要求在开展市场调研活动中通过严格按照要求和严密地组织来保证。

6. 不确定性

依据市场调研的结论进行决策并不一定是准确的，也就是说"调研不等于万事大吉"。因为市场调研结论的准确性还受诸多因素的影响，主要包括下面3个因素。

（1）市场调研的结论受被调研者配合程度的影响。由于被调研者心理状态和调研技术水平等原因的影响，有可能会出现被调研者不愿意配合或配合程度不高的情况。例如，在企业调研中，涉及企业不愿让人知道的情况；消费调研中由于被调研者心情差而影响调研资料的真实性等。

（2）被调研者自身条件是变化的，甚至有时自己也是不明确的。可以结合内外环境的影响来认识，被调研者所要回答的情况还会受到自身所处环境的影响。例如，在企业调研中，企业将采取的策略、未来发展有许多是无法完全把握的。而在消费调研中被调研者的许多方面是多变的。大家都知道消费者的消费观念、消费水平都是在变化的，可能"昨天"是一个样，"今天"又是一个样，"明天"还会变化，飘忽不定，调研刚好是在"今天"进行，这样，消费调研的结果就可能出现与"明天"的偏差。

（3）抽样调查客观上存在误差。抽样调研是从总体中抽取部分个体进行调研，调研的结论并不能完全概括全部的情况，事实上是肯定有误差的，所以，应注意这一误差的客观存在。当然，可以通过有效运用市场调研技术尽可能地控制误差，从而得出可信可用的结论满足决策的需要。

【思考】

为什么市场调研的结论存在不确定性？

7. 时效性

市场各因素可以瞬息万变，当聚合达到一定程度时，就会催生市场新的质的变化。例如，某季度钢材一直缺货，应在这个季度的开始而不能在季度末才发现这一市场状况，并为当季的决策服务，否则会造成决策上的失误。也就是说，市场调研更多反映的只是某一特定时期的状况，在这个时期内才是有效的。因此，市场调研应尽可能在较短的时间内完成。

【思考】

市场调研具有哪些特征？为什么？

【练习】

结合所在班级对校园广播站的评价进行调研。

1.1.3 市场调研的类型

市场调研开展的方式很多，可以从不同的角度进行划分，从中也可以获得市场调研相关的很多知识。

1.1.3.1 按调研样本产生的方式划分

按调研样本产生的方式划分，可分为普查和抽样调查。

1. 普查

普查又称全面调查，即对总体内的所有个体逐一进行调查。例如，可以对所在学院或系或专业的学生进行月消费支出情况的调查，这种调查得出的结果无疑是最为准确可信的。

2. 抽样调查

抽样调查，即从面对的全部对象中有目的或随机地选取部分对象进行调查，用这一调查的结果来说明全部整体情况，具体分为随机抽样调查和非随机抽样调查。

（1）随机抽样调查，是从市场调查的母体（又称总体，调查对象的全体）中抽取一部分子体（又称为个体、单元）作为样本，并运用数理统计原理和方法对总体的数量特征进行估计和推断。随机抽样调查是没有人为因素影响的一种调查。例如，广州市天河区家具经营企业经营状况调查，将天河区所有的相关企业都登记造册，然后进行随机抽样调查。

（2）非随机抽样调查，是通过人为的方式确定样本的一类调查方式，具体将在项目3中深入学习。

1.1.3.2 按市场调查方法划分

按市场调查方法划分,可以分为4种。

(1)文案调查法,又称桌面调查,对现存资料进行搜集和归纳。例如,企业搜集历年的资产负债表分析净资产的增长水平;企业通过政府统计网、行业协会和学会搜集相关资料等。

(2)实地观察调查法,通过在现场进行观察来搜集资料。例如,销售人员在售货现场通过观察消费者来搜集消费行为的资料。

(3)访问调查法,通过直接或间接的方式与被调查者接触进行资料的搜集。具体的方法主要有邮寄问卷、网上调查、家访、个别访问、小组访问等。

(4)实验调查法,通过改变某个因素从而衡量该因素对所观察现象的影响。例如,改变食品的包装看销售量的变化,从而评价包装对商品销售的影响。再如,改变广告的投入比较商品销售的变化。

1.1.3.3 按研究性质和目的划分

按研究性质和目的划分,市场调研可以分为4种。

1. 探索性调研

有的时候,该向市场调研什么,调查者心中并无把握。这时,就要进行一些摸索,来把握应该调研市场的方向,为开展正式的调查服务。以摸索认识市场为目的所开展的调查就是探索性调研。探索性调研的特点主要体现在以下4个方面。

(1)它是在未明确市场具体情况时所做的初步调查。

(2)开展时不需要采用很多的样本,也不需采用随机抽样的方式。

(3)可以多借助专家咨询或二手资料调研。

(4)只为寻找思路与启迪。例如,佳家饭店在经营中曾出现经营不善,不明原因的经营业绩下滑使饭店的经营者摸不着头脑,饭店的经理马上向一些老食客调查,掌握了大体的原因,为深入地调查打下了基础。

探索性调研主要适用于大规模正式调查之前,帮助调查者将问题定义得更准,将解决方案定得更准,为问卷设计服务。

探索性调研具体的方法,主要包括以下3种。

(1)采用小样本个案研究。

(2)专家咨询调研。

(3)二手资料收集。

2. 描述性调研

在市场调研中,更多的时候是为了掌握现在的市场状况是怎么样的。这种以反映市场现实状况为目的的市场调研就是描述性调研。描述性调研就是把市场不加修饰地加以反映。其特点是把市场的客观情况如实地反映出来，目的是反映市场被调研者的现存实际情况。例如，广东啤酒市场销售状况的调研，通过调研如实地反映出哪种啤酒是市场占有率最高的，哪种啤酒是最具有潜力的，哪种啤酒的品牌影响力是最大的等现实状况。

3. 因果性调研

因果性调研是以获取问题的起因和结果之间关系的证据所做的调研。可对市场状况及其变化原因进行调研，并可以进一步分析何为因何为果及因与果之间的相互关系。例如，某商场想促销，调研降价和赠送购物券两种形式哪种产生的效果比较好。通过调研发现，赠送购物券形式的效果比较好。

4. 预测性调研

企业的决策是针对现在和将来的选择。未来市场会怎么变化，企业应未雨绸缪，并尽可能地占有先机，所以应对市场竞争、消费需求、供求关系的未来变化进行调研。这种针对市场未来变化所做的调研，称为预测性调查。例如，在消费调研中经常问，如果您的收入增加，您最想购买什么商品等，就是为了了解将来消费的变化从而更好地把握市场。

【思考】

结合市场调研按研究性质和目的划分的种类，说明调研应如何开展。

【练习】

结合学院内或外的某一商店，采用实地观察调查法调研学生的购买行为。

1.1.4 市场调研的原则与程序

1.1.4.1 市场调研的原则

市场调研活动必须遵循一定的原则开展，主要包括如下 6 个方面。

1. 有效性原则

市场调研的内容不是调研得越多越好，而且实际上也不可能一次调研很多内容。这要受到很多因素的制约，包括调研费用和调研时间的影响。一方面，调研是一种需要付费的活动，调研的内容越多，被调研者的劳动付出就相对越多，应支付的报酬也就越高。例如，家计调研就和一般的调研不同，由于在调研中需要被调研家庭较长时间的配合，做较多的记录，一般在调研方案设计中就要考虑支付被调研家庭更多的报酬。另一方面，被调研者一般不会愿意消耗过多的时间来配合调研。调研内容过多，被调研者容易产生畏难、厌烦的情绪，反而影响调研质量。而从调研活动本身来说，企业并不是借助调研来扩大影响，"为了开展调查而调查"。没用的资料对决策没有帮助，是一种无效的劳动，企业需要的是调研为亟须解决的问题服务。由此可见，开展市场调研应紧紧围绕要解决的问题来进行，才是现实可行的。

2. 及时性原则

前面在市场调研特征中提到了时效性的特征，进一步来说，及时注重时效是保证资料价值的基本原则。因为万事万物都会时过境迁，市场也是如此。所以，调研活动必须经过严密高效的组织迅速得出结果，为决策服务。正因为如此，一般来说，调研公司在几天或最长一个月内就能将调研结果交到客户手中。

3. 准确性原则

市场调研所获得的资料是为决策服务的，是决策的基本依据，所以必须保证资料的准确性，否则，就会造成决策的失误而影响企业的发展。这里的准确，是指在一定把握程度下的准确，并不是100%把握的准确和没有误差的准确。前面已经对这一问题做了说明，特别是在市场调研的特征中进行的说明，可以重点结合特征中的"不确定性"进行理解。这里还想说明的是，调研结果的准确性取决于多方面的因素，包括问卷的科学性、调查人员的技术水平、被调研者的配合程度等。

4. 全面性原则

全面性原则也就是系统性原则，要求在调研认识市场现象时不能只抓一点不及其余，要从多个方面入手，准确地认识所调研的市场现象。因为市场现象并不是由某一因素决定的。例如，这一段时间采用了降价促销，商品销售大有起色，这实质可能还包括其他的因素在起作用，如临近春节，节令消费的影响；产品进入成长期；形成了消费热潮；等等。再如，汽车的潜在消费者的调研，这些对象在考虑购买汽车时会受到很多因素的影响，如汽车的价格、汽车的品牌、汽车的性价比、汽车的养护、各种费用、牌照等。所以，要求在调研的内容设计上应综合考虑影响市场现象的因素，进行全面的调研，综合分析得出正确的结论。

5. 经济性原则

市场调研的每一份资料都需要成本，开展调研的时候必须加以考虑。要有效地控制调研成本，做到既经济又有效。控制好调研成本，可以从多方面入手，包括选择合适的调研方式、合适的样本容量、适可的调研内容等，力求做到少投入多收效。特别是二手资料的调研，如果是为了节约成本而采用，就必须确认比开展一手资料调查要有较明显的节省而且还要有效。

6. 科学性原则

市场调研的科学性要求开展市场调研时必须按照一定的程序，科学地选择抽样方式、科学地计算样本容量、科学地进行误差计算、科学地进行总体估计和科学地分析归纳得出结论等。这里要强调的是，市场调研的方式有很多种，各种方式都是一种科学的方式。必须严格按照每种方式所适用的情况、应用的要求来进行。还要注意，市场调研的每种方式都有自己的较适用情况，如对大学生月消费支出的调查，可以采用随机抽样调查，但误差会比较大；也可以采用分群随机抽样调查，但误差也会比较大；最好是采用分层随机抽样调查，误差就可以减少些。同时，要注意每种方式都有应用的要求，如开展分层随机抽样要选择标志进行分层，选择等距离抽样要进行总体内的个体按一定标志排队，等等，这些都是必须遵循的科学要求。

1.1.4.2 市场调研程序

企业要开展市场调研活动，可以自己组织进行，也可以委托市场调研公司来进行。企业自己组织进行时，企业的市场营销管理部门向企业的决策层提出建议，开展企业必要的市场调研活动，经决策层批准后组织落实。主要可能提出涉及有关企业未来发展方向的问题，如新产品开发的可行性、生产经营活动过程中出现的困难、市场竞争状况恶化等方面的问题。由于一般的企业都没有建立专门的调研部门和配备专业的调研人员，并碍于专业水平上的要求，企业都比较多地委托市场调研公司来进行专项的市场调研。事实上，不论企业自己组织进行还是委托市场调研公司来进行调研，开展市场调研的基本程序是大同小异的。

1. 企业自己组织进行调研

企业自己组织市场调研时，相关人员需向企业决策层提出调研项目建议书。调研项目建议书是市场部门的人员经过一系列的分析研究及必要的试验性调研后拟定的。调研项目建议书针对企业面临的调研任务做了更为详细的说明，所以，调研项目建议书完全是市场部门从自己企业面临问题的角度对调研目标、调研过程和调研内容所做的说明，提供给企业决策层审定，其格式和内容一般都比较简明扼要，提纲挈领，便于企业有关决策人员阅读、理解和审定。调研项目建议书的格式及基本内容，可以参考以下小案例。

小案例 **调研项目建议书**

1. 存在的问题（调查背景）
2. 调研主要目的
3. 调研内容
4. 调研方式和方法
5. 调研时间及进度
6. 调研组织落实（调研责任人、参与调研人员组织等）
7. 经费预算

申请部门：

申请日期：　　年　月　日

负责人审批意见

财务审批意见

2. 委托市场调研公司进行市场调研

从市场调研公司接受客户的委托进行市场调研的角度，市场调研活动大体可以细分为8个方面。

（1）与客户接触，认识和分析客户的问题。这一阶段的主要目的是了解客户需要解决的主要问题。由于许多客户更多的是描述现象，需要调研公司从专业的角度进行分析，给客户一个满意的初步解决方案，从而赢得客户，确定委托意向。

（2）向客户提交调研方案（调研任务书、调研总体方案）。调研方案是调研公司经过一系列的分析研究及必要的试验性调查后拟订的，完全是从调研公司的角度对客户调研目标、调研过程和调研内容所做的更为具体、详细的说明。由于调研方案主要是提供给委托企业审定的，所以其中的内容一般都比较简明扼要，提纲挈领，便于企业有关人员阅读和理解。

调研总体方案的设计，是为了给客户找出问题所在并提出解决方案，具体将在项目2进行说明。这里还要说明的是，市场调研公司可以拟订多个方案供委托企业选定。这一环节需要双方通过沟通达成共识，直至方案的完善和选定。

（3）正式签订委托调研合同。签订合同的目的是明确双方的权利和义务，关于合同签订的内容可以参考《中华人民共和国民法典》"合同编"的规定。

（4）市场调研公司完善选定的方案，并组织落实调研。方案总体上是不能变的，但方案中还涉及类似调研问卷具体设计完善、抽样方式、样本容量、调研方法、调研时间等问题，需要调研公司从专业角度进一步细化。调研问卷完善好后可以按计划进行预调研和实际的调研。

（5）编制录入和分析程序。目的是借助计算机提高效率和分析水平。

（6）资料处理与资料分析。资料处理就是对搜集回来的资料进行可用性的审定、编辑、编码、存储，并通过整理使资料明晰有序；资料分析就是利用整理好的资料得出有价值的市场认识。具体将在项目6和项目7中说明。

（7）撰写市场调研报告。市场调研报告是市场调研成果的集中反映，也是市场调研公司提供给委托企业的"产品"。具体将在项目9中说明。

（8）跟踪调查。目的是进一步检验调研的结果及变化，为进一步的调研打下基础。

【思考】

简要说明如何保证市场调研的有效性。

【练习】

结合学校的要求，对同学的运动时间进行调查。

1.1.5 市场调研的内容

市场是企业生存的外在条件。市场调研的目的主要是为企业把脉外部环境是怎样的。所以，总体来说，市场调研的内容是围绕市场环境来展开的。市场调研包括宏观环境、中观环境（行业环境）、微观环境的调研。宏观环境调研主要包括政治、经济、文化、法律、技术、自然、地理等方面的调研，中观环境（行业环境）调研主要包括行业政策、行业发展水平、生命周期、行业内部竞争环境的调研，微观环境调研主要包括市场需求调研（消费者需求、行为、动机、态度意见等）、市场竞争环境调研、产品供求关系调研、市场营销活动调研等。具体可以多结合市场营销学或零售管理学的知识进行学习。

【练习】

通过网上一些调研公司的问卷设计来认识市场调研的内容。

1.1.5.1 宏观环境因素分析

市场环境的构成主要包括三个大的方面，即宏观环境、中观环境（行业环境）和微观环境。宏观环境就是所有企业面对的大环境。

1. 宏观环境的要义及几点认识

（1）要义。从要义来说，宏观环境是指能直接和间接地影响所有企业发展的各种外部因素。也就是说，对任何企业都可以形成一定影响力的一些大的环境因素，如税收政策。

（2）几点知识。注意要认识到宏观环境因素的影响包括直接与间接的影响。例如，国家房地产方面经济政策对房地产企业的影响，就具有全面性。认识中还要注意两点。

一是对企业形成直接影响。这指能使企业的经营受到立竿见影的影响。例如，国家新能源汽车补贴政策，使得比亚迪汽车越来越受到消费者的欢迎。

二是对企业形成间接影响。国家层面的一些文化、法律、经济政策对特定企业的影响是间接的。例如，国家放开三孩政策，对生产童装的企业来说是利好，而对生产成人服装的企业来说可能存在间接影响，如企业可能受到资源的争夺而成本提升等。

2. 宏观环境因素构成

宏观环境因素包括宏观非经济因素和宏观经济因素两大方面。宏观非经济因素主要包括政治（含政策与法律法规）、社会文化、技术、自然、人口等因素。宏观经济因素包括经济的各种属性，如经济结构、经济发展水平、经济特征等。

下面将从六大因素的主要方面分别来认识这些宏观因素对企业开展生产经营活动的影响。

（1）政治环境因素。"政"有治国之道的意思，同时含有国家政权的意思；"治"是指治理。所以，政治环境是国家治理方面的一些因素。

1）政治环境因素的要义。简单来说，政治环境是党和国家借助政治制度、有关的政策、法律法规三者来保证人民的利益所形成的环境。也可以说，政治环境是指在一定发展时期内，党和政府在治理国家中所制定和执行的政治制度、路线、方针、政策、法律法规而形成的发展条件和要求。

2）政治制度对企业的影响。政治制度也称政治体制，是政治权力的基本框架、结构和运作方式的总和。

企业在一个稳定的政治环境下扬帆起航，是企业走上成功之路的保证；相反,一些企业的发展会受国家政治不稳定的环境制约和影响。

3）国家各项政策对企业的影响。在任何社会制度下,企业的营销活动都必定受到政策的约束。

① 国家通过方针政策影响企业。例如,在经济方面,国家利用政策不仅规定了国民经济的发展方向和速度,也直接关系到社会购买力的提高和市场消费需求的增长(如限制高能耗产品的生产)。

> **小案例**
>
> 从2010年12月1日开始,中国将对境内的外商投资企业、外国企业及外籍个人征收城市维护建设税和教育费附加,这标志着改革开放以来在华外资企业一直享有的"税收优惠时代"宣告结束。城市维护建设税和教育费附加,是中国为筹集城乡维护建设资金和扩大地方教育经费来源设立的专项税收和政府性基金。这两个税费自1985年和1986年相继设立以来,一直仅对中国公民和内资企业征收,中国财政部表示,统一内外资企业城市维护建设税和教育费附加,是中国继统一内外资企业增值税、消费税、营业税、企业所得税、城镇土地使用税、车船税、耕地占用税和房产税之后,打破内外资企业"税制有别"的最后一关。
>
> "对所有企业实行统一税制是国际惯例,也是中国建立一个公平竞争的市场,市场经济走向成熟的表现。"尽管一些外资企业对中国这一政策表示不满,但丹麦工业巨头丹弗斯公司新任中国总裁托马斯却认为,早期进入中国的外资企业曾经得到过很多税收优惠,如今在一个平台上与中国企业平等竞争也是应该的。

要注意的是,国家方针政策一般具有动态的特点,随着政治形势的变化,国家在不同阶段和不同时期,依据不同的目标制定和调整方针政策,这必然对企业的营销活动产生直接或间接的影响。以经济政策为例,经济政策包括整个国家(含对外贸易)、各个地区和行业等经济政策。

② 国家宏观经济政策的主要体现。国家宏观经济政策主要体现在5个方面,即人口政策、产业政策、能源政策、财政政策、金融政策方面,所有这些是企业研究经济环境、调整自身营销目标及产品结构的前提和依据。

第一,人口政策。2014年7月30日,国务院出台文件进行户籍制度改革;2021年5月31日,中共中央政治局召开会议,会议指出进一步优化生育政策,实施一对夫妻可以生育三个子女政策和配套支持措施。

第二,产业政策。国家在经济发展过程中有意识地扶持和抑制一些产业的发展，从而使整个经济良性地发展。例如，国家大力发展高新技术产业，包括通信技术产业、光纤技术产业、创意产业；而对高能耗产业进行抑制。

第三，能源政策。国家利用政策引导合理开发和利用国家的资源。目前国家在大力引导发展新型能源。例如，国家鼓励开发新能源汽车、利用风能和光能。

第四，财政政策。财政政策作为重要的经济杠杆，对国家经济起到调节作用。财政分为财政收入和财政支出。财政收入主要来源于税收和国债，财政支出主要有社会消费性支出、财政投资性支出和转移支出。

> **小知识**
>
> 属于社会消费性支出的有行政管理支出、国防支出、文教科卫事业费、工业交通等部门的事业费、农林水利气象等部门的事业费、流通部门事业费等。
>
> 转移支出是指政府单方面的、无偿的资金支付，不相应地获得商品和劳务，是指预算资金单方面无偿转移支出，如社会保障支出、财政补贴等。

第五，金融政策。金融政策是指中央银行为实现宏观经济调控目标而采用各种方式调节货币、利率和汇率水平，进而影响宏观经济的各种方针和措施的总称。一般而言，一个国家的宏观金融政策主要包括三大政策，即货币政策、利率政策和汇率政策。

> **小知识**
>
> 货币政策是指政府或中央银行为影响经济活动所采取的措施，尤指控制货币供给以及调控利率的各项措施，用以达到特定目标或维持政策目标。比如，抑制通货膨胀、实现完全就业或经济增长，直接或间接地通过公开市场操作和设置银行最低准备金（最低储备金）。

4）法律法规对企业的影响。企业是"社会人"，要遵纪守法。国家通过各种法律法规保障和规范企业的生产经营活动。遵纪守法、照章纳税是企业的义务。

① 法律环境要义。法律环境是指组织外部的法律法规、司法状况和公民法律意识所组成的综合系统。

② 企业要遵循的法律。企业作为社会的一分子，要遵循的法律有多项，作

为企业的经营管理者要认真执行。

> **小知识** **企业要遵循的主要法律**
>
> 《中华人民共和国民法典》
> 《中华人民共和国消费者权益法》
> 《中华人民共和国反不正当竞争法》
> 《中华人民共和国广告法》
> 《中华人民共和国产品质量法》
> 《中华人民共和国企业所得税法》
> 《中华人民共和国专利法》
> 《中华人民共和国商标法》
> 《直销管理条例》

> **小知识** **明星代言广告的法律环境**
>
> 随着明星代言虚假广告商品的增多,国家在《中华人民共和国广告法》中修订了明星代言广告的法条,规定明星代言人也要承担连带责任。

(2)经济环境因素。

1)经济环境要义。经济环境因素又称经济因素,是指企业特定时期开展市场营销活动所面临的社会经济条件及其运行状况和发展趋势。

2)经济环境因素的具体内容如下:

① 经济政策及其走向。
② 经济发展水平。
③ 经济结构。
④ 产业布局。
⑤ 资源状况。
⑥ 未来的经济发展趋势。
   ……

3)主要因素的基本分析。

① 经济政策及其走向。经济政策是国家政权管理的重要方面,所以在政治环境因素中也作为重要的方面加以说明,它也属于经济环境的主要内容,两者有交叉。

> **小知识**　　　　　　　**经济政策涵盖的内容**
>
> 　　经济政策包括整个国家（含对外贸易）的宏观经济政策和各个地区以及行业等经济管理运行政策规范。
> 　　（1）国家的宏观经济政策。国家维度的一些政策，如国家关税和贸易政策、新冠病毒疫情发生后政府全面采取积极有为的财政政策。
> 　　（2）各个地区的经济政策。如广州地方政府制定促进当地经济发展的一些政策。广州"总部经济"政策正在吸引跨国公司。广州发展现代服务业将主要锁定金融、服务外包业等附加值高、资源能耗低、环境污染少、国际化程度高的现代产业项目。为加快推动服务外包产业的发展，广州拟专门出台促进服务外包发展的政策，每年将投入至少2亿元资金推动服务外包的发展。
> 　　（3）行业发展的经济政策。如国家促进高新技术产业发展的一些政策。

　　② 经济发展水平。经济发展水平是经济环境中直接影响消费的决定性因素，主要影响市场容量和市场需求结构。经济发展水平提高得快，就业人口就会相应增加得快。而失业率低、企业开工率高以及经济政策的宽松，必然会引起就业者收入的增加、消费需求增加和消费结构的改变；反之，消费需求就会减少。伴随广州市商品流通业每年大约14%的经济增长，广州市已于2010年成为全国流通业发展的翘楚。特别是广州市以2010年的亚运会为契机，发展高端的零售业，以购物中心为代表的大流通得到了迅速发展，成为华南地区高端消费的中心。

　　③ 经济特征。各国家或地区由于资源条件不同，总是对缺乏的资源或产品产生需求，形成自己的经济特征。中国劳动力资源丰富，遍布珠三角城市群的制造业链条一度为珠三角赢得了"世界工厂"的声誉。

　　④ 其他经济因素。经济的环境条件还包括许多方面，如经济发展周期等。市场经济存在一定的周期性发展的属性，起落平稳。如经济不能一直高涨，否则会形成经济泡沫，所以，对于过热的经济要适度降温，这样就会形成当时的特定经济条件。

　　总的来说，经济的发展影响行业、企业发展，影响人们的就业和收入水平，从而也影响消费需求，所以经济环境是一个重要的环境因素。

　　（3）社会文化环境因素。

　　翩翩起舞的人群在昔日是少见的，但现在中国的广场舞已经名扬四海。这个例子说明，中国民殷国富，人们的思想观念和意识也在发生改变，人们用最直接的方式——载歌载舞来表达自己美好的愿望和心情。这也是社会文化环境发生变化的最好例子。

1）社会文化环境要义。社会文化环境就是指由价值观念、文化教育、宗教信仰、风俗习惯、人文素养、社会道德风尚等因素构成的环境。

社会是由个人组成的集合体,是由具有不同思想观念的人构成的。每个人各有其不同的基本观念、信仰和思想意识。社会又是以不同家庭、群体和组织作为构成形式的。人类在长久的社会生活中不断积累形成对美好东西的向往,一些对事物的态度看法、价值观念、道德规范和传统的风俗习惯等,这些都是文化。正是文化的传承,使得人类社会、人们的生活越来越美好。

社会文化环境不像其他营销环境那样显而易见和易于理解,但对消费者的市场需求和购买行为会产生强烈而持续的影响,进而影响到企业的市场营销活动。

小知识　　　　　　广义上的文化

广义上的文化是指在人类社会历史实践过程中人类所创造的物质财富和精神财富的总和。文化属于历史的范畴,每一社会都有和自己社会形态相适应的社会文化,并随着社会物质生产的发展变化而不断演变。例如,伴随21世纪末兴起的美容美发热,相应的美容广告也越来越多,广告商品更是层出不穷。美发店也因为迎合了人们的观念变化和需求变化像雨后春笋般涌现,如在广州市天河区粤垦路上不足400米的街道两旁,就有4家美发店在同场竞争。伴随着人们思想观念的变化,广州市美容业也得到了迅猛的发展,曙光美容、美莱亚、新时代美容、新华美容、新东方美容、华美美容等美容店同时开拓市场,竞争愈演愈烈,这些都是很好的例证。

2）社会文化环境的内容构成。

① 价值观念。价值观念是指人们对于事物的评价标准和崇尚的风气。其涉及面比较广,对企业营销影响深刻。价值观念可以反映在不同的方面,如社会阶层观念、财富观念、创新观念、时间观念等,这些观念方面的差异造成了企业不同的营销环境。例如,在服装消费特别是女性服装的消费上,文化教育程度较高、收入较高的消费者大多数都在追求有品位的、比较高端品牌的消费。再如,社会道德中的尊老爱幼,往往具有较高的文化教育程度者比较具有尊敬长辈、爱护小孩的观念。

② 教育发展水平。不同国家和地区的消费者在教育程度和职业上的差异,一定程度上导致其在生活方式、消费行为与消费需求、思维方式、审美观等方

面的差异。例如，一些文化教育程度较高的消费者崇尚过上有品位的生活的观念，即大家经常称为"小资生活"的价值观念。

③宗教信仰。世界上数以亿计的人信仰宗教，宗教既是一个社会现象，又是一个文化现象。宗教文化涉及哲学、科学、伦理、艺术乃至习俗等领域。

宗教是影响人们消费行为的重要因素之一，不同的宗教在思想观念和生活方式、宗教活动、禁忌等方面各有其特殊的传统，这将直接影响其消费习惯和消费需求。

> **小知识**
>
> 世界三大教：佛教、基督教、伊斯兰教。

④风俗习惯。世界上不同的国家、国家内不同的民族、同一国度内不同地域的居民在居住、饮食、服饰、礼仪、婚丧等物质和文化生活方面都各有特点，长期发展形成了富有特色的风俗习惯，各民族的风俗习惯存在明显的差别。

> **小知识** **阿拉伯国家的女性服饰**
>
> 阿拉伯国家女性服饰具有浓郁的特色，女性运动员在参加第十六届亚运会时都是头巾包脸，形成一道独特的风景。在阿拉伯国家，多数女性都有穿罩袍的规定与习惯。其实，那就是一件宽松的黑色拖地大外套，只是罩袍因各地不同的风俗习惯而有不同的款式、颜色与剪裁，甚至有不同的穿法。除此之外，受到西方服饰潮流的影响，中东女性的罩袍也跟随时装流行趋势，不再只是块简单的黑布而已。阿拉伯女性也有不穿罩袍的时候。一是在家里，穿居家便服，但若有男性亲属在场时，仍须包戴头巾；二是在纯女性（不可有任何一名男士）的聚会场合中，可以脱下罩袍头巾，露出庐山真面目。若是出席嘉宾全是女士的正式晚宴，这将是女士们亮出美貌、身材、名牌服装、珠宝首饰的难得机会。对沙特阿拉伯女性而言，西方女性华丽的洋装礼服她们也有，但她们独特的罩袍头巾，西方女性却没有。

> **小知识** **风俗习惯：握手与拍摄**
>
> 和阿拉伯人交往勿主动与女性握手或随意拍摄女性。从社交礼仪角度讲，一般情况下男性不主动跟女性握手，应先等女性伸手，以免尴尬。在阿拉伯国

家，女性一般不会主动跟男性握手。海湾国家的女性绝对不跟男性握手。几乎在所有阿拉伯国家都不能不经允许拍摄女性，尤其是戴面纱的女性。这一点在海湾国家更要注意，随意拍摄往往会引起官司。另外，一些敏感处所也不允许拍摄，拍摄前最好先弄清有关规定或咨询当地人。

⑤ 人文素养。社会文化具有国度、民族、地域的不同人文文化。例如，德国一家电视台推出了一则广告，广告中法国前总统萨科齐成了冰舞选手，类似这样的广告在法国国内是无法刊播与被人们接受的。又如，在广州市的城中村中有各色人等。

⑥ 其他社会文化环境。社会文化环境还包含了亚文化、语言、社会结构、社会道德风尚等多方面的因素。可见，要认识它还需要从多方面更深入地学习。

小知识　　　亚文化

亚文化是指存在于一个较大社会群体中的一些较小社会群体所具有的特色文化，所谓特色表现为语言、信念、价值观、风俗习惯的不同。人类社会的亚文化群主要有3大类：

（1）国籍亚文化群。国籍亚文化群是指来源于某个国家的社会群体。例如，美国的"唐人街"，体现了中国的国际文化，但总体上受到所在国的影响。

（2）种族亚文化群。种族亚文化群是指由于民族信仰或生活方式不同而形成的特定文化群体。比如，我国多个少数民族，在饮食、服饰、建筑、宗教信仰等方面的不同。

（3）地域亚文化群。同一个民族，居住在不同的地区，由于各方面的环境背景不同，也会形成不同的地域亚文化。例如，我国汉族，在不同地区有不同方言。

最后，要认识到随着经济生活的国际化、世界文化交流的加深和不同民族、地区文化的相互渗透，企业所面临的社会文化环境也在不断发生变化，企业应及时把握时机，制定相应的营销决策。

（4）技术因素。

1）对技术因素的认识。科学技术就是生产力。技术革命导致新技术、新材料、新能源、新产品不断涌现，极大地丰富了市场的供给。技术因素不仅包括那些引起革命性变化的发明，还包括与企业生产有关的新技术、新工艺、新材料的出现和发展趋势以及应用前景。

2）技术因素的影响。

① 产品生命周期缩短。消费者都有求新的心理。新技术的不断发明运用，大大提高了产品的生产水平和产品质量，带来对市场原有旧产品的更替，而且许多产品是飞速发展的，如手机、电视机等产品。

② 技术革命极大地促进经济的增长。更重要的是，科学技术的发展必然促进产业结构的不断变革，由低层次的劳动密集型产业向更高一级的资本密集型、技术密集型及高精尖产业结构升级，由第一产业、第二产业向第三产业、信息产业推进。这一过程既为企业提供了发展的契机，也使某些行业的企业面临被淘汰的威胁，从这个角度来讲，"科学技术是一种创造性的破坏力量"。

③ 促使消费模式和生活方式的变革。技术革命的发展，不仅会导致新产业部门的出现，而且会促使市场需求大幅度上升，也必然会导致消费结构、市场需求结构发生变化，最终改变人们的消费模式和生活方式。在美国、日本等发达国家，新技术革命的出现使零售商业结构和消费者购物习惯发生了很大的变化，出现了电视购物、网络购物方式，我国也一样。

（5）人口环境因素。人口是市场的基本条件。我国地大物博、人口众多，是世界上的生产大国、消费大国。特别是沿海地区，集中了大量的人口，也造就了当地市场的繁荣。在认识人口环境因素时，还要注意到我国城市化发展带来的人口变化、人口户籍政策的变化、三孩生育政策的变化等，这些变化都对企业的生产经营具有一定的影响。

（6）自然环境因素。企业生存在特定的地域，该特定地域就存在着特有的自然气候、地形地貌条件。同时，企业的产品要进入不同的国际、国内市场，正如"一方水土养育一方人"一样，当地的气候、资源因素等自然环境不同，同样会影响营销。例如，空调、太阳能热水器的销售就与气候相关。

气候会影响消费者的饮食习惯、衣着、住房及住房设施。某种气候条件下，消费者的选择会带有一定的针对性，这种情况并不是人为因素造成的，所以同样的产品在不同条件下，会有截然相反的需求状况，销售方面当然也会有很大差别。例如，广州市的天气湿热，这些年来抽湿机就成了热点需求的商品。

1.1.5.2 中观环境因素分析

中观环境因素是与企业营销具有更进一步关系的一些因素，如企业所处行业的发展条件、对企业有较直接影响的地域人口因素、区域经济发展水平等。

1. 行业因素

企业所处行业的发展条件是不同的，有的行业属于国家及当地政府大力扶持发展的、处于蒸蒸日上的朝阳行业，有的则属于要调整减少、抑制发展的行业。由于存在这样的差别，因此在政策、资源禀赋上就会存在很大的不同，如跨境电商的发展、电子商务的发展、相关行业"互联网+"的发展等，很明显的是行业发展条件与企业存在更为紧密的关系。具体来说，行业因素包括特定的行业发展的状况、行业的生命周期、行业的政策与行业资源的条件等。例如，广州是商品流通业发展条件非常好的国家级商贸城市，成就了它连续几年入围《福布斯》"中国大陆最佳商业城市"排行榜前三名。

2. 地域人口因素

地域人口因素是指企业所处的相对有较直接影响的人口环境，如地处广州的企业所面对的广州市的人口环境、小珠三角和大珠三角以至泛珠三角的人口环境。

小案例 **广东省与广州市以及各区人口分布情况**

根据第七次全国人口普查结果，广东省全省人口数量为 126 012 510 人；广州市为 18 676 605 人；珠三角核心区人口数量为 78 014 335 人，占全省的 61.91%；沿海经济带东翼地区人口占 12.95%，沿海经济带西翼地区占 12.51%，北部生态发展区人口占 12.63%。

---

3. 区域经济发展水平

随着经济全球化的发展，区域经济的联系更为紧密。例如，广州成为珠三角甚至整个华南地区的经济核心。这些在广州一些具备条件的企业进行战略定位时都应当认真考虑。而区域经济的发展水平也与企业的发展战略和策略密切相关，都是应当加以认真研究认识和采用合适对策的。

1.1.5.3 微观环境因素分析

微观环境因素是对生产企业的生产经营和商品流通企业的经营具有直接影响的一些因素，其主要内容包括消费需求环境、市场竞争环境、供应者及商品供应环境。

1. 消费需求环境

按照市场营销学的观点，消费就是市场，没有消费者就没有市场。所以，要好好地认识和分析消费对企业生产经营的影响。总体来说，消费需求及其变化直接决定了企业的经营条件、企业兴衰。例如，近年来"黄金消费热"、高端奢侈品消费等都直接决定了相关企业的生产和经营。要认识企业的消费者及消费需求，必须从如下几个方面进行。

（1）目标消费者定位。

谁是你的消费者？企业的目标市场对象是谁？谁买你的东西？消费者是否另有所好了？是否有新的顾客群被吸引？这些都是必须认真思考和分析认识的关键性问题。没有一定的消费者群体的支持，企业的生产经营就无从谈起。

（2）目标消费者基本分析。

对于目标消费者，企业必须做深入的分析，并采取合适的营销策略开展经营，才能在市场中取胜。主要应当做如下几方面的分析。

1）人口数量等方面属性的分析。人口数量直接决定了企业面对的市场容量。例如，儿童商场、老年人商店等，必须对该年龄层次的顾客群进行认真分析认识。

小知识　　广州市人口基本情况

根据全国第七次人口普查结果，广州市全市常住人口为1 867.66万人，与2010年相比，十年间增加了597.58万人，年平均增长率为3.93%。

对于目标消费者的分析，还可以从年龄阶层、收入阶层、职业阶层、教育水平、家庭组成状况等属性方面进行。

2）目标消费者的购买力分析。目标消费者的购买力也直接决定企业经营，如经营的价格定位、商品结构组合定位、经营策略定位等。例如，广州市友谊商店定位高端，2010年8月更是顺应男士高端需求的发展首次开设了男士馆，通过各方面的经营创新抢占了市场先机。

小案例　　友谊商店开男士百货店

一直备受关注的友谊环市东店男士馆终于揭开了神秘的面纱，在2010年8月13日盛装试业。

世贸新天地以时尚服饰、餐饮为主，商品定位偏向女性化。广州友谊商店副总经理江国源表示，经过对环市东商圈的研究，友谊商店认为该区需要一个专门的男士主题百货商场。"世贸要'变性'，从女性化转为男性化。"他说，友谊世贸新天地店将与环市东店形成联体和错位的经营模式。现在环市东店的男士服饰整体迁往世贸新天地，经营面积从3 000平方米扩张到2万平方米，形成首个男士主题百货店。"一个百货女馆，一个百货男馆，世贸新天地店和环市东店之间有一廊桥相连。"江国源向记者描绘这个"廊桥遗梦"，形成百货商城"双子塔"。有商业专家分析，友谊商店在环市东商圈扩张"势力"，是为了应对同样定位高端的太古汇。记者从广州现代服务业招商研讨会上获悉，GUCCI、LV、PRADA等国际一线品牌，以及大食代广场、玛莎百货、Ole'超市也把太古汇作为首次落户广州的平台。

超大型男人时尚天地

男士购物的特点非常明确，他们想买的东西是否品种、款式丰富，购物时是否有停车位，以及收银台排队的时间，都会直接影响男士的购物欲望。据悉，考虑到男士购物的特点，友谊"男士馆"在商品结构、品牌组合、服务细节上都力求符合男士的喜好。友谊环市东店男士商品迁馆后，面积扩张到2万平方米，涵盖了男士正装、行政商务装、商务休闲服饰、鞋类、皮具、箱包、运动服饰、户外用品、男士内衣、男士配饰近200个品牌，其中不少是特色专柜和广州友谊商店独家经营的品牌，以及欧洲、日本、美国的原装进口品牌。据介绍，"男士馆"包括M层至三层，根据品类、风格进行人性化分区：M层主营鞋类、男士精品、化妆品。进入大堂，首先映入眼帘的男士香水、化妆品柜台便充满浓郁的男士气息，其中，资生堂男士专柜更是友谊商店首次推出的男性主题化妆品柜台。一层、二层商场主营商务服饰、休闲服饰、雪茄、男士精品等，除了K&C、雅格狮丹等英国贵族品牌，更引进了纪梵希等几个国际知名品牌。意大利诺贝达服装、法国知名内衣品牌HOM、德图布兰施服装、意大利杜格斯鞋（DOUCAL'S）等品牌都是首次进入广州百货商场。各品牌专柜迁馆后面积更大，装修精致高雅，广州友谊集团总经理王银喜笑言，很多到友谊购买正装的男士都是"金领""白领"，这么宽敞、高雅的氛围正合他们的"胃口"。除了各种"不显山不露水"、比较"正统""低调"的商务休闲服饰，这次，友谊还专门引进了多个比较"前卫""修身"风格的商务休闲服饰品牌，充分满足男士不同场合、不同个性的服饰搭配需求。三层包括运动服饰、户外服饰、高尔夫服饰、皮具、箱包，品牌结构、商场氛围中处处透露出阳光男士的感觉。新馆中容纳了更多的运动、户外服饰品牌和元素，例如，首次进驻的HAZZYS、KAPPA高级时尚系列ROBE DI KAPPA、德图进口休闲品牌廊、速比涛等，都为男士提供了更新鲜的体验。

结合社区店来分析,一般的社区店是针对普通消费者的。例如,开设在广州市天河区粤垦路的创赢超市,就是针对当地居民的生活消费进行经营而取得成功的。再结合广州市百货业蓬勃的发展来认识,百货业是以中高端人群为主体的,在经营的方略上必须得当才能成功。

小案例

广州百货业发展

虽然在20世纪90年代末,广州也曾有过一轮外来百货投资潮,但是胜少败多,仟村百货、百盛、北京赛特等多家中外资百货纷纷在广州折戟,来自北京的华联商厦曾坐困中旅商业广场,在股权转让、多次转型后,最终以BHG家庭百货艰难立足。唯有王府井在付出了八年沉重的代价后才在广州市场站稳脚跟。不过,多位业内人士对于新一轮外来百货投资潮的前景却抱着较为乐观的态度。

与20世纪90年代末的外来百货投资潮不同,目前广州的商业环境,更有利于外来百货的发展。广东省流通业商会相关人员表示,"十年前,广州人口结构是以本地人占主要比例,而广州人的消费习惯是务实不追求名牌,重吃不重穿,这种特殊的消费方式让外来百货很不习惯。但是,近十年来,广州外来人口的比例不断增大。不仅如此,广州本土商家渐渐意识到商业是共荣的,政府也更重视商业网点布局的合理发展,这都为外来百货提供了好的营商环境"。

不过,对于外来百货在广州的发展,广州资深百货业人士建议,除了要本土化,更重要的是要做出自己的特色。对于本土百货,面对新一轮的外来百货的进攻,广东省流通业商会相关人员认为,一方面,应该加强客户关系的维护,着力引入、挖掘新的品牌,创新管理方式。另一方面,不能只看着别人抢占自己的市场,也要主动出击,走出去挖掘有潜力的市场。

天河城百货

广东天河城百货有限公司(原天贸南大)是广东天贸(集团)股份有限公司下属子公司,是一家极具现代化商业气息、富有社会文化特色的大型综合百货零售企业。天河城百货位于广州最具规模的现代化购物中心天河城的二、三、五、七楼,总营业面积超过3万m^2,经营国内外各类服饰、皮具、金饰、家电、食品等名优新特商品8万余种。天河城百货于1996年2月9日试业,8月18日正式开业。多年来天河城百货一直雄踞广州,位于大型综合百货零售企业单店销售排行榜三甲之列。2003年,天河城百货销售额达到9.67亿元,

> 稳居"广州市年度百货零售企业单店销售排名"第二位。天河城百货为了与国际先进管理方式接轨，于1998年10月，通过了国际著名权威机构瑞士SGS关于ISO9002质量体系的现场认证审核，成为我国首家由国际认证机构认证的商业零售企业。天河城百货秉承"真诚服务、精益求精"的品质方针，打造极富现代百货零售品位的购物天堂，尽情演绎天河城百货"以诚为本"的经营内涵，努力创建与国际先进零售企业管理方式接轨的民族名牌百货企业。经过多年的艰苦创业，天河城百货已拥有了天时、地利、人和优势，面对现今百货业的更多挑战与机遇，必将谱写出更加辉煌的新篇章。

就购买力状况进行分析，具体分析收入状况、支出负担、消费结构、储蓄和信贷状况等方面。

3）需求特点分析。消费需求的特点与企业经营也是息息相关的，包括消费者对商品品牌、商品结构、经营服务、经营环境等的需求与要求。例如，对于一般超市，顾客需求的商品是日常的生活用品，要求货真价惠，而对品牌店的商品需求是品牌的质量高和有较强的市场影响力。

对于消费需求，要多加以认识。如从消费观念上认识，不同的消费群体的消费观念是不同的，企业应当对目标消费对象的观念进行认真分析认识，只有消费观念能与企业提供的商品和服务结合得上，才有进行消费的可能。比如，高端消费群体对男士化妆品的消费观念容易接受，青年消费群体对分期付款方式的销售容易接受，等等。

从消费需求特征来认识，消费需求具有以下特征：

① 多样性和层次性。从马斯洛需求层次论来认识，消费需求具有生理需求、安全需求、社交需求（爱、情感、归属）、尊重需求（声誉、成就、自尊、自信）、自我实现需求（自我满足与充分发挥自己的潜能，实现自己的理想抱负）。

② 关联性和替代性。

③ 潮流性和季节性。

④ 伸缩性和可导性。

⑤ 有限性和无限性。

企业应当结合面对的消费群体的以上消费需求特征进行分析认识，开展产品销售和连锁企业的经营。

（3）消费需求变化的分析。

消费需求是有先后顺序的，是有一定结构的；消费需求的观念是会发展变化的。消费的一般需求是什么？当前消费热点是什么？消费嗜好、偏好发生了什么变化？消费者的购买力怎样变化？消费结构怎样变化？这些同样是必须认真思考和分析认识的关键性问题。没有适应消费需求变化的经营，等于没有消费需求的支撑，企业的生产经营也就无从谈起。如近年来消费需求从一般的衣、食、住、行需求，向美容美发、休闲、运动、收藏、娱乐、旅游等方面发展，需要企业去适应。

消费观念伴随着时代发展也在发展，以前不想买的东西现在已经能很自然地接受并开始消费了，如美容美发、男士化妆品等。所以，消费需求总体来说是不断发展的，更明显的是一些流行的商品会随着时尚消费的变化而变化。

（4）消费者购买行为的发展变化形成的新环境分析。消费者为什么会让自己走进商场选购相应商品这样的行为过程发生呢？购买东西是不是千篇一律的？有什么机理吗？它是如何完成这一过程的呢？以上作为影响消费者购买的关键因素是企业经营至关重要的环境因素，涉及了消费行为与动机等重要问题。

企业必须深入认识消费者购买行为，并且以它为核心分析消费者，这成为企业经营成功的决定性因素。

1）消费者购买行为要义。消费者购买行为一般是指消费者为了满足某种需要在购买动机的驱使下以货币换取商品的行动，广义来说是指消费者个人或者家庭为了满足需要而进行的一切活动，包括寻找、购买、评价商品和劳务等一系列过程。

2）消费者购买行为过程分析。从外显的行为方面来说，可以看到人们购买活动的过程；从内隐方面来说，存在消费者购买行为的心理过程，是购买者在头脑中的内隐活动。换句话说，购买活动过程会内隐心理活动过程，而且心理活动过程又可以独立存在，两者相互交错，统一在整个购买行为过程中。例如，李梅芳想了几天才决定买一部单反相机，到了专业卖场还几经犹豫，营业员问买不买，她就是不出声，后又几经选择比较和营业员的推销才买成。

【思考】

生活中你是如何买服装或化妆品的？人人都要买东西，是什么驱使人们乖乖去买东西？你喜欢买什么，喜欢到什么地方买？

3）消费者购买行为的心理活动过程。今天张大成看到小李的iPhone14手机心动了，决定买一部。为什么会如此呢？是因为思想决定行动，所以，消费者购买行为的根源在于消费心理。

> **小知识**
>
> 心理：指人的思想情感等内在的思维活动，是人脑对外界事物的反映，包括感觉、知觉、思维、情绪等。
>
> 消费心理：指人们为满足自己的某种消费要求而展开的一系列思维活动。
>
> 消费意识：指人们怎样去看待生产和消费，怎样去安排消费生活的一系列思维活动。
>
> 消费观念更新：包括保守与进取、稳固与更新、风险与开放、依附与自主。

> **小知识**   **人的心理现象**
>
> 人的心理现象可以分为心理（活动）过程和个性心理特征两大方面。人的心理（活动）过程指心理现象的不同形式对现实的动态反映，它保证着人与客观现实的联系。个性心理特征是指表现在人的能力、气质和性格等方面的差异。两者联系密切，个性心理特征通过心理（活动）过程而形成并表现出来。

首先来认识一下，人的行为是受心理活动支配的，心理学原理认为一切心理现象产生的方式是刺激－反应（S-R）。对消费者购买行为心理活动过程来说，比较简单的模式：外部需求刺激（指购买者）－购买者黑箱－购买者反应。这里要知道对购买者外部需求刺激包括营销刺激（如4P中的价格刺激）和其他刺激（内在因素、宏观与微观环境因素的刺激）。购买者黑箱包含购买者个性心理特征及其购买决策心理过程。如疑虑型顾客在购物现场购买抽油烟机，就会显得忐忑和不够果断。购买者反应指购买者的购买决策，即购买选择。购买者会对到什么商店、买什么商品、购买什么品牌、什么时间购买、购买多少等进行决策。

> **小知识**
>
> 买不买东西？买什么好？究竟买一般的商品还是买心目中的商品？每个人都会在消费过程中遇到这些问题，而且在这个过程中会犹豫、挣扎、痛苦以及快乐。可见，买不买会有一个很明显的心理活动的过程。

通常认为，消费者购买行为具体的心理过程包括3个方面，即认识过程、情绪过程、意志过程。

（a）认识过程。消费者对商品的认识过程，主要通过感觉、知觉、记忆、联想等心理机能活动来实现，是从感性到理性、从感觉到思维的过程。认识过程可分为感性认识阶段和理性认识阶段。

（b）情绪过程。情绪过程是消费者对客观现实是否符合自己的需要而产生的态度的体验。例如，儿童、青少年就是喜欢麦当劳。消费者对商品的情绪过程可分为四个阶段：喜欢阶段—激情阶段—评估阶段—选定阶段。

（c）意志过程。意志过程是指消费者自觉地确定购买目标，并支配其购买行为达到既定目标的心理过程，是消费者在购买活动中所表现出的有目的、自觉地支配调节自己的行为，努力克服各种困难从而实现既定购买目的的心理活动。例如，某大学生省吃俭用就是为了买心仪的 iPad。意志过程可以分为两个阶段：做出购买决定阶段和实施购买决定阶段。

要认识清楚消费者的购买行为的心理过程，可以比照逛商场时的体验。很多顾客购买时是无计划的，在逛商场的过程中购买了相应的商品。当然，有些顾客购买时是有计划的，如有计划地购买彩电、冰箱等，以上的心理活动过程也是很明显的。

> **小知识**　**心理现象：注意、想象、情绪、情感**
>
> 注意，是心理活动对一定对象的指向和集中。
>
> 想象，是在人脑中改造记忆中的表象而创造新形象的过程。
>
> 情绪，通常是在有机体与自然需要是否获得满足的情况下产生的，是由当时特定条件所引起的，并随着条件的变化而改变。例如，高兴地出门突遇堵车，有的人会显出"路躁"。
>
> 情感，是在社会历史发展过程中，在人的实践活动中产生和发展的，是人所特有的与社会性需要、人的意识紧密联系的一种心理现象。例如，良好的购物环境能产生愉快感等积极情感。

4）消费者购买活动的过程，即实际购买商品的实现过程，一般分为 5 个阶段：识别需要—收集信息—选择判断—购买决定—购后评价。

识别需要阶段，是所有消费者都会经历的阶段。而作为企业要认识到面对的消费者具有多种需要，有的作为潜在需要，有的作为现实需要。例如，购买汽车、房子是潜在需要，而购买面包和食用油是现实需要。消费者往往会通过到卖场现场或一些展示台接触到商品等途径去识别需要。

收集信息阶段，要注意的是，购买不同的商品所需收集的资料或多或少，如买服装和买水就会不同，消费者购买商品收集信息来源有：个人（同事）；商业杂志；大众传媒；消费者组织；各类评比活动；消费经验。

选择判断阶段，要注意的是：其一，一般按自己的购买倾向进行判断。其二，进行购买选择判断时也会受到他人意见、新的环境因素变化的影响。例如，涨价，被其他急需品替换，产品信息出人意料地发生变化，等等。

购买决定阶段，有的需要很长时间，有的不需要很长时间。总的来说，大件贵重商品会费时一点儿，小件经常性购买商品会省时一点儿，这方面还和顾客个性有关系，要加以注意。

购后评价阶段，消费者购买商品后，往往通过使用来检验自己的消费选择，考虑是否满意，使用是否理想，这种购后评价决定了消费者今后的购买动向。

5）消费者购买行为的类型。对于不同商品的购买，消费者投入的时间、精力和要求是不同的，一般对于消费者的购买行为类型是从以下几个角度去认识的。

① 按消费心理和个性特点，即购买态度与要求划分：习惯型购买行为；理智型购买行为；经济型购买行为；冲动型购买行为；情感型购买行为；不定型购买行为（犹豫、随意/反复挑选型）。

② 按购买现场的情感划分：沉稳型购买行为；温顺型购买行为；健谈型购买行为；反抗型购买行为；傲慢型购买行为。

③ 按购买目标的选定程度划分：全确定型购买行为；半确定型购买行为；不确定型购买行为。

④ 按消费者决策时的特点划分：复合型购买行为；冲动型购买行为；品牌忠实型购买行为；习惯型购买行为。

6）消费者的购买决策。

① 决策的要义：决策就是为了达到某一预定目标，在若干个可供选择的备选方案中选择满意方案的过程。消费者的购买决策是指作为决策主体的消费者，为了满足自己的特定需要，在购买过程中的评价、判断、选择的一系列活动。

② 购买决策内容：涉及5W1H，即"what"，已经想好要买什么，具体由需要决定。例如，毕业后第一份工资买什么？"why"，已想清楚为什么买，具有一定的动机。"when"，想好什么时候去买，由生活习惯以及所买商品种类决定。"where"，想好了到什么地方买，具体取决于商品种类。"who"，经过谁和什么决策过程定下来买（或不买），取决于商品种类和家庭角色。"how"，指购买方式，怎么买，与需求或商品特性有关。例如，付款方式、购买行为方式（如冲动型、理智型等）。

7）影响消费者购买行为的主要因素。其包括能影响消费者心理活动和购买决策过程的各种因素，具体如下。

① 社会因素，包括：一是相关群体，如教师群体着装对教师本人着装的影响。二是家庭之间相互学习，家庭之间的相互"攀比"，如装修热。三是身份

和地位，即由于社会的地位发生了变化，影响到消费。例如，许多有钱的老板讲究派头。

② 个人因素，具体包括年龄与生命周期阶段、职业、经济状况、生活方式、心理因素等方面。

（5）消费者购买动机。我们看到消费者在市场上购买各式各样的商品，也看到顾客到门店来购买不同种类的商品，那都是有内在力量驱动的，不然他们是不会愿意花时间、精力和金钱去购买相应商品的。所以，作为对决定购买行为的进一步认识，应当掌握相应的知识。

1）购买动机要义。购买动机是指驱使顾客进行购买活动的念头和愿望。心理学中把凡是能激励人的行为并引起行为满足某种需要的欲望、愿望、理想、信念等主观心理因素都称为动机。

2）购买动机类别。购买动机的类别很多，可以从多个角度认识，这里只做提示：

① 从人们的心理活动过程（认识、情绪、意志等）划分，可以划分为习惯动机、感情动机、理智动机、惠顾动机。

② 从个人的兴趣、爱好、学识、秉性、志向、经济条件等方面划分，可以划分为实用动机、省时动机、经济动机、健康动机、舒适动机、方便动机、漂亮时髦动机、安全防护动机、喜爱动机、求名动机、求优动机、消遣动机等。

> **小知识**　　　　　**消费需求方面的调研内容**
>
> 消费需求总量；潜在需求；消费需求结构；消费需求的时间性（季节性等）；消费观念；消费习惯、行为、动机；消费热点；影响消费需求的因素；消费需求的发展变化趋势等。

> **小知识**　　**心理现象：需要、兴趣、情趣、志趣**
>
> 需要和兴趣是人有意识、有目的地反映客观现实的动力。需要是指一定生活条件下，人对延续和发展生命所必需的客观事物的需求和欲望（不一定有条件购买）的反映。兴趣是指人对于客观事物特殊的认识倾向。情趣与志趣是指意志作用于兴趣的结果，主要表现为主体热衷于某种创造性活动的倾向。

2. 市场竞争环境

企业在一个地域进行经营或企业的产品进入一定的地域，就会存在同行之间对市场的争夺。在市场中客观地认识竞争，采取有效的措施参与竞争，是企业进行市场营销的常态。激烈的竞争促使企业得到进一步的发展，使企业在商品质量、价格结构、品牌形象、营销技术、服务战略等各个方面进行全方位的较量。同时要注意，随着竞合时代的到来，追求双赢合作成为企业对竞争新的认识。

（1）企业面对的主要竞争。企业面对的主要竞争包括：第一，与同行企业之间的竞争，如同一个地方生活超市之间的竞争。第二，与不同行业企业之间的竞争，如资源的争夺等。第三，与生产者和消费者之间的竞争，如讨价还价之争。

（2）企业面对的竞争状况与企业经营。市场上同行的竞争对手是最重要的，企业在经营中要认真分析认识主要竞争对手及其主要竞争优势、竞争策略（广告、促销策略）等，同时要把握好自己在竞争中的地位和优势、竞争的激烈程度等。例如，广州市百货业的发展就存在一定激烈程度的竞争现象，企业在经营中应当认真加以研究认识。

（3）营销促销环境。企业在市场上会通过自己的一些方略的运用来赢得更大、更多的市场。作为一家厂商、连锁企业，应当紧紧追踪主要竞争对手的营销促销举措，有的放矢地采用有效的策略赢得市场。

3. 供应者及商品供应环境

供应者及商品供应环境主要是从生产同类产品的有谁、供应什么样的产品、市场上的供求关系怎样等方面来认识。

（1）供应者的情况。从厂家角度来认识这一环境，作为同类产品的供应厂家，应当对市场的竞争厂家有深刻的认识，包括生产厂家数量、生产能力、发展历史等。

（2）产品供应状况。从厂家角度来认识这一环境，包括对目前市场上各厂家供应产品的品种、价格、数量、质量、包装、材料、款式、渠道、生命周期阶段、品牌及其占有率等方面有深刻的认识。

对连锁经营企业来说，分析认识以上环境可以把握好货源的情况。对于商家来说，稳定的货源、具有竞争力的供应链无疑是取得市场竞争优势的先决条件。

（3）供求关系环境。市场上产品的供应与需求之间存在着供不应求和供过于求的主要关系。随着经济的高速发展，一般的产品都存在供过于求的态势。供求关系直接影响和决定产品销量和价格，而市场上存在的供求关系形成了不同的两类市场。

1）买方市场。市场上买方处于主动地位，在价格、服务要求等方面有更多的利益可以得到。例如，现在的家电市场，竞争激烈，消费者可以好好比价和得到卖方更多的让利和服务。面对这样的市场，厂家无疑要提高产品的质量和性价比，提升市场竞争力，商家则要注意适度经营，运用好薄利多销、以销定进、以进促销等策略。

2）卖方市场。市场上卖方处于主动地位，只要有产品就有市场。现在市场上个别的产品存在这种现象，如iPhone手机新款推出时，就常出现这一现象。面对这样的市场，厂家要加大市场的供应，把握时机，商家要广开渠道争取货源，把握商机。

任务 1.2　市场预测活动概述

企业开展生产经营活动，更多的是要把握好明天应当如何开展经营的问题，这就有赖于对市场未来发展的认识和把握，即对市场的准确预测。

1.2.1　市场预测的要义

市场预测是指在市场调研的基础上，运用预测理论和相关方法对企业决策者关心的变量（即关心的事件）的变化趋势和未来可能状态做出估计与测算，为决策提供依据的过程。例如，日本丰田汽车公司为了打入美国市场，对美国及世界经济做了多年的调查研究，预测未来能源日趋紧张、通货膨胀加剧、城市交通更加拥挤、更加重视环保，于是研制出节能、廉价、安全可靠、具有一流的限制排气系统的小汽车，成功抢占美国市场。这一例子基本说明了市场预测的意义。

1.2.2　市场预测的基本特性

市场预测是对未来的估计，这一活动与市场调研等其他活动不同，主要表现在如下3个方面。

（1）服务性。市场预测活动主要是估计企业可能面对的未来变化，为企业把握明天服务，也就是说，为企业未来的决策服务。结合上面日本丰田汽车公司成功打入美国市场的例子可以很好地得到说明。

（2）描述性。市场预测可以通过数学模型进行未来发展数量的估计，或者是通过定性分析来说明预测对象未来发展方向和发展性质的估计，或者是两者的结合。

（3）系统性。市场预测活动要考虑诸多因素的影响。正如在前面的内容中所讲述的，市场现象是受多个方面的因素影响的，要预测市场现象的变化，必须对多个主要的影响因素综合加以考虑。举例而言，某地私人购买住房的市场预测，影响因素包括现有住房情况、现有可支配收入的水平、家庭的人口数量、家庭的结构、家庭总体收入、消费观念、信贷的支持力度、收入预期、社会保障、房地产市场状况、税费等，诸多因素都必须考虑，才能做出恰当的预测。

【思考】

如何认识市场预测的系统性？

【练习】

通过网上一些著名企业家的访谈来认识市场预测的意义。

1.2.3 市场调研与市场预测的关系

市场调研与市场预测既有联系又有区别。

1. 市场调研与市场预测的联系

市场调研与市场预测之间的联系主要表现在如下5个方面。

（1）市场调研为确定市场预测目标提供了方向。要先通过市场调研得出有指导意义的结论，再结合专业知识和经验对结论的发展做出前瞻性的判断。例如，通过对广州市商品交易会的调研，再结合广州市会展经济发展的政策和规划，预测得出广州市会展经济发展势头良好的结论。

（2）市场调研为市场预测提供必需的信息资料。市场预测不能是无源之水、无根之木，更不能是臆想。例如，商家要经过深入的商圈调查，预测当地的商业发展的前景，为商店选址服务。否则，凭空想当然，只会招致失败。

（3）市场调研与市场预测在发展中是同根的。市场调研的目的是把握市场信息，为企业决策服务；市场预测的目的也是把握企业明天的发展方向和性质。作为对企业明天发展的方向和性质进行把握的预测活动，必须在昨天和今天发展的基础上，再结合一些主要因素的未来合理的可能变化来进行估计，因为市场现象本身一般并不是跳跃式发展的，而是按照一定的惯性原理而发展的。由此可见，市场预测活动也是以过去和现在的市场信息为基础的，市场调研与市场预测在发展中又是同根的。例如，商品生命周期的变化就验证了这个道理，商品一般不可能一下子畅销起来，必须经过市场的培育，然后才从培育的开拓期步入成长期、成熟期、饱和期直至衰退期。因此，在开展市场预测活动，要借助市场调研来了解和认识昨天、今天和明天的一些变化因素，不然，市场预测则完全是猜想了，那对企业来说必将是非常可悲的。两者的关系具体可以表述成：市场调研—市场预测—经营决策。例如，家政公司通过市场调研可以对现代服务业的发展趋势做出预测，进而可以为企业的业务发展做出决策，如大力发展社区服务、老年人服务等业务。

（4）市场调研与市场预测的方法在不断地发展，而且能相互促进发展。一方面，市场调研的一些方法在发展中存在既有收集资料又有总结归纳资料的意义，也可以作为市场预测的方法，如通过向专家进行调查的专家意见法，包括专家会议法、德尔菲法，就有这样的意义。另一方面，市场预测的方法也会促进市场调研方法的完善，如市场预测的问题会对市场调研的内容提出要求等。

（5）市场预测的结论要依靠市场调研来验证和修订。例如，有商业专家提出商业的集群效应（即商业的发展存在一种扎堆的现象），并基于这一观点做出预测，在广州市新兴的商业旺地广州天河城一带会出现多家商品流通企业同场经营的情况。后来真的出现了第二家超大型的购物中心——正佳购物中心，附近一带出现了苏宁电器、国美电器等其他商业业态的企业，以及其他的服务企业。这些企业同场经营，共同带动了该地的商业繁荣。到广州天河城一带进行拦路调查，就会发现经常到该地购物娱乐的人看中的就是这一带比较多的购物选择和休闲娱乐服务，由此可以证明预测的准确性。对于市场调研与市场预测之间的关系，要认识到它们是密不可分的，甚至有的学者把两者统称为"市场调研"。

2. 市场调研与市场预测的区别

市场调研与市场预测两者之间也存在着明显的区别，主要表现在如下 5 个方面。

（1）两项活动开展的目的不同。市场调研的目的主要是为日常决策提供依据，市场预测活动开展的目的主要是为制订管理计划和战略决策服务。

（2）两者把握市场的侧重点不同。市场调研侧重于对市场的历史和现状的把握，市场预测侧重于对市场未来的把握。

（3）两者开展活动的过程不同。市场调研的过程比较复杂，在前面已专门说明，本课程学习也是主要围绕调研来展开的。而市场预测活动开展的过程比较简单，主要是通过室内文案活动进行的。

（4）两者所使用的方式方法不同。市场调研所采用的方式方法十分丰富，在方式上可以分为随机抽样和非随机抽样，具体的方式达 10 种之多，在方法上有包括访问法、实验法、观察法、二手资料收集法等多种方法。市场预测的方式主要分为定性预测和定量预测，在方法上有经验判断预测法、类推预测法（定性预测的方法），以及时间序列分析法、因果分析法（定量预测的方法）等。

（5）两者所生成的结果不同。市场调研活动所生成的结果主要是数据、资料、报告，而市场预测活动所生成的结果主要是一些定性的估计和定量的估计观点报告。

任务 1.3　商圈调研

1.3.1　商圈概述

1. 商圈的要义

传统意义上的商圈是指特定店铺所能吸引顾客来店的影响范围。商圈的要义可以表述为门店以其所在地点为中心，沿着一定的方向和距离扩展，能吸引顾客的辐射范围。简言之，商圈是指来店顾客所居住的地理范围。

现实意义的商圈已经有了一些发展，从一个地域（商业旺地）的角度提到该地域的影响力，即该地域的商圈；从城市商业功能布局的角度提到的城市商圈，主要指的是一个城市的不同层次的商圈，如市级商圈、区域商圈、社区商圈。当然从经济的全球化发展角度，根据全球影响力，商圈还可以分为国际性商圈、区域性商圈等。

2. 一般的表达方式

为了便于分析研究，一般将商圈表达成以店铺为中心，向四周展开的同心圆。

3. 传统意义的商圈包含的层次

由于存在顾客购物便利性要求的主要影响，商圈的影响力存在从店铺出发由大至小的变化。

商圈包含三个层次，即核心商圈、次要商圈、边际（边缘）商圈。核心商圈是最接近店铺的区域，占有店铺顾客总数的大多数，顾客比例大约是60%；次要商圈是位于临近核心商圈的区域，占有店铺顾客总数的比例稍小些，顾客比例大约是30%；边际（边缘）商圈是位于次要商圈之外最外围的区域，顾客比例是5%左右。其余5%的顾客属于路过偶然消费者，不属于商圈内顾客。

4. 商圈发展变化的特点

（1）不同业态或同一业态店铺的商圈都会不同。由于不同业态经营的吸引力是不同的，影响力的大小也不同。另外，同一业态经营能力、经营历史的不同形成不同的影响力，造成了店铺之间商圈的不同。无疑，企业应当不断努力扩大自己店铺的商圈范围。

（2）商圈具有动态发展性。一家门店在不同的经营时期受到不同因素的影响，其商圈也并非一成不变，商圈规模时大时小，商圈形态表现为各种不规则的形状。

商圈大小是由顾客的购买行为和店铺的经营能力决定的。不同的商店由于所在地区、经营规模、经营方式、经营品种、经营条件的差异，商圈规模、形态存在很大区别。

商店的销售活动范围通常都有一定的地理界限，所以，一定时期内具有相对稳定的商圈。同时更要注意的是，同样一个商店在不同的经营时期受到不同因素的干扰和影响，其商圈更是动态发展的。由此，我们要努力做大商圈的影响力，吸引更多的顾客光顾。

（3）商圈具有一定的业态属性。由于经营特色的要求，不同地域的商圈适合不同的业态或者较适合特定业态，具有业态选择要求。比如，在批发市场，同类的批发门店更适合该商圈的发展；在都市型商圈内，购物中心更适应该商圈；在社区型商圈，便利店和生活超市更有发展空间，而不适合购物中心的业态或大型超市业态。

1.3.2　商圈调研概述

1. 商圈调研的目的

一方面，可以选择一个适当的时间、适当的位置、适当的业态、适当的经营模式和规模进行选址投资经营；另一方面，分析商圈的环境，为门店经营策略的运用服务。

2. 商圈调研的意义

商圈调研的意义，主要在于帮助连锁企业掌握商圈的特点以及影响商圈发展变化的因素，为连锁企业在扩张中对新门店的店址选择、制定和调整经营方针与经营策略提供依据。具体的意义主要有以下几个。

（1）有利于连锁企业开拓市场，有效选择新门店店址。选好门店的位置是商业经营取得成功的先决条件。商圈调研是门店选址经营的前提。

店址选择是一项大的、长期性投资，关系着企业的发展前途。零售店铺的店址不管是租赁的，还是购买的，一经确定，就需要投入大量的资金，营建店铺。当外部环境发生变化时，店铺不像人、财、物等经营要素可以做相应调整，它具有长期性、固定性特点。因此，店址选择过程中要做深入调查，周密考虑，妥善规划。

店址选择是否得当，是影响零售店铺经济效益的一个重要因素。企业的店址选择得当，就意味着其享有优越的"地利"优势。在规模相当、商品结构、经营服务水平基本相同的情况下，同行业商店之间，店址选择得当的店铺必然享有较好的经济效益。所以，零售店铺在分析经济效益的过程中，不可忽视店址的影响。关于店址选择的详细内容，将在1.3.3节介绍。

（2）有利于连锁企业制定有效的经营管理战略。连锁企业在经营过程中面对的是一个变动的市场环境，环境因素会影响门店的影响力和所处的地域商圈的影响力。不同的地域有不同的环境，包括经济、文化、地理、交通条件、人口状况、市政配套和规划等环境，这些环境会制约该地域店铺的顾客来源和特有结构，以及店铺经营策略的运用。所以，需要通过商圈调研掌握促进商圈发展的有利因素，及时调整经营管理策略。同时作为连锁门店也要意识到门店商圈会受到竞争者的影响，需要通过经常性的商圈调研掌握态势发展，制定有效的竞争战略。

3. 商圈调研的主要内容

商圈调研主要是围绕影响商圈发展的因素来展开的，包括商圈的基本条件、发展的特点、影响发展的因素。

（1）商圈的基本条件调研。

商圈的基本条件调研具体包括如下内容。

1）商圈的地理条件（地形、地貌等）。

2）商圈的交通及其新的规划。

3）市政建设及其新的规划。

4）商圈的购买力。这是在商圈调研中极为重要的因素，具体包括人口规模密度与结构、购买力水平、顾客购买行为特性等。

5）商圈现有经营者及其经营的情况。传统观念将商圈描述为徒步一定时间或一定距离内的竞争店。除此之外，随着交通出行的便利，应当结合业态特点分析，认识到商圈影响力的范围在扩大。具体应当认识清楚同业态竞争对手的经营情况，包括经营条件（经营面积、商品结构及主力商品、销售力量、收银力量、营业时间、店龄、门店布局与设计、停车条件等）、经营能力（价格竞争力、促销策略、品牌影响力、市场地位、经营策略创新等）。

6）其他。影响商圈的因素还有很多，而且是在发展之中的。如周边的发展带动、城市改造、当地经济结构调整或区域定位调整、物流能力、货源供应的变化、流动人口的变化、劳动力结构的变化、商圈的集群效应等。

（2）所调研商圈的特点。新店铺选址，往往都是进入一个特定的地域的商圈。而每一地域的商圈发展历史、影响力、结构构成、业态集群、商圈特色、商圈定位等方面都会存在不同，对连锁企业进军该商圈具有重要的意义，包括自身业态是否适合进入等，应当认真加以调研。

（3）影响商圈发展的因素。商圈处在动态发展的过程中，存在有利和不利的因素，比如商圈定位的改变，会对不同企业产生不同的影响力，再有就是其他商圈的渗透。商圈之间是存在一定竞争影响的，比如广州市天河核心商圈对其他社区商圈的影响，或反过来。这些方面是需要调研分析去认识的。

4. 调研主要应确定的问题

（1）调研方式。商圈调研样本组织方式的运用，具体要结合调研的项目来进行。如对商圈人口的调研和对竞争店铺的调研，可以采用普查或抽样调查，而抽样调查又有随机抽样和非随机抽样两种方式。

（2）调研方法。资料收集的方法也是要结合项目要求来确定的。可以采用二手资料收集或实地市场调研。如人口比例调研可以采用二手资料收集法，竞争店铺的调研可以采用观察法等。

（3）调研内容。调研内容也要结合项目来确定。前面已经提及了商圈调研的主要内容，而具体调研时可以分项目来组织完成。

1.3.3 店址选择概述

1. 优秀店址的特征

优秀的店址往往是具有便利性、提供必要功能服务、商业氛围浓郁的区域，具体具有如下几个特征。

（1）商业旺地。商业旺地已经成行成市，被顾客接受，具有较强的市场影响力，如北京路、天河路、小北路、环市路商圈等，企业有条件进入这样的商圈无疑是一个非常好的选择。

（2）居民聚集区。要注意面对社区居民比较容易成功的是社区型中小超市、便利店、有特色的专业店或者是便利超市。

（3）交通发达的便利区域。交通发达便利的地方往往人流密集，存在一些特定的需求。应结合需求的特点，选址经营。比较合适的业态是便利店、专业手信店等。

（4）商业集群区域。商业业态聚集或者某一类商品的集散地，往往是比较有影响力的商圈，如天河城、海印电器城、中大纺织城等。在考虑选址进入商业集群区域时可以结合该区域的特点和自身进入的条件来选定。

（5）公共活动场所和设施多的地域。经营环境是重要的经营要素，现代人越来越讲究休闲娱乐，公共活动场所和设施多的区域容易吸引客流。

（6）便利顾客购买的街区街道。便利是商业经营当中一个决定性的因素。顾客购物时往往会由于要求便利而选择就近购买，商家在选择店址时要多加考虑。

2. 店址选择的基本原则

（1）便利顾客。便利是选址时考虑的必要因素之一，包括交通的便利、到店距离上的便利以至到店行走和辨识上的便利。

（2）具有发展潜力。十全十美的商业经营地是稀缺的资源，选址的目光要更多地投向一些具有商业潜力的地域。特别是一些具有实力的连锁企业，因为可以成为商业的引领者，要多以前瞻的眼光加以考虑新兴的商业地域。

（3）一定的客流。客流是商业经营的基本要素，所以选址时应当评估客流的量和质，考虑能否承受自身业态。如一般的社区开设标准超市就不是很适合。

3. 商圈内开设新店的主要判断标准

（1）达成预计的销售额。门店取得预期的目标销售额，是获得毛利润的基础，也是企业生存发展的基础。所以，首先要能达到最低预计销售额的位置才作为拟选店址备选。这里还要提醒注意的是，一般商业经营都有一个蓄客的过程，按照一般的商业共识是先亏后盈，所以，要考虑拟选地的销售额。

（2）主要的支出负担。主要的支出负担包括物业租金、人工费、水电费、税金、预计工资和福利增长等。

（3）可发展的成长性。拟选地是发展变化的，一般来说，随着城市的发展，利好的发展会越来越多，包括人口增长、消费购买力增长、交通便利性提升、市政建设带来环境的优化等。

（4）合适性。结合自身企业的条件，认真分析是否合适，包括自身的影响力、商圈的功能互补性、经营特色的吸引力等。

4. 店址选择评定的基本方法

店址选择评定的方法有多种，下面介绍常用的方法。

（1）加权评分法。本方法是找出影响选址的主要因子，并赋予不同的评分权重，然后进行加权归总得出评价的总分，再用经验的评价分值对照，衡量拟选店址是否可行。

假设拟选 A 地或 B 地作为新门店的店址，采用加权评分法进行评价。有 6 位参与者评定。设定"达成预计的销售额"因子的权重为 3；"合适性"的权重为 2；"可发展的成长性"的权重为 1。采用打分法，最高分为 3 分，一般为 2 分，最低分为 1 分。

结果是 A、B 两地经 6 位参与者打分后，进行每一因子的平均分计算，得出评分结果为：A 地的"达成预计的销售额"因子为 2 分，"合适性"为 3 分，"可发展的成长性"为 2 分；B 地的"达成预计的销售额"因子为 2 分，"合适性"为 3 分，"可发展的成长性"为 1 分。

A 地加权总分 $= 2 \times 3 + 3 \times 2 + 2 \times 1 = 14$。

B 地加权总分 $= 2 \times 3 + 3 \times 2 + 1 \times 1 = 13$。

按一定标准比较或评价选定方案时，假设要求起码达到 14 分。A 地可以考虑作为选定的店址。

（2）零售饱和指数法。本方法是通过计算零售饱和指数来测定商圈的大小，即商圈内店铺的密度大小，进而说明开设店铺的可能性。

零售饱和指数可以采用"拟进入地域内所有顾客的数量"与"该地域内人

均消费支出"相乘，得出当地市场的容量，除以"该地域现有零售网点的营业面积"。

很明显，零售饱和指数越高，说明市场的经营条件越好，可以容纳的同类店铺越多，企业进入的可能性越高，具体可以结合行业的参考标准来分析衡量。当然，这只是一个角度的分析，实际还要结合其他一些因素考虑。

5. 店址选择调研报告的撰写

选址调研报告的撰写和一般调研报告的撰写基本一致，但这一报告要求突出调研结果中的一些方面，可以采用下面的格式来撰写。

商店店址选择调研报告

封面

目录

引言

一、调研目的

二、调研方式方法

三、调研分析与调研结果

（一）拟选地地理条件因素

（二）拟选地环境（人口、交通、竞争、消费特点）

（三）拟选地物业条件（面积、租金等）

（四）拟选地预计的经营（预计销售额、投资收益分析）

（五）拟选地未来成长性分析

（六）结论和建议（包括经营业态、经营商品结构、经营特色、经营策略等）

四、调研结论与建议

结尾

学习指导

1. 学习建议

本项目内容是认识市场调研的基础，在学习中要本着打好基础，为学好以后项目服务的思想。本项目主要是围绕市场调研与预测的一些基本知识展开的，包括市场调研的要义、在企业经营管理活动中的作用、特征、类型、原则、程序、调研内容、市场预测的要义、市场调研与预测之间的关系、市场调研与预测的基本发展等方面。其中，要重点掌握市场调研的特征、市场调研的原则、市场调研与预测之间的关系。内容没有什么难理解的地方,大家可以多思考,并通过一定的练习来巩固所学的知识。

市场调研的内容是围绕企业所面对的市场环境来展开的,非常丰富。市场环境一般分为宏观、中观和微观环境。学习过程中一方面要理解、领会各环境因素的内涵,另一方面可以结合实际或设计的项目来认识要做的对应环境的调研。

商圈调研是连锁企业在店址选择,以及在经营中采取一些经营策略调整决策需要做的专项调研活动,但主要还是从前者去认识。商圈调研涉及的内容很多,对每一个因素要理解它的内涵及意义,并应当结合具体的店铺类型到具体某地选址,如社区生活超市、购物中心、专业店、百货店、便利店等店铺到某地域选址,来认识和掌握开展商圈调研活动的技术。

2. 学习重点与难点

重点:市场调研的特征、市场调研的原则、市场调研与预测之间的关系;微观环境调研;商圈调研的内容

难点:市场调研的内容、中观环境调研、店址选择评定的加权评分法

核心概念

市场调研 探索性调研 描述性调研 因果性调研 预测性调研 市场预测 宏观环境 中观环境 微观环境 消费行为 消费动机 商圈 核心商圈 零售饱和指数

课后思考与练习

1. 单项选择题

(1)市场调研的最终目的是(   )。
  A. 企业形象   B. 搜集资料
  C. 预测   D. 企业决策

(2)市场调研的过程就是(   )的过程。
  A. 搜集资料   B. 设计问卷
  C. 为预测决策服务   D. 设计方案

(3)市场调研活动属于企业(   )活动。
  A. 营销   B. 营销管理
  C. 管理   D. 日常

(4)市场从卖方的角度就是(   )。
  A. 买卖   B. 商品   C. 消费   D. 货币

（5）调研活动一般要求在一周内完成是遵循（　　）原则。
　　A. 及时性　　　　B. 完整性　　　　C. 科学性　　　　D. 普遍性
（6）市场调研的方式包括（　　）。
　　A. 普查　　　　　　　　　　　　　B. 问卷调查
　　C. 邮寄调查　　　　　　　　　　　D. 实验调查
（7）市场预测包括（　　）预测。
　　A. 定性　　　　B. 定额　　　　　C. 数量　　　　　D. 计量
（8）市场调研的内容不包括（　　）。
　　A. 宏观环境　　B. 微观环境　　　C. 行业环境　　　D. 社会环境

2. 判断题

（1）企业开展了市场调研就可以使决策成功。（　　）
（2）市场调研主要是对昨天和今天的调研。（　　）
（3）市场调研是为预测服务的。（　　）
（4）市场调研肯定存在误差。（　　）
（5）市场预测是对未来的一个估计。（　　）
（6）企业决策不能脱离市场调研。（　　）
（7）任何企业都需要经常开展正规的调研与预测活动。（　　）
（8）从一般意义上来讲，没有调研，企业的决策肯定是错的。（　　）
（9）市场调研必须按照固定不变的程序来进行。（　　）
（10）市场预测比市场调研要简单。（　　）
（11）市场调研与市场预测是两项独立的活动。（　　）
（12）没有市场调研就没有市场预测。（　　）
（13）市场调研的方式可以综合利用。（　　）
（14）市场调研与预测一般是一种付费的活动。（　　）
（15）通过把握消费收入变化就能正确预测消费市场。（　　）
（16）我国企业一般都会大力开展市场调研活动。（　　）

3. 简答题

（1）为什么说市场调研是企业的必要活动？
（2）如何理解市场调研的及时性原则？
（3）如何理解市场调研的针对性原则？
（4）市场调研中一般情况下开展宏观调研的内容包括哪些？
（5）市场调研中一般情况下开展中观调研的内容包括哪些？
（6）市场调研中一般情况下开展微观调研的内容包括哪些？

（7）简述自然因素调研的内容。
（8）简要说明消费者的购买行为过程。
（9）简要说明商圈调研的意义。
（10）简要说明商圈调研的目的。
（11）简要说明商圈调研的主要内容。
（12）简要说明商圈发展变化的特点。
（13）简要说明商圈内开设新店的主要判断标准。
（14）简要说明选址的基本原则。

案例分析 1-1

中心城市购物中心消费趋势调查：体验式消费"狂潮来袭"

以一线城市广州为例，天河路商圈集聚了20多家购物中心，其中以"正佳广场"为代表。以体验式消费打造出核心竞争力，"正佳广场"通过广泛的市场调研制定出这一经营战略，并取得了很好的经营业绩。

广州作为千年商都，在城市的不断发展中涌现出一个又一个繁荣的商圈。从步行街形态到大型购物中心业态，广州消费商业的标杆也有所变化。仲量联行数据显示，我国的购物中心近年来供应量激增，这将给购物中心运营者带来巨大挑战。

然而除了供应量，购物中心商业业态的变化对这个行业所造成的影响更为关键。体验式商业模式成为潮流，在繁荣供给的背后，购物中心要留住消费者，必须把握这个趋势才能在激烈竞争中突围而出。

体验式消费浪潮到来，只卖东西的商场不是好商场。

近年来，广州将有多个优质购物中心开门营业，年度平均总供应量超过50万米^2。不少开业多年的大型购物中心也适时调整商场业态模式，从单一的零售模式转变为体验式消费商业模式，而业态的变化也深刻地影响着消费者的消费习惯和心态。

作为购物中心实现差异化竞争的良药，体验式主题消费正成为各大购物中心竞相升级的方向。体验式消费在注重消费者的参与和感受的同时，也更注重空间和环境的体验性。

现代生活中，越来越多的消费者已不仅仅满足于在商场中购物，而是呈现出对休闲、运动、就餐、培训等多方位的需求。在这样的背景下，"体验式商业"应运而生。

和传统购物中心相比，体验式购物中心更加注重环境和建筑设计，合理的空间布局、特色风格、优雅的环境，追求与消费者的生活需求、生活品位、消费习惯匹配，能够通过环境激发消费者的消费意识与消费行为。

然而，在体验式商业盛行的当下，广州很多中心商铺依然面临着关闭或者经营不佳的困境。产生这种现象有3方面的原因：第一，整个市场行情比较低迷，使得商业地产层面也面临大的降温，很多商铺的租赁效果明显受到楼市降温的影响；第二，目前电商对于实体店的冲击力度在持续，尤其从目前网购市场来看，广州在网购消费上的比重较大，容易对传统实体店造成冲击；第三，广州市场商铺面临很大的竞争，比如高库存带来的压力。

【案例分析要求】
1. 结合案例，说明市场调研对企业经营的重要性。
2. 结合案例，说明市场调研的原则和内容。

案例分析 1-2

消费者李妍看到同事的苹果手机非常动心，产生了购买一部更新款手机的念头，通过一段时间对所收集资料的了解和到苹果专卖店了解，选定了心仪的一款，但还是没有出手。又经过一段时间，知道苹果手机促销，她到现场认真地挑选比较，最终还是出手买下了这款手机。

【案例分析要求】结合该案例说明消费者的购买过程。

案例分析 1-3

地处广州市天河区粤垦路的商圈越来越受到投资者、经营者的关注，当地商圈有一定的规模，不足400米长的粤垦路沿路大约有100家商店店铺和食肆。当地的店铺入驻率接近100%，但同时也不时出现个别店铺转手的情况。在粤垦路头、广园路边上（靠近天河路商圈，距离大约20米）、紧连天寿路（与天河城、天河体育中心咫尺之遥）的地方，新建的鸿德酒店的1～3层商业物业正在招商。该地商圈范围目前没有大的店家，都是一般的小杂货店、便利店和生活小超市，粤垦路一带和东莞庄一带（粤垦路头另一分叉，也与该酒店相连）的居民大约有4万人，粤垦路一带和东莞庄一带到天河城（天河路商圈的核心）步行大约20分钟，坐公共汽车大约4站。

【案例分析要求】比照该商圈的基本条件，说明可以进入的店铺业态，并说明要开展的商圈调研活动。

项目 2 | Project 2

设计市场调研总体方案

学习目标

知识目标
1. 掌握市场调研总体方案设计的意义
2. 掌握总体方案设计的格式要求
3. 掌握总体方案设计中各部分要素设计的要求

能力目标
1. 能结合市场调研方案设计的要求及调研项目分析设计各个方案要素
2. 能结合实际的市场调研项目设计出符合要求的、完整的市场调研方案

项目介绍

市场调研活动的开展涉及多方面的要素，如资金（费用）、人力、时间、管理（组织安排等），要经过多个环节，包括问卷的设计、问卷的调研实施、问卷的处理、资料的分析、调研资料结果的报告等方面，这些要素和环节有机结合才能完成好调研活动，取得好的调研结果。而要做到这一点，周密的安排是必不可少的。调研总体方案就是对整个调研活动开展的周密安排和部署的文书。

学习本项目可以掌握调研活动全过程的认识、调研活动各环节的有机结合、调研活动的要素等知识，并具备运用以上知识的相应能力。

调研总体方案是市场调研公司与客户经过接洽以后，达成委托意向，委托调研公司开展调研活动的指导书，一般在谈妥委托之后，调研公司把调研的做法写成方案，并征得客户同意。其内容涉及活动的方方面面的设想，成为开展市场调研活动的指导书。自己组织调研，同样需要设计这样一份调研方案。

任务 2.1　设计调研方案的格式

2.1.1　对调研方案的认识

调研方案（也称调研总体方案）是根据调研的目的和调研对象的性质，在实际调研之前对调研工作总任务的各个方面和各个阶段进行的通盘考虑和安排，并提出相应的调研实施方式方法，制定出合理的工作程序的书面文件。

调研方案设计的意义主要体现在任何活动都必须先进行谋划才能取得好的效果，市场调研活动也是如此。事先安排部署，可以使调研活动按计划组织实施，不会混乱无序，特别是事先对调研活动的时间和内容进行安排，避免调研活动盲目进行。同时还要注意，面对激烈的市场竞争，调研方案的设计水平也成为调研公司赢得客户的敲门砖。

2.1.2　市场调研总体方案的格式

市场调研方案要求按照一定的格式撰写，具体应当包括封面、目录、引言、主体内容四大部分。

1. 基本格式要求

一份完整的调研方案的基本格式包括从封面、目录到引言以及主体内容，形成一个整体。

主体部分的内容又包括以下 9 个方面。

（1）调研目的。
（2）调研内容。
（3）调研对象与调研单位。
（4）调研方式与调研方法。
（5）调研资料处理和分析方法。
（6）提交报告的方式。
（7）调研程序及安排（含调研时间、地点和调研工作期限）。
（8）经费估算。
（9）调研组织。

另外，可以附录的形式附上调研问卷。

2. 两点说明

（1）方案的格式可以是多样的，但基本格式是相对固定的。
（2）有的部分可以适当展开，有的部分则相对概括，具体可以结合调研的实际问题以及认识习惯来设计。

实施任务 2.1　结合实际具体设计调研方案的格式

1. 任务组织

（1）三人为一组，成立学习小组，同学报名，老师最终决定，并将名单公布；所成立的学习小组原则上不变动，共同完成本课程的所有项目任务。

（2）各小组先结合选定的调研专题进行讨论，拟定自己小组调研方案的格式。

（3）老师组织小组之间进行交流。各小组就结合实际项目设计的格式方案相互讨论和交流，老师负责说明和决策。

（4）学习小组将完善的格式设计方案提交老师评定。

2. 任务要求

（1）每位同学都要积极参与，发表自己的观点。

（2）调研方案的格式必须紧密结合设计要求，可以参考以下格式进行设计。

封面（另设一页，含题目等）

目录

引言（概要）……………………………………………………………（页码）

一、调研目的 ……………………………………………………………（页码）

二、调研内容 ……………………………………………………………（页码）

三、调研对象与调研单位 ………………………………………………（页码）

四、调研方式与调研方法 ………………………………………………（页码）

五、调研资料处理和分析方法 …………………………………………（页码）

六、提交报告的方式 ……………………………………………………（页码）

七、调研程序及安排（含调研时间、地点和调研工作期限）………（页码）

八、经费估算 ……………………………………………………………（页码）

九、调研组织 ……………………………………………………………（页码）

附录：调研问卷 …………………………………………………………（页码）

（3）必须将设计好的方案用电子文本和纸质文本的形式上交老师。

任务 2.2　设计调研方案的封面

2.2.1　设计封面的样式

市场调研方案封面的设计样式是多种多样的，可以是横列式也可以是竖列式，主要采用竖列的形式，如下例。

华润万家广州市番禺新市商圈调研策划方案

委托人：华润万家有限公司

责任人：第一诚信市场调研服务公司

第二作业小组

2021年6月16日

2.2.2 封面设计的要点

1. 封面要简洁清楚

市场调研方案不是艺术作品，并不需要过多的艺术设计元素。封面设计总的原则是给人简洁、清新的感觉，不要过于繁杂，不要把很多东西都放在上面说明，或者是设计很多花哨的东西，给人的感觉不良。

2. 封面要包含基本要素

封面主要应设计好标题、公司名称（直接责任人）、时间，还可以增加委托单位等要素，目的是让使用者一接触就能知道调研方案的中心和其他一些主要信息。

3. 封面可以有必要的装饰

设计"精美"的封面可以给人留下良好的印象，适度的修饰也可以增强视觉效果起到"先入为主"的效应，容易赢得好的评价。

实施任务 2.2　结合具体项目设计调研方案的封面

1. 任务组织

（1）三人学习小组先结合选定的调研专题进行讨论，拟定自己小组调研方案的封面。

（2）老师组织小组之间进行交流。各小组就结合实际项目设计的封面相互讨论和交流，老师负责说明和决策。

（3）学习小组将完善的封面设计方案提交老师评定。

2．任务要求

（1）每位同学都要积极参与，发表自己的观点。

（2）调研方案的封面必须紧密结合设计要求，可以参考以下样式进行设计。

欧莱雅广州市场消费行为调研策划方案

委托人：欧莱雅（中国）有限公司
责任人：第一诚信市场调研服务公司
　　　　第三项目小组
　　　　2021年6月18日

（3）必须将设计好的方案用电子文本和纸质文本的形式上交老师。

任务2.3　设计调研方案的标题与目录

2.3.1　调研方案标题设计的意义与要求

调研方案的标题相当于人的眼睛，明亮醒目就能增强吸引力。好的标题能使客户和阅读者迅速、清楚地知道将要开展的调研活动的中心，从而提升客户的印象和好感。标题设计必须满足以下两点基本要求。

（1）标题应简单明了。标题设计应基于方案的格式以及便于被阅读者理解认识，不宜过长。

（2）必要时可以采用复合标题。同样是基于调研活动的有效性，对于比较大的调研专题，一般情况下被调研者不可能耗费很多时间来配合做调研。所以，比较合适的做法是将该调研专题分割成几个分项目开展调研。这时，标题的表述就会形成主标题与所开展某个项目的副标题相结合的形式。

> **小案例**
>
> 广州市天河区商贸流通业发展现状调研方案——业态发展状况的调研

2.3.2 标题的一般格式

标题的元素主要包括调研时间、调研对象、调研内容、调研方案（后缀），或者是调研对象、调研内容、调研方案的结合。这样，相应就形成了两种主要格式。

格式1：某时间对某对象（商品、行业、消费行为、家庭）的某方面内容的市场调研（总体）方案。

格式2：某对象（商品、行业、消费行为、家庭）某方面内容的市场调研（总体）方案。

另外，还可以在标题前加"对于或关于"等前缀，如下面的例子。

> **小案例**
>
> 1. 2021年度格力空调广州市场消费情况调研方案
> 2. 格力空调广州市场消费状况调研方案
> 3. 广州市天河区居民家庭汽车购买行为的调研方案
> 4. 关于中山市民文化消费支出的调研方案

2.3.3 调研方案的目录设计

调研方案的目录对于一份方案来说也是有必要的，能发挥索引和梗概的作用。目录设计不要求过于详细，应当指明方案格式中要素所在位置的页码。具体也可以参考本书的目录设计。

实施任务 2.3　结合具体项目设计调研方案的标题与目录

1. 任务组织

（1）三人学习小组先结合选定的调研专题进行讨论，拟定自己小组调研方案的标题。

（2）老师组织小组之间进行交流。各小组就结合实际项目设计的标题与目录相互讨论和交流，老师负责说明和决策。

（3）学习小组将完善的标题与目录设计方案提交老师评定。

2．任务要求

（1）每位同学都要积极参与，发表自己的观点。

（2）调研方案的标题必须紧密结合设计要求。

（3）必须将标题与目录设计方案用电子文本和纸质文本的形式上交老师。

任务 2.4　设计调研方案的引言

2.4.1　对引言的认识

引言，又称前言，它在方案中宛如一条引线，能使阅读使用者了解方案的梗概。一方面，它能帮助读者形成阅读的思路方向，另一方面它也能够使读者对整个方案的主要方面有所把握。下面是一份引言案例，供参考。

小案例　**广州市居民方便面消费状况的调研方案**

引　言

为了掌握广州市方便面消费市场的现状以及未来的发展变化，为锦城公司的新产品开发和市场营销策略运用提供依据，本公司接受了锦城公司的委托，对广州市居民方便面的消费市场开展专项调研。本次调研的内容主要包括：

（1）消费者背景调研，把握主要的消费对象。

（2）消费行为状况调研，包括：①消费者主要购买的产品；②购买渠道；③购买的价格带；④主要认可的促销策略；⑤消费者对产品品牌的满意度。

（3）消费者的购买动机调研。

（4）消费需求变化调研，包括要求的包装变化、价格、品质等。本次调研采用非随机抽样方式中的配额抽样技术，采用街头访问的方法进行调研。本方案经过了多次讨论协商及修改调整，相关的调研问卷进行了小范围的试验，方案可以基本确定并实施，具体调查时间计划从 9 月 16 日开始，至 20 日完成整个调研活动。

2.4.2　引言的撰写要求

（1）简单明了。引言主要起到指引的作用，细化的内容在方案的以后部分都有详细说明,所以引言应当简单明了,对方案的主要方面进行说明,不必面面俱到,一般几百字已经能做到说明清楚。

(2)引言中应该概述市场调研方案策划设计的缘起、委托企业现在所面临的问题、市场调研的目的、方案的主要内容、调研采用的主要方式和方法、方案设计的基本进程,但要注意其中最主要的是说明调研的意图。

实施任务 2.4 结合具体项目设计调研方案的引言

1. 任务组织

(1)三人学习小组先结合选定的调研专题进行讨论,拟定自己小组调研方案的引言。

(2)老师组织小组之间进行交流。各小组就结合实际项目设计的引言相互讨论和交流,老师负责说明和决策。

(3)学习小组将完善的引言设计方案提交老师评定。

2. 任务要求

(1)每位同学都要积极参与,发表自己的观点。

(2)调研方案的引言必须紧密结合设计要求。

(3)必须将引言设计方案用电子文本和纸质文本的形式上交老师。

任务 2.5 设计调研方案的调研目的与内容

2.5.1 对调研目的的认识

市场调研活动的目的是解决企业面临的问题,所以活动的开展要具有明确的目的,如认识新生的商品市场、开拓市场、维持巩固市场。在开展调研活动之前,必须充分了解和认识所委托企业(或自身企业)面临的问题,明确开展调研活动要达成的效果。在接触委托企业时要特别注意把握好下面3点。

(1)调研目的是指开展调研活动希望达成的最终效果。通俗的说法就是调研活动中要弄清楚客户(或者我们自己的企业)为什么要进行调研、解决什么问题。

(2)通常开展市场调研的基本目的可以表述成"为某企业的产品开拓市场或维持巩固市场提供决策依据,为企业的营销决策提供服务"。

(3)调研目的的表述应当尽量细化明了。

2.5.2 对调研内容的认识

调研内容是为实现调研目的服务的,具体围绕调研目的可以展开多方面内容的调研。例如，调研目的是认识市场的消费主体是谁，具体调研的内容可以从调研被调查者的年龄、性别、职业、教育程度、收入等方面展开。

总体来说，市场调研无论什么项目都是围绕市场环境来进行的，也就是围绕市场的宏观环境、中观环境和微观环境来进行的，在市场实际项目调研中再具体加以确定。

2.5.3 消费市场调研的目的与内容表述

消费市场调研是经常要开展的市场调研活动，如制造商想知道自己的产品或某种产品卖得怎么样，商家想知道顾客是否喜欢某种新商品，等等。下面以该市场调研为例，比较具体地说明调研目的的确立和表述。

从总体的调研目的来说，消费市场调研的目的是通过本次调研掌握消费的现状及消费变化，为公司制定整体市场营销策略服务。具体的调研目的包括如下几个方面。

（1）调研消费市场的现状，为制定目标市场定位等策略服务。
（2）调研消费者的行为，为制定销售渠道等策略服务。
（3）调研消费动机，为制定销售策略服务。
（4）调研消费态度和意见（趋势）变化，为制定产品及销售促销等策略服务。

还要说明的是，以上目的的确立和表述总的来说相对简单，还要对每一个目的加以细化，尽可能细化为更具体的目的指引调研活动。

为了实现上述的调研目的，应当围绕消费者的基本情况、消费行为、消费动机、消费态度和意见四大方面20多个具体方面的调研内容开展调研。

实施任务 2.5 结合具体项目设计调研方案的调研目的与内容

1. 任务组织

（1）三人学习小组先结合所选定的调研专题进行讨论，拟定自己小组调研方案的调研目的与内容。
（2）老师组织小组之间进行交流。各小组就结合实际项目设计的调研目的与内容相互讨论和交流，老师负责说明和决策。
（3）学习小组将完善的调研目的与内容设计方案提交老师评定。

2. 任务要求

（1）每位同学都要积极参与，发表自己的观点。
（2）调研方案的调研目的与内容必须紧密结合设计要求，在开展消费市场调研时可以参考前面学习的内容的要求进行设计。

（3）必须将调研目的与内容设计方案用电子文本和纸质文本的形式上交老师。

任务 2.6　设计调研对象与调研单位

开展市场调研，必须向合适的对象收集资料。这就必须明确所开展的调研项目适合的总的对象和具体的对象。这里建立两个不同的概念，即"调研对象"和"调研单位"。

2.6.1　对调研对象的认识与设计

调研对象指的是调研专题所针对的所有适合该次调研的对象所形成的整体。例如，调研广州市天河区居民家庭的汽车拥有量，该市天河区所有居民家庭形成的整体就是该次调研的对象。

调研对象的设计比较简单，直接按照调研专题所覆盖的单位构成的整体（又称母体）来确定。

2.6.2　对调研单位的认识与设计

调研单位是指收集调研资料的具体的、适合的个体对象。例如，开展对某地居民家庭月消费支出的调研，调研方案设计的目的要求比较准确而且比较有把握地掌握当地消费支出情况，所以，设计的调研单位将会是部分高收入家庭和部分中低收入家庭。具体来讲，假设设计是针对该地居民家庭一共收集 600 户的资料，即将抽样选中的 600 户家庭作为调研单位，进一步假设调研单位可以将高收入家庭 100 户、中等收入家庭 200 户、低收入家庭 300 户作为调研单位。

调研单位的确定，还要结合项目 3 所学习的知识和技术，根据所采用的样本组织方式是普查还是抽样调查来区别确定。普查下，母体内的所有个体都设计为调研单位；在抽样调查下，只有部分被抽中的个体才作为调研单位。

学完了项目 3 后可以再回过头来完善方案这一部分的内容设计。这时，应当把具体所采用的抽样方式结合起来表达。

小案例　　　**调研对象与调研单位的设计**

本次调研对象将面向广州市天河区居民家庭开展调研。调研单位将采用随机抽样调查的方式确定出部分家庭，具体是采用分层随机抽样的方式确定 600 户家庭作为调研单位，其中高收入家庭 100 户，中等收入家庭 200 户，低收入家庭 300 户家庭。

实施任务 2.6　结合具体项目设计调研对象与调研单位

1. 任务组织

（1）三人学习小组先结合选定的调研专题进行讨论，拟定自己小组调研方案的调研对象与调研单位。

（2）老师组织小组之间进行交流。各小组就结合实际项目设计的调研对象与调研单位相互讨论和交流，老师负责说明和决策。

（3）学习小组将完善的调研对象与调研单位设计方案提交老师评定。

2. 任务要求

（1）每位同学都要积极参与，发表自己的观点。

（2）调研方案的调研对象与调研单位必须紧密结合设计要求。

（3）必须将设计方案用电子文本和纸质文本的形式上交老师。

任务 2.7　设计调研方式与调研方法

2.7.1　对市场调研方式的认识与设计

市场调研活动一般采用抽样调研方式，即从调研总体（母体）中抽选出一部分个体作为样本，对样本进行调研，并根据抽样样本的结果来推论总体的一种专门的市场调研技术。抽样调研具体又包括随机抽样调研与非随机抽样调研两类。对适合对象都进行调研的方式，称为普查。该方式一般较适合政府部门组织的一些大范围的调研，如人口普查。对于有些小范围的调研，市场调研公司和调研企业也可以采用普查方式。

具体在设计调研方式时，应当结合普查或抽样具体技术来进行，这部分内容作为重中之重，在项目 3 中介绍。

> **小知识**　　　　　**市场调研样本组织方式**
>
> 总的分为普查和抽样调研。抽样调研分为随机抽样调研和非随机抽样调研。随机抽样调研和非随机抽样调研各有 5 种主要技术。

2.7.2　对市场调研方法的认识与设计

市场调研的方法是指调研资料收集的具体做法。其主要包括四大类，即间接资料调研法（又称文案调研法）、实验法、访问法、观察法。其中，访问法是运用最广的一种，包括电话访问法、邮寄法、家访、小组访问、街头拦人法等方法。

在设计调研具体方法时，应当结合调研项目的特点和调研的要求进行，具体的内容将在项目 5 中介绍。

实施任务 2.7　结合具体项目设计调研方式与调研方法

1. 任务组织

（1）三人学习小组先结合选定的调研专题进行讨论，拟定自己小组调研方案的调研方式与调研方法。

（2）老师组织小组之间进行交流。各小组就结合实际项目设计的调研方式与调研方法相互讨论和交流，老师负责说明和决策。

（3）学习小组将完善的调研方式与调研方法设计方案提交老师评定。

2. 任务要求

（1）每位同学都要积极参与，发表自己的观点。

（2）调研方案的调研方式与调研方法必须紧密结合设计要求。

（3）必须将设计方案的结果用电子文本和纸质文本的形式上交老师。

（4）由于调研方式的知识与能力的掌握和培养要在下一个项目中重点介绍，因此，可以对基本的方面先进行设计，等项目 3 学习完了再进行充实完善。

任务 2.8　设计调研资料处理和分析方法

2.8.1　调研资料的处理

应当在方案中设计所收集回来的资料的处理方法。这部分内容将在项目 6 中介绍，同样可以等学完以后再进一步完善所设计的方案。

小知识　　　　　**调研资料的处理**

一般在方案中这部分内容应当说明本次调研资料将按照严格的资料处理程序进行，通过审核、编辑、分组整理汇总和转换存储的环节处理。调研资料将经过认真的审核（如经过一审、二审）及复核（如 100% 复核），保证资料的完整、真实、可靠。具体还可以参考本项目"案例分析"部分的内容。

2.8.2　调研资料的分析

应当在方案中设计所整理后的资料将如何分析。这部分内容将在项目 7 中介绍，同样可以等学完以后再进一步完善所设计的方案。

> **小知识**　　　　　　　　**调研资料的分析**
>
> 　　一般在方案中这部分内容应当说明调研资料分析的方法。如本次调研资料将按照客户要求除了进行定性分析，还将重点进行定量分析，包括集中趋势分析、离散分析、相关分析、因果分析等方面。也可以进一步说明分析的具体方面，如集中分析包括的具体内容等。具体还可以参考本项目"案例分析"部分的内容。

实施任务 2.8　结合具体项目设计调研资料处理和分析方法

1. 任务组织

（1）三人学习小组先结合所选定的调研专题进行讨论，拟定自己小组调研方案的调研资料的处理和分析方法。

（2）老师组织小组之间进行交流。各小组就结合实际项目设计的调研资料处理和分析方法相互讨论和交流，老师负责说明和决策。

（3）学习小组将完善好的调研资料处理和分析方法设计方案提交老师进行评定。

2. 任务要求

（1）每位同学都要积极参与，发表自己的观点。

（2）调研资料处理和分析方法设计方案必须紧紧结合设计要求。

（3）必须将设计方案的结果用电子文本和纸质文本的形式上交老师。

（4）由于调研资料的处理和分析知识与能力的掌握和培养要在项目6、项目7中重点介绍，因此，可以对基本的方面先进行设计，等项目6、项目7学习完再进行充实完善。

任务 2.9　设计调研报告提交方式

2.9.1　对报告的基本认识

市场调研报告是调研成果的体现，调研所得到的资料和分析以及得出的市场认识结论都要通过最终的报告反映出来。报告应当按照专门的格式要求来完成，具体将在项目10中介绍。

2.9.2　方案中的设计

方案中主要应当说明报告提交的方式，如是纸质报告还是电子报告，或是两者的结合；应当说明提交报告的格式，如本次调研的报告将采用图表加说明的格式；应当说明内容分量，如调研报告的字数不少于 3 万字；应当说明提交份数，如本次调研提交电子报告 1 份、纸质报告一式 3 份等。

实施任务 2.9　结合具体项目设计调研报告提交方式

1. 任务组织

（1）三人学习小组先结合所选定的调研专题进行讨论，拟定自己小组调研报告的提交方式。

（2）老师组织小组之间进行交流。各小组就结合实际项目设计的调研报告的提交方式进行相互讨论和交流，老师负责说明和决策。

（3）学习小组将完善好的调研报告提交方式提交老师进行评定。

2. 任务要求

（1）每位同学都要积极参与，发表自己的观点。

（2）调研报告的提交方式必须紧紧结合设计要求。

（3）必须将设计方案的结果用电子文本和纸质文本的方式上交老师。

（4）由于调研报告提交方式的知识与能力的掌握和培养要在项目 10 中重点介绍，因此，可以对基本的方面先进行设计，等学习完项目 10 再进行充实完善。

任务 2.10　设定调研时间和调研工作期限

2.10.1　调研时间的认识与设定

调研时间是指调研资料所属的时间。收集的资料在时间上主要有两种情况：一种是指特定的时期，即一定期间的资料，如 3 月 2 日—12 日被调研商店的客流量；另一种是指特定的时点，即某一指定时点的资料，如 3 月 31 日 24 时被调研商店库存的商品价值。

在确定具体调研项目的调研时间时，要结合调研项目本身的特点来确定，有的项目要一定期间才能反映市场现象，如家计调研；有的项目要特定时点来反映市场现象，如人口、存货水平等，所以要具体问题具体分析。

2.10.2　调研期限的认识与设定

调研期限是指完成特定调研工作任务的时限要求。可以针对某一阶段设定完成的时限要求，也可以是完成整体活动的整个期间的时限要求。具体可以分为两种形式来表达。

（1）整个调研工作期限，指从拟定调研方案至完成市场调研报告整个期间所需时间或截止时间。

（2）各个阶段期限，指完成调研活动的不同阶段的时间要求。如问卷设计3月1日—3日内完成，指的是问卷设计阶段的期限。

具体的调研期限，应根据调研项目的大小缓急，按照时效性原则来确定，实践中应拟定调研活动进度表进行控制。

小案例 某项目调研时间与期限计划

本次调研由三个阶段完成，包括准备阶段（界定调研问题、设计调研方案、设计调研问卷或调研提纲三个部分）、实施阶段（根据调研要求，采用多种形式，由调研人员广泛地收集与调查活动有关的信息）、结果处理阶段（将收集的信息进行汇总、归纳、整理和分析，并将调研结果以书面的形式——调研报告表述出来）。

为规范和保证调研工作的顺利实施，按调研的实施程序，具体分为7个小项来对时间和期限进行具体安排，见表2-1。

表2-1 具体时间安排及期限要求

调研任务	时间	期限
调研方案、问卷的设计	1个工作日	202×年6月10日
调研方案、问卷的修改、确认	0.5个工作日	202×年6月11日
项目准备阶段（人员培训、安排）	0.5个工作日	202×年6月11日
实地访问阶段	2个工作日	202×年6月12日—13日
数据预处理阶段	1个工作日	202×年6月14日
数据统计分析阶段	1个工作日	202×年6月15日
调研报告撰写阶段	1个工作日	202×年6月16日
总括	7个工作日	202×年6月10日—16日

实施任务2.10 结合具体项目设定调研时间和调研工作期限

1. 任务组织

（1）三人学习小组先结合选定的调研专题进行讨论，拟定自己小组调研方案的调研时间和调研工作期限。

（2）老师组织小组之间进行交流。各小组就结合实际项目设计的调研时间和调研工作期限相互讨论和交流，老师负责说明和决策。

（3）学习小组将完善的调研时间和调研工作期限设计方案提交老师评定。

2. 任务要求

（1）每位同学都要积极参与，发表自己的观点。

（2）调研方案的调研时间和调研工作期限必须紧密结合设计要求。

（3）必须将设计方案用电子文本和纸质文本的形式上交老师。

任务 2.11　设计调研预算和调研组织

2.11.1　调研预算设计

调研方案的整体构成中还包括调研所需费用的预先设计。调研预算是指各个部分调研活动的成本和调研公司的利润，可以在调研活动的各环节设计，具体可以通过预算表进行统一反映。作为调研公司提供给客户的预算，应当秉着清晰、合理的原则，分开项目一一说明，最好是通过预算表结合统一的价目单的形式提供给客户，让客户了解掌握各项开支。费用预算表样例如表 2-2 所示。

表 2-2　费用预算

项目	收费标准	金额
方案设计		
问卷设计		
问卷印制		
问卷调查		
问卷处理		
问卷分析		
调研报告		
调研人员培训		
其他（税费、利润等）		
合计		

2.11.2　调研组织设计

调研方案的整体构成中也包括调研所需组织力量的预先设计，即调研组织计划，具体包括调研项目各部分和各环节的责任人和参与者的安排，以及调研人员的培训等，最好也是通过表格的形式进行反映。调研组织分工如表 2-3 所示。

表 2-3　调研组织分工

项目	负责小组	负责人
方案设计	第一小组	张成
问卷设计	第二小组	黄得
问卷印制	第三小组	赵俪
问卷调查	第四小组	欧刚
问卷处理	第五小组	孙丽
问卷分析	第五小组	杨美
调研报告	第五小组	李刚
调研人员培训	—	刘辉

总的来说，一份调研方案是调研人员集体智慧的结晶，涉及多方面的内容，为了方便学习，设计成 11 个任务来掌握。实际方案可以简约些，也可以清晰些。必要时，设计"其他"项，一些没详细说明但又可以提及的可以考虑做简要说明，具体可以参考后面"案例分析"的内容。

实施任务 2.11　结合具体项目设计调研预算和调研组织

1. 任务组织

（1）三人学习小组先结合选定的调研专题进行讨论，拟定自己小组的调研预算和调研组织的方案。

（2）老师组织小组之间进行交流。各小组就结合实际项目设计的调研预算和调研组织相互讨论和交流，老师负责说明和决策。

（3）学习小组将完善的调研预算和调研组织设计方案提交老师评定。

2. 任务要求

（1）每位同学都要积极参与，发表自己的观点。

（2）调研方案的调研预算和调研组织必须紧密结合设计要求。

（3）必须将设计方案用电子文本和纸质文本的形式上交老师。

任务 2.12　进行调研方案可行性研究与评价

2.12.1　认识可行性研究与评价的意义

调研方案是否切实可行，必须经过分析检验和评价。同时，方案可能存在不足的方面，通过专门的检验方法可以发现问题，提升方案的质量。

2.12.2 可行性研究方法

调研方案是否可行，主要可以通过以下 3 种方法进行检验与评价。

1．逻辑分析法

这种方法主要是结合事物之间的相互发展关系，利用科学的道理分析设计的方案是否符合逻辑与情理。例如，开展广州市婴儿奶粉消费市场的调研，方案中把调研对象设计成青年人，显然是不正确的。

2．经验判断法

这种方法主要借助有经验的调研专家，利用他们的经验对方案进行判断。例如，请专家对广州市商品流通企业发展的调研专题方案进行评价，在调研目的是要求掌握定性发展的情况下，如果还采用分层随机抽样显然不合适，而采用非随机抽样中的判断抽样更为合适。

3．试点调研法

这种方法是结合调研方案的设计，选择代表性强的被调研单位进行预先调研，检验调研方案的可行性，发现方案设计中的问题并进行完善。例如，开展广州市高端家电产品未来市场发展的调研，把调研方案中设计将采用的街头访问法进行实地的检验，可以发现街头调研方法的不足，并加以完善。

实施任务 2.12　结合具体项目进行调研方案可行性研究与评价

1．任务组织

（1）三人学习小组先结合自己小组的方案进行讨论，拟定自己小组方案可行性研究与评价的方案。

（2）老师组织小组之间进行交流。各小组就结合实际项目设计的可行性研究与评价方案相互讨论和交流，老师负责说明和决策。

（3）学习小组将完善的设计方案提交老师评定。

2．任务要求

（1）每位同学都要积极参与，发表自己的观点。

（2）调研方案的可行性研究与评价方案必须紧密结合设计要求。

（3）必须将设计方案用电子文本和纸质文本的形式上交老师。

学习指导

学习建议

市场调研方案设计，就是根据调研对象的性质特点，设计调查研究的目的，在进行实际调研之前，对整个调研工作的各个方面和全部过程进行通盘考虑和总体安排，制订合理的调研方案和工作程序。在了解市场调研方案设计含义的基础上，明确市场调研方案的设计意义，掌握总体方案的基本格式和主体内容设计；在了解市场调研方案可行性研究方法的基础上，对各种方案进行分析评价。

学习重点与难点

重点：总体方案的基本格式和内容，调查方式和方法的基本认识

难点：市场调研总体方案中调研目的与内容设计

核心概念

市场调研方案　调研对象　调研单位　调研方式　调研方法　逻辑分析法

课后思考与练习

1. 单项选择题

（1）调研方案的封面不包括（　　）。
　　A. 标题　　　　B. 委托单位　　　C. 时间　　　　D. 份数

（2）调研方案的格式中一般不包括（　　）。
　　A. 调研目的　　B. 调研对象　　　C. 调研历史　　D. 调研经费

（3）标题的元素不包括（　　）。
　　A. 调研时间　　B. 调研对象　　　C. 调研经费　　D. 调研内容

（4）调研方案的引言部分不包括（　　）。
　　A. 方案的缘起　　　　　　　　　B. 受托企业面临的问题
　　C. 调研目的　　　　　　　　　　D. 调研费用

（5）消费市场调研的目的一般不包括消费的（　　）调研。
　　A. 现状　　　　B. 行为　　　　　C. 行动　　　　D. 动机

2. 判断题

（1）市场调研方案的格式是基本固定的。（　　）

（2）调研方案应当先确定调研内容再确定调研目的。（　　）

（3）调研对象就是调研资料的提供者。（　　）

（4）调研时间与调研期限是不一致的。（　　）

（5）调研方案的可行性分析目的就是评价方案的可行性。（　　）

3. 问答题

（1）市场调研总体方案设计的意义是什么？

（2）简述市场调研方案设计应包括的内容。

（3）市场调研方案设计的基本格式是什么？

（4）如何开展市场调研方案的可行性分析和评价？

案例分析

大学生旅游消费需求市场调研方案

一、引言

随着社会的发展，大学生走出校门认识社会、认识生活、感受自然、领略生活美好等方面的需求日益增加，这就形成一个越来越重要的消费市场。为了了解大学生旅游消费的主要对象、需求的特点，为本旅游公司设计合适的旅游产品提供服务，本公司专门开展这次专项调研。本次将采用抽样调研的方式，采取深入校园进行访问的方法，主要围绕消费主要对象、消费行为、消费动机、对旅游市场的态度和意见开展调研，本方案经过讨论和修改，计划在6月11日—14日实施。

二、调研目的

详细了解大学生旅游市场的各方面情况，为本公司设计旅游产品制订科学、合理的营销方案提供依据，具体的目的可以分解为以下几个方面。

（1）全面摸清大学生旅游市场消费的主要人群。

（2）全面了解本公司旅游产品在大学生市场中的销售现状。

（3）全面了解目前主要竞争者旅游产品的价格、广告、促销等营销策略。

（4）了解大学生对旅游消费的态度和意见。

（5）预测大学生旅游市场容量及潜力。

三、调研内容

本次市场调研将紧紧围绕市场调研的目的来确定，其主要内容如下。

1. 消费者基本情况调研

主要的调研内容如下：

（1）大学生的基本资料。

（2）大学生对旅游产品的消费形态（购买过什么旅行社的产品、购买地点、选购标准等）。

2. 对本公司产品认知和购买

主要的调研内容如下：

（1）有没有购买过。

（2）对本公司产品、品牌的评价。

（3）对本公司地位、影响力的认识。

3. 竞争者调查

主要的调研内容如下：

（1）主要竞争者市场概况。

（2）主要竞争者的营销方式与营销策略。

（3）主要竞争者的产品与品牌优劣势。

（4）主要竞争者的经销网络状态。

4. 其他

主要的调研内容如下：

（1）了解大学生对旅游消费的态度和意见。

（2）预测大学生旅游市场容量及潜力。

四、调研对象及调研单位

本次调研将面向所有的在校大学生，包括本科与专科层次的院校学生。但旅游属于较高层次的消费需求，家庭经济条件的差异将直接影响旅游消费态度和行为。

调研单位具体确定为200名大学生，调研单位样本必须兼顾男女性别，各占50%。

五、调研方式和调研方法

为了准确、快速地得出调研结果，此次调研决定采用非随机抽样方式，具体采用判断抽样中的典型抽样方式，选择父母为双职工的学生或认为具备旅游支付能力的学生（可以进行甄别）。

大学生样本同时要求：

（1）家庭成员中没有人在旅游公司工作。

（2）家庭成员中没有人在市场调研公司或广告公司工作。

（3）大学生最近半年中没有接受过类似产品的市场调研测试。

（4）大学生所学专业不能为连锁经营、市场营销或广告类。

本次调研采用访问法进行。在完成市场调研问卷的设计与制作以及调查人员的培训等相关工作后，开展具体的问卷调研。把问卷平均分发给各调研人员，统一选择中餐或晚餐后这段时间进行调研（因为此时学生多待在宿舍里，便于集中调研，能够给本次调研节约时间和成本）。

实施中应注意，调研员在进入各宿舍时说明来意，并特别声明在调研结束后将赠送精美礼物一份以吸引被调研者积极参与，以得到正确有效的调研结果。调研过程中，调研员应耐心细致，切不可督促，并要求学生在调研问卷上写明姓名、所在班级、寝室、电话号码，以便以后的问卷复核。调研员可以在当时收回问卷，也可以第二天收回（有利于被调研者充分考虑，得出更真实有效的结果）。

六、调研资料处理和分析

本次调研资料将按照严格的资料处理程序进行，通过审核、编辑、分组整理汇总和转换存储环节处理，保证资料的完整、真实、可靠。对调研员完成的所有问卷在编码前进行100%三次审核。初审：访问员交问卷，督导当场审核问卷。督导一审：收到问卷后，由小组成员全面审核。督导二审：由项目主督导进行审核。100%的复核比例，其中80%电话复核，20%实地复核。每次交回的问卷均在收到问卷当天进行电话复核，以后视情况进行实地复核或电话复核。复核时覆盖到每个调研员。如复核时发现调研员有超过2%的问卷作弊，则作废该调研员所有问卷，并通知项目部立即停止其访问工作。经查实有作弊情况的问卷即列为废卷。

确实做到资料的真实、可靠，反映市场的实际，这样才富有价值。

按照要求对资料以进行定性分析为主，并进行样本的集中趋势、离散分析和相关分析，同时提出合理化的建议。

七、提交报告的方式

本次调研成果将提交纸质和电子版文件。报告应尽可能地反映本次调研所有富有价值的分析内容。

八、调查程序及时间安排

本次调研通过3个阶段完成，包括准备阶段（界定调研问题、设计调研方案、设计调研问卷或调研提纲3个部分）、实施阶段（根据调研要求，采用多种形式，由调研人员广泛地收集与调研活动有关的信息）、结果处理阶段（将收集到的信息进行汇总、归纳、整理和分析，并将调研结果以书面的形式——调研报告表述出来）。

为规范和保证调研工作的顺利实施，按调研的实施程序，具体分为7个小项来对时间进行具体安排：

调研方案、问卷的设计 ·· 1 个工作日
调研方案、问卷的修改、确认 ····································· 0.5 个工作日
项目准备阶段（人员培训、安排）································ 0.5 个工作日
实地访问阶段 ··· 2 个工作日
数据预处理阶段 ··· 1 个工作日
数据统计分析阶段 ·· 1 个工作日
调研报告撰写阶段 ·· 1 个工作日

九、经费预算

本次调研的经费预算主要按照行业的一般收费标准，并已经考虑到了客户对本公司的重要性，具体见表 2-4。

表 2-4　本次调研的费用预算

项目	收费标准	金额/元
方案设计	1 000 元/项	1 000
问卷设计	3 000 元/项	3 000
问卷印制	0.3 元/份	600
问卷调查	50 元/份	10 000
问卷处理	50 元/份	10 000
问卷分析	100 000 元/项	100 000
调研报告	100 000 元/项	100 000
调研人员培训	500 元/人	50 000
其他（税费、利润等）	10%	27 460
合计	—	302 060

十、调研组织

本次调研的人员组织将由本公司精干的业务能手组成，具体分工情况见表 2-5。

表 2-5　调研人员具体分工情况

项目	负责小组	负责人
方案设计	第一小组	黄成
问卷设计	第二小组	张得
问卷印制	第三小组	孙俪
问卷调查	第四小组	赵刚
问卷处理	第五小组	欧丽
问卷分析	第五小组	刘美
调研报告	第五小组	杨刚
调研人员培训	—	李辉

本次调研所需要的人手,将通过与本公司合作的大学进行招募,并由本公司资深员工李辉负责组织培训。

十一、其他

本次调研问卷将进行预调研。本次调研成果还将向贵公司提供相关行业发展的报告。

【案例分析要求】结合案例认识与思考下面的问题:

1. 调研方案中的调查内容与调查目的的关系如何?
2. 本方案整体设计的可操作性如何?有哪些方面需要完善?

实训应用

1. 实训项目

为了调研某商品品牌的形象,设计一份市场调研方案。

2. 实训目的

(1)通过实训,学生能掌握市场调研方案的设计能力。

(2)增强学生的团队合作精神。

3. 实训指导

(1)学生首先确定并熟悉商品。

(2)搜集有关确定商品的品牌资料。

(3)设计一份调研方案。

4. 实训组织

(1)对全班同学进行分组,每组4~6人,以小组完成设计任务。

(2)确定每组组长,由组长对组员分配工作。

(3)每组选定的商品可以不同。

(4)教师下达任务书。

5. 实训考核

(1)小组自评。

(2)小组互评。

(3)教师评价总结。

【相关链接】

http://www.3see.com

http://www.searchina.cn

项目 3 Project 3

运用市场调研的样本组织方式

学习目标

知识目标
1. 掌握市场调研主要方式的分类
2. 掌握随机抽样和非随机抽样各 5 种主要技术
3. 掌握抽样推论的方法和样本容量的确定

能力目标
1. 能选择比较所有的样本组织方式
2. 能结合具体的市场调研项目运用正确的样本组织方式

项目介绍

市场调研活动是通过对一定的对象进行调研收集资料，然后进行整理、分析得出调研结论并提出相关建议的一项活动。关键是要确定好要调研谁，即调研的单位，具体来说就是必须明确调研单位是全部对象还是部分对象，如果是部分，该如何确定这一部分，所调研的这部分范围应是多大。一般的市场调研只调研部分对象，而市场调研的目的是要把握所调研市场的整体情况。所以，在调研部分对象下，进一步来说就必须掌握好如何利用所调研部分的结果得出所有对象整体的结果。以上的问题是市场调研的核心问题。确定调研单位的问题，归根结底也就是市场调研活动中的样本组织方式运用的问题。所谓调研样本组织方式就是确定调研单位的方式及其运用。

学习本项目可以培养学生通过什么方式来合理确定具体的调研单位，如何通过调研单位的结果来推论得出总体结果的能力。具体分解为 7 个方面（即任务）进行学习。

本项目是本课程能力培养的核心，在掌握随机抽样技术的过程中将遇到 3 个主要的计算难点：一是随机抽样误差的计算，二是利用样本资料推论总体，三是确定样本容量。要求学生掌握好多个相关的数学模型并能加以运用，以上难点也是学习的重点方面。学习的重点还包括能熟练运用随机抽样 5 种方式和非随机抽样 5 种方式。

任务 3.1　确定调研样本的基本组织方式

要确定市场调研样本组织的具体方式，首要任务是必须明确样本组织的基本方式，即市场调研样本组织大类方式。市场调研样本组织基本方式包括两大类：一是全面调研（又称为普查），二是部分调研（又称为抽样调研）。

普查的技术比较容易掌握，而抽样调研的内容很丰富，学习中还将遇到几个难点，在后续内容中将重点说明。下面先说普查技术，然后对抽样调研方式有一些基本的认识，再结合实际项目实施本任务。

3.1.1　对普查的认识

顾名思义，普查就是普遍调研。在市场调研活动中有时为了全面掌握所调研的市场现象，需要对涉及的所有对象个体都进行调研，这种方式叫作普查。例如，调研某高校学生的就业观，对该校的全部学生都进行调研。既然都进行调研，所得的结果就是最为准确的。但是要注意，并不是所有的调研都能进行普查。

小知识　　　　　　**普查不能广泛运用的原因**

首先，因为有许多调研所面对的个体数量庞大，如全国城市家庭住房面积的调研。类似问题的调研一般的调研公司或企业根本无法进行，只能是国家政府才有能力进行。其次，有时受现实条件的约束而不可能进行全部调研。例如，对某食用油生产厂家的产品质量进行调研检测，把全部生产的成品油打开进行调研是不可能的。最后，现实中许多问题是没必要进行普查的，如调研广东新一代年轻人的身高，只需对部分人进行调研即可，大家的身高都差不多在一个有限的范围内。综上所述，我们必须正确地认识普查这一形式。

运用普查的方式，首先要明确调研的全部对象，并进行造册，然后对全部对象进行无一遗漏的调研。

小知识　　　　　　**对普查方式的评价**

普查的优点主要体现为资料的准确性；其缺点主要是需要投入的时间长、

人力多、费用高，组织要求也比较高。普查主要适用于政府组织的一些关于人口、社会民生方面的调研以及一些小范围的调研。普查更多的是应用在一些小范围内的调研中。例如，调研某公司员工对该公司的满意度、调研某地企业的主体等类似问题。

【练习】
普查适用于所有的调研吗？为什么？

【训练】
结合所在班级对校园广播站的满意度进行普查。

3.1.2 对抽样调研的基本认识

1. 把握抽样调研的要义

抽样调研就是从总体中选择部分个体进行调研。抽样调研又称抽查，是指从调研总体（又称母体、整体、调研对象）中抽选出一部分个体作为样本进行调研，并根据抽样样本的结果来推论总体结论的一种专门的市场调研技术。例如，我们开展广州市天河区居民家庭汽车拥有量的调研，可以选取部分家庭来进行调研，然后利用这些资料说明整个天河区的情况。

> **小知识**　　　　　　　**抽样调研的主要方式**
>
> 抽样调研是一种被广泛使用的调研技术，包括随机抽样调研和非随机抽样调研两类方式。两者又具体分为多种方式，前者主要包括简单随机抽样、分层随机抽样、分群随机抽样、等距随机抽样、多级多阶段随机抽样5种方式；后者主要包括方便抽样（任意抽样）、判断抽样、配额抽样、滚雪球抽样、固定样本连续抽样5种方式。这些抽样调研方式具体将在任务3.2、任务3.3和任务3.7中进行细化的介绍。

2. 抽样调研方式被广泛运用的原因

抽样调研被广泛地应用在各个领域调研的资料收集中，主要有以下几个方面的原因。

（1）抽样调研只是调研总体的一部分，可大大节省调研的时间。

（2）调研的结果能满足调研要求。因为抽样调研的样本来源于总体，样本资料本身就是总体的一部分，在采用适合的调研技术下，所得到资料的代表性很高，如调研广州市商品流通企业的经营状况，可以采用分层随机抽样技术，把企业按规模大小划分为大、中、小3种类别，再在每一种类别中抽出若干家企业作为样本，这样就可以得到较准确的总体结果。

（3）抽样调研技术以数理统计的研究成果作为理论依据，具有很强的科学性。

（4）调研活动因为市场的多变，并不要求做到百分之百地准确，抽样调研完全能够在调研可以接受的误差以及把握程度下对总体做出推断，得到满足要求的调研结果，从而成为市场调研最基本的方式。

小知识　　　　　　　抽样调研的适用性

抽样调研的适用范围主要有如下6个方面。

（1）无法全面调研的情况。例如，全国性的某种矿藏资源、海洋资源的调研。

（2）不必要进行全面调研的情况。例如，工厂生产产品质量的检测、商店经营商品质量的检测。

（3）需要快速得到调研结果的情况。例如，节令商品市场销售状况的调研。

（4）在经费、人力、物力和时间有限的情况下开展的调研。例如，快速调查某商场火灾事件的情况。

（5）对全面调研进行验证。例如，人口普查结果的验证。

（6）对某种总体进行假设性检验，也常用抽样调研来检验判断这种假设的真伪。

---

3. 抽样调研的一般程序

抽样调研从市场调研公司的角度来说，从接受客户的委托到完成整个调研，最基本的程序包含7个步骤。

（1）确定调研总体。确定调研总体即明确调研的全部对象及其范围。例如，开展广州市天河区居民家庭月消费支出的调研，调研总体是所有天河区居民家庭，2015年大约有25万户常住家庭。调研时这些家庭都有可能作为样本进行调研。确定调研总体，是开展市场调研的第一个步骤、前提和基础。只有明确了调研总体，才能从中进行正确的抽样，并保证抽取的样本符合要求。

（2）确定抽样调研的方式。抽样调研分为随机抽样调研和非随机抽样调研，而每一类又包含多种方式。例如，随机抽样调研中有分层随机抽样调研、分群随机抽样调研等，具体将在以后任务中介绍。必须认识到选择的方式不同，具体的做法将会不同。

在采用随机抽样方式下，需要进行个体编号，即对调研总体中的每个个体进行编号。注意，只有在采用随机抽样的情况下，才需要对总体中的每个个体进行编号，然后再采用选定的随机抽样技术，选出更具代表性的个体，而在采用非随机抽样方式下，并不要求对每个个体进行编号。

在调研工作中，如果调研总体中的个体很多，则编号的工作量就会很大，一方面可以考虑采用非随机抽样技术，另一方面要分析能否采用分群随机抽样技术或多级多阶段抽样技术。

需要说明的是，确定抽样调研的方式涉及很多方面的工作。比如，分析选择调研方式；再如，在采用随机抽样方式下，必须计算样本的数量，即需要调研多少被调研单位等问题。

（3）确定调研方法。调研方法是具体开展调研时收集资料的做法。调研方法有很多，如二手资料收集法、访问法、现场观察法、实验法，具体将在项目5中介绍。

（4）开展调研。采用第三步确定的调研方法对第二步抽选确定的样本进行具体的逐一调研，获取第一手资料。需要注意，开展调研经常要借助问卷作为工具来进行，问卷设计的具体内容将在项目4中介绍。

这里还要注意，市场调研还经常要采用间接资料调研的方法，搜集一些二手资料，即现成的一些调研资料，一方面可以利用现成的共享资源，另一方面可以掌握一些调研项目的背景资料。例如，采取网上调研就是二手资料搜集的常用方法，具体将在项目5中介绍。

> **小案例** **我国第七次人口普查情况**
>
> 我国大陆31个省、自治区、直辖市（以下简称省份）中，人口居前五位的省份合计人口占全国人口比重为35.09%。有2个省份的人口超过1亿，分别是广东省和山东省。在5 000万人至1亿人之间的省份有9个，在1 000万人至5 000万人之间的省份有17个，少于1 000万人的省份有3个。而从区域分布来看，东部地区人口为563 717 119人，占39.93%；中部地区人口为364 694 362人，占25.83%；西部地区人口为382 852 295人，占27.12%；东北地区人口为98 514 948人，占6.98%。

（5）处理资料。因为调研所得到的资料是凌乱无序的，有的甚至是无效的，无法得出有意义的结果，所以必须对所得到的资料进行处理，使之有效、有序和便于认识利用。

（6）分析资料。调研是为了决策，所以，要进一步对资料进行分析得出一些认识和观点，从而为决策服务。资料分析的过程是一个复杂的过程，如果采用随机抽样调研方式，还需要通过样本指标推断总体指标的结果。具体将在本项目的任务 3.5 中介绍。这里举两个例子来说明采用最简单的方法估计和推断总体指标。

> **小知识** 　　　　　　**对非随机抽样的认识**
>
> 　　采用非随机抽样，可以利用样本的数量指标，简单说明总体的数量特征情况，但不能很有把握地把总体确定在一定估计区间内。例如，通过判断抽样当中的重点调研，样本反映出广东的红茶生产产能提升了 10%，可以基本上判断广东的红茶生产产能将得到较大提升，也许可以达到 10% 幅度的提升。但无法借助样本的 10% 增长，估计总体的增长区间。

> **小案例** 　　　　　　**利用样本资料进行简单推论**
>
> 　　**例 1**　从 1 000 个对象中随机抽选出 100 个样本进行访问调研，请他们对经济发展速度的前景进行预测，其中认为明年经济增长速度将达到 8% 以上的有 80 人，即占被抽样总数的 80%。
>
> 　　【解】可以用百分比推算法进行推断，推断出调研总体 1 000 个对象中将有 800 人认为明年的经济增长速度将达到 8% 以上，说明大多数人对经济发展前景相当看好。
>
> 　　**例 2**　假定对 500 个商店客流量进行随机抽样调研，从 50 个样本调研得出的结果是平均的客流量为 350 人次。
>
> 　　【解】可以用平均数推算法进行推断，即将调研的样本结果加以平均，求出样本平均数，再代入平均数推算总体的公式：总体总量 = 总体个体数 × 样本平均数。
>
> 　　那么，500 个商店的总客流量为：500 × 350 人次 = 175 000 人次。
>
> 　　【分析提示】利用样本指标可以推算总体指标。百分比推算法和平均数推算法是最简单的点估计总体的方法。更重要的估计方法将在本项目的任务 3.5 中介绍。

（7）撰写调研报告。调研报告是调研结果的反映，也是调研价值的体现，具体将在项目 9 中进行介绍。

实施任务 3.1　结合具体项目确定调研样本的基本组织方式

1. 任务组织

（1）学习小组先结合实际的调研专题进行讨论，拟定自己小组调研项目的样本的基本组织方式。

（2）老师组织小组之间进行交流。对各小组结合实际项目设计的样本的基本组织方式进行相互讨论和交流，老师负责说明和决策。

（3）学习小组将完善的样本的基本组织方式设计方案提交老师评定。

2. 任务要求

（1）每位同学都要积极参与，发表自己的观点，提出自己的方案。

（2）调研方案的样本组织方式必须紧密结合实际。具体要求：应首先判断采用普查还是抽样调研；抽样调研时采用随机抽样还是非随机抽样。

（3）必须将设计方案用电子文本和纸质文本的形式上交老师。

任务 3.2　确定能否采用随机抽样方式

抽样调研的具体方式种类较多。如果前一任务确定采用抽样方式，则应当进一步明确采用具体哪一类以至哪一种抽样方式。

3.2.1　对抽样方式及其类别的基本认识

抽样方式是指抽样调研时样本的抽取模式以及具体的做法，也可以称为抽样技术。抽样方式可以分为随机抽样方式与非随机抽样方式两大类。

1. 随机抽样方式

随机抽样方式又称概率抽样技术，即从市场母体中随机抽取一部分子体作为样本，然后采用一定的市场调研方法收集样本资料，并运用数理统计原理和方法对总体的数量特征进行估计和推断的调研技术。

> **小案例**
>
> 　　从广州市天河区的 25 万户家庭中抽取 1 000 户家庭进行汽车拥有状况的调研。该 25 万户家庭就是这项调研的母体，其中该 1 000 户家庭就是调研的样本。可以通过对这 1 000 户家庭的汽车拥有状况的调研结果来推论这 25 万户家庭的汽车拥有状况。

2. 非随机抽样方式

非随机抽样方式是由调研人员根据一定的主观标准来抽选样本的抽样调研技术，即从市场调研对象中人为地确定标准，抽取一部分子体作为样本进行调研的方式。

> **小案例**
>
> 开展广州市女性消费者化妆品月支出的调研，由于 18～45 岁青年女性是消费的主要群体，可以选择她们为调研对象。这种调研就是人为地确定了年龄标准判断出特殊典型的类别，然后有针对性地开展调研。

3.2.2 随机抽样方式的特点

随机抽样方式是对总体中的每一个"个体"都给予了平等的抽取作为样本的机会的抽样技术，即在从总体中抽取样本单位时，完全排除了人为主观因素的影响，使每一个个体单位都有同等的可能性被抽到，也就是按照随机原则抽取样本，较好地遵循事物的特性。市场现象是处于变动中的，受到多个因素的影响，具有较强的不确定性。例如，调研某地域的家庭开支，该地域的家庭支出并不是固定的，而是处于变动中的。采用随机抽样调研，样本随机确定，不至于破坏市场现象原有的随机性特征，可以更好地反映市场的实际，能较好地反映总体的数量特征，对总体进行数量估计。随机抽样一方面可以使抽取出来的部分个体的情况有较大的可能性接近总体的情况，提高样本的代表性，为利用样本的调研结果推论总体提供前提条件；另一方面，遵循随机的原则，符合李雅普诺夫分布原理，可以根据数理统计的原理，准确地计算抽样误差，对总体进行估计。可以根据调研的要求，对抽样精确程度和把握程度等进行有效控制，确定出合适的样本数目开展调研。

> **小知识　　随机抽样方式的特点概括**
>
> 随机抽样方式的特点主要有五个方面：① 非人为随机地确定样本。② 个体作为样本的机会均等。③ 能较好地遵循事物的特性。因为一般的市场现象都是变动的，具有较强的不确定性，随机抽样能较好地加以体现。④ 能较好地反映总体的数量特征，对总体进行数量估计。⑤ 可以根据调研的要求，对抽样精确程度和把握程度等进行有效控制，确定出合适的样本数目开展调研。

对于随机抽样方式下总体内个体作为样本机会均等，还要注意结合具体的抽样方式认识清楚。

> **小知识** 对随机抽样方式下总体内个体作为样本机会均等的认识
>
> 这里要注意结合具体的抽样方式对总体和个体进行全面认识。
> （1）"总体"指的是某次抽样时所涉及的全部对象，即所涉及的全部对象个体的总和。在不同的随机抽样方式下，所指的总体的含义具体有一些差别。例如，在简单随机抽样方式下，指的是所涉及对象包含的全部个体总和；在分层随机抽样方式下，是指特定的层，即"大总体"中的"小总体"；在分群随机抽样下，指的是由群组成的"群的总和"。
> （2）"个体"指的是抽样调研对象的组成细胞。不同的抽样方式下"个体"的含义会有所不同。例如，在简单随机抽样下，指的是一个个单一个体；在分层随机抽样方式下，指的是特定的层内所包含的个体；分群随机抽样下指的是"群"（分群抽样方式下的"个体"并不是指"抽样元素"，具体可以参阅后面的内容）。

对于这部分内容可以先做初步理解，待学完抽样调研样本组织方式整个内容后再进一步认识。

3.2.3 对随机抽样技术科学性的认识

随机抽样技术具有很强的科学性，主要原因有如下几点。

（1）抽样的部分来自总体，必然带有总体的信息，所以利用部分样本推论总体是有基础条件的。

（2）构成总体的一些个体之间在性质上必定相似或相近，所以彼此有相当的代表性，抽选出的样本具有代表没有抽中个体的基础。

（3）根据李雅普诺夫的理论，不管总体原始分布如何，样本的分布总可视为正态分布，而且由此得到准确总体参数的概率值极大。这样，就可以结合正态分布的结论进行推论。

3.2.4 5种主要随机抽样方式

随机抽样方式主要包括5种：简单随机抽样、分层随机抽样、分群随机抽样、等距随机抽样、多级多阶段随机抽样。每一种方式都有各自的特点和较适用的情况。这部分内容将在任务3.3中详细介绍。

从抽样的效率和效果来看，对不同的调研总体、不同的调研内容和要求应采用不同的抽样方式，这样既可以抽出有代表性的样本，使抽样过程方便、快捷、效果好，而且能节省费用。例如，对我国居民家庭人均居住面积情况的调研，全国的家庭数太大了，无法对家庭进行逐一编号，所以比较适宜采用多级多阶段随机抽样方式。

3.2.5 随机抽样方式常涉及的一些基本概念

1. 抽样框

抽样框指的是供抽样时用的、构成调研对象的所有个体单位的详细名单，即全部抽样单元的资料。例如，从 10 000 名职工中抽 400 名职工，则 10 000 名职工的名册就是所指的抽样框。它一般可采用现成的名单名录，如学校的名单、同学的名单、企业名录、住户名单、村庄名单、户口、企事业单位职工名册等，而在没有现成的情况下可以自己编制。

2. 抽样单位或抽样单元

抽样单位或抽样单元指的是抽样框中的个别单位。通俗来说，就是每次抽样时所面对的"对象"。注意，在有些抽样方式下，它不是最终提供资料的对象，如分群随机抽样、多级多阶段随机抽样。

3. 抽样元素

抽样元素是构成总体的每一个最基本的单位，也是能接受调研并提供资料的最小的、具体的单位，通常指构成总体的个人。

小知识　　抽样元素与抽样单元的关系

要注意抽样单元与抽样元素两者的关系。①抽样单元可以分级，可大可小，大的抽样单元可以包含许多小的抽样单元。例如，在全国居民家庭生活状况调研中，各省级行政区可作为一级抽样单元，每个省级行政区又可再分为较低一级的市（区）作为二级抽样单元，还可以继续按县、乡镇、街道再细分为三级、四级等更细的抽样单元。②抽样元素是不能再分的最小、最基本的单位。抽样元素是能具体提供资料的对象，如家庭户、个人，如果是调研家庭户，则家庭户就是抽样元素；如果是调研家庭中的个人，则具体被调研的个人就是抽样元素。③要注意的是，抽样元素与抽样单元有时是重合的，有时又是可以分开的。例如，在简单随机抽样方式下，总体内的个体既是抽样单元，也是抽样元素；在分群随机抽样方式下，抽样单元和抽样元素是不同的。例如，采用分群随机抽样的方式调研广州市市民对低碳广州的认识，对广州市以街道为群进行调研，这时两者就是分开的，街道是抽样单元，街道内的市民是抽样元素。

实施任务 3.2　结合具体项目确定能否采用随机抽样方式

1. 任务组织

（1）学习小组先结合实际的调研专题进行讨论，拟定自己小组调研的样本组织基本方式，分析调研项目能否采用随机抽样方式。

（2）老师组织小组之间进行交流。对各小组结合实际项目分析能否采用随机抽样方式进行相互讨论和交流，老师负责说明和决策。

（3）学习小组将完善的分析及结果方案提交老师评定。

2. 任务要求

（1）每位同学都要积极参与，发表自己的观点并提出自己的分析意见。

（2）调研方案的分析必须紧密结合实际。具体应注意做好以下三方面的判断：其一，随机抽样方式的总体要求与抽样框是否具备；其二，采用随机抽样方式是否能满足调研的要求；其三，采用随机抽样方式的结果是否比非随机抽样方式理想。

（3）必须将完善后的设计方案用电子文本和纸质文本的形式上交老师。

任务 3.3　确定可以采用的随机抽样方式并加以运用

随机抽样方式很多，主要包括5种方式。对随机抽样技术的掌握，可以从5种主要方式的技术运用要求出发，并从最简单的简单随机抽样技术入手，因为随机抽样所包含的5种抽样技术相互之间是关联的，然后再认识随机抽样其他方面的问题，包括抽样误差的计算、抽样估计、样本容量的确定。

3.3.1　随机抽样的主要方式

1. 简单随机抽样

简单随机抽样又称单纯随机抽样，是按随机原则对总体内的个体单位进行无目的的选择，是以一种纯粹偶然的方式抽取样本。例如，调研某街道居民的运动时间，可以对该街道的所有家庭进行编号，然后用抽签的办法抽取家庭的号码，再对抽中的家庭进行调研。

简单随机抽样是一种基础的调研方式，其他方式都是在它的基础上发展起来的。具体的抽样方法有多种，这里主要介绍两种方法。

（1）抽签法。先将调研总体的每个单位编上号码，然后将号码写在卡上充分混合使分布均匀，从中任意抽选号码，抽到一个号码，就对上一个单位，直到抽足预先确定的样本数目为止。抽签法广泛应用在日常生活中，具体来说主要适用于总体单位数目较少的情况。

（2）乱数表法。乱数表又称随机数表。乱数表法是指利用含有一系列组别的随机数字的表格，确定样本的号码，再对应地确定样本个体的方法。乱数表法是将 0～9 的阿拉伯数字，按照每组数字 2 位、3 位甚至多位分组，利用特制的摇码器或电子计算机，摇出或自动生成一定数目的号码并编成表格。其实，乱数表的编制原则是无规律的，大家都可以编制。下面是自制的一张乱数表（见图 3-1）。

```
020  346  764  987  567  098  321  245  690  367  768  891  231  190  082  672  234
612  780  613  572  903  602  798  991  610  406  289  497  461  921  047  218  336
920  356  367  743  269  360  489  598  243  179  356  390  061  832  421  278  876
421  623  598  798  712  408  276  539  344  104  380  828  731  199  204  198  307
113  657  432  908  784  312  345  609  853  742  532  767  801  105  398  948
```

图 3-1　自制乱数表

乱数表确定样本的具体方法：把调研总体中的所有单位加以编号，根据编号的位数确定使用若干位数字，然后查乱数表。在乱数表中任意选定一行或一列的数字作为开始数，接着可从上而下，或从左至右，或按一定间隔（隔行或隔列）顺序取数，凡编号范围内的数字号码即被抽取的样本个体的号码。如果不是重复抽样，碰上重复数字应舍掉直到抽足预定样本数目为止。例如，从 900 人中抽 100 人，先将 900 人编号为 001～900，从 0～9 抽一个号码，假如是 5，又假设按从左至右的顺序任意 3 个号码，从第一行的 567 开始一直组合够 100 个号码即可（见图 3-1）。

由于简单随机抽样方式下每一个个体都有同等被抽中的机会，也就是在个体之间可以相互替代的思路前提下抽样，因此，简单随机抽样方式适用于总体内个体之间的差异不明显的情况。如果总体内的个体差异明显，则不适宜采用简单随机抽样，应改用其他方式，否则误差会比较大。

这里顺便说明，具体抽样时有两种方法：一种是重复抽样，另一种是不重复抽样。重复抽样下被抽中个体还可以参加下一次抽样，不重复抽样下被抽中个体不可以参加下一次抽样。

2. 分层随机抽样

（1）分层随机抽样的要义。分层随机抽样又称分类随机抽样技术、类型随机抽样技术，是把调研总体按照某种属性的不同分为若干层次或类型，然后在各层或类型中按简单随机抽样方式（或等距随机抽样方式），根据计算出的每一层或类型的样本数抽取样本的一种抽样技术。例如，调研某集团公司女性消费者化妆品月消费支出,可按年龄(收入或岗位)等某一种标志划分为不同的阶层或类型,然后按照计算出的每一层或类型的样本数量的要求,在各个阶层中进行简单随机抽样调研即可(见表3-1)。

表 3-1　某集团公司女性消费者按年龄分层及最佳抽样样本数

年龄分组	各组人数	各组样本数 / 个
< 20 岁	100	15
20～30 岁	200	80
30～35 岁	400	60
35～40 岁	200	30
≥ 40 岁	100	15
合计	1 000	200

表3-1是对该集团公司的1 000名员工按年龄分为5层,其中对80名20～30岁的被调研者的调研,可以从200名员工中进行简单随机抽样或等距随机抽样抽取样本进行调研。

(2)分层随机抽样的特点。分层随机抽样的主要特点体现在先将总体所有单位按某一个或几个有关的重要标志进行分类或分层,然后在各类或各层中采用简单随机抽样或等距随机抽样方式抽取样本单位,可以说是分层(分类)加简单随机抽样(或等距抽样)方式。这里还要说明的是,由于需要分层,必须有总体内个体的信息才能进行。

(3)分层要求。分层抽样的关键是分好层,而分好层的关键是要选择好分层的标志。选择分层标志(分层变量、指标)遵循以下几个原则。

1)相关性原则,即所选择的分层标志要与所调研的问题密切相关。例如,进行消费者接触媒体习惯的调研,与他们的职业密切相关,也与收入有关,但没有这么密切,选择职业为标志就比选择收入要好。

2)易于测量和应用,即要求操作起来方便。例如,调研大学生的月消费支出,按生源所在地就很容易测量和应用,要比按家庭每月提供多少钱简便。

3)分层后各层之间比较清晰,即要求层内差异相对较小、层间差异大而明显。例如,调研对象按收入进行分层,可以按照收入的不同区间进行分层,要注意收入间距的设计,从而达到各层之间层次较为清晰的目的。

常用的分层标志主要包括3类。

① 人的属性与人的生活方式。人的属性方面主要包括性别、年龄、职业、文化程度、收入、民族等;人的生活方式方面主要包括媒介接触习惯、消费行为方式(如是否使用信用卡、是否喜欢通过广告掌握促销信息等)、运动偏好、娱乐爱好、消费习惯、生活情调偏好等。

② 家庭的特性，如家庭人口数量、家庭的收入、家庭的支出及结构等。

③ 企业的特性，包括：企业规模（如分为大型、中型、小型企业）；企业产值；企业的效益；企业的类型，包括企业所属的产业（如农业、现代服务产业等），企业的业态（如商品流通企业中的购物中心、百货、超市、货仓商场、专业店、专门店、便利店等），企业所属的行业（如家电、家具、汽车行业等）；企业的社会影响力，如是不是重点纳税大户、上市企业等。

（4）分层随机抽样的主要方式。分层随机抽样可以按照确定各层样本数量的方法不同，分为分层比例抽样、分层最佳抽样两种主要方式。

1）分层比例抽样。在确定各层样本的数量时，按各层（类型）中的个体单位数量占总体单位数量的比例分配各层的样本数量，即以各层所占总体的结构比例确定各层样本数。分层比例抽样计算公式为

$$n_i = n \times (N_i / \sum N_i) \tag{3-1}$$

式中　n_i——各类型应抽选的样本单位数；

　　　n——样本单位总数；

　　　N_i——各类型的个体单位数；

　　　$\sum N_i$——所有类型个体单位数之和。

> **小案例**
>
> **例**　某地共有居民 20 000 户，按经济收入的高低进行分类，其中高收入的居民为 4 000 户，占总体的 20%；中等收入的居民为 12 000 户，占总体的 60%；低收入的居民为 4 000 户，占总体的 20%。要从中抽选 200 户进行购买力调研，计算各层样本数。
>
> **【解】** 各类型应抽取的样本单位数计算如下。
>
> 高收入层的样本单位数：$n_i = n \times (N_i / \sum N_i) = 200 \times 20\% = 40$（户）。
>
> 中等收入层的样本单位数：$n_i = n \times (N_i / \sum N_i) = 200 \times 60\% = 120$（户）。
>
> 低收入层的样本单位数：$n_i = n \times (N_i / \sum N_i) = 200 \times 20\% = 40$（户）。
>
> **【分析提示】** 各层样本单位数的抽取数量是按各阶层经济收入的个体单位数量占总体单位数量的结构比例计算确定的。这种方法简便易行，计算方便。

分层比例抽样主要适用于各类型的内部个体之间的差异，就是层与层之间比较时，相互之间差异不大的条件下。如果各类之间差异比较大，则不适宜采用此法，而应采用分层最佳抽样法计算确定各层样本数。

2）分层最佳抽样。分层最佳抽样又称非等比例抽样，它不是按各层单位数占总体单位数的比例分配样本单位数，而是根据各层差异大小的不同计算各

层样本数的分层随机抽样方式。各层差异的大小是以调研单位数和样本标准差两个因素的乘积为依据来计算的。分层最佳抽样实质上是根据各层差异大小的不同来调整计算各层的样本单位数的。

小知识　　　　　分层最佳抽样公式及说明

$$n_i = n \times (N_i S_i / \sum N_i S_i) \quad （3-2）$$

式中　n_i——各类型应抽选的样本单位数；

　　　n——样本单位总数；

　　　N_i——各类型调研单位数；

　　　S_i——各类型调研单位样本标准差。

小知识　　　　　对样本标准差的基本认识

样本标准差（standard deviation）主要用于反映某一资料内部的个体之间的差异情况。计算公式为：样本标准差 = $\sqrt{离差的平方和/(样本数目-1)}$。当样本数目 > 30 时，可不减去 1。

例如，调研 5 位顾客对"Champion-1"牌饮料的评价。打分分别为：7 分、7 分、8 分、9 分、9 分。要求计算标准差反映差异。

先计算均值 = (7+7+8+9+9)/5 = 8，然后计算方差 = [(7-8)² + (7-8)² + (8-8)² + (9-8)² + (9-8)²]/(5-1) = 1，再计算标准差（根方差）= $\sqrt{[(7-8)^2+(7-8)^2+(8-8)^2+(9-8)^2+(9-8)^2]/(5-1)}$ = 1 或标准差（根方差）= $\sqrt{方差}$ = 1。结果说明 5 位顾客相互之间的平均差是 1 分。

小案例　　　　　分层比例抽样与分层最佳抽样例解

例　某次调研的总体单位数是 40 000 人，其中高收入的单位数为 8 000 人，中等收入的单位数为 20 000 人，低收入的单位数为 12 000 人。高收入层的标准差为 400 元，中等收入层的标准差为 200 元，低收入层的标准差为 100 元。要求调研 600 人作为样本，分别按分层比例抽样法和分层最佳抽样法计算各层样本数并比较各层样本数的变化。

【解】（1）采用分层比例抽样法计算如下。

高收入层样本单位数：8 000 ÷ 40 000 × 600 = 120（人）。

中等收入层样本单位数：20 000÷40 000×600=300（人）。
低收入层样本单位数：12 000÷40 000×600=180（人）。

（2）采用分层最佳抽样法计算见表 3-2。

表 3-2　调研单位数与样本标准差乘积计算表

各层调研单位数/人	各层调研单位样本标准差/元	乘积
8 000	400	3 200 000
20 000	200	4 000 000
12 000	100	1 200 000
合计		8 400 000

按照计算式 3-2，计算各类型应抽选的样本单位数如下。
高收入层样本单位数：600×(3 200 000÷8 400 000)=228.57（人）。
中等收入层样本单位数：600×(4 000 000÷8 400 000)=285.71（人）。
低收入层样本单位数：600×(1 200 000÷8 400 000)=85.71（人）。

【分析提示】各层样本单位数不是按各类经济收入的比例计算的，而是按样本标准差的大小进行调整计算的，与分层抽样比例公式比较，将标准差这个因素纳入考虑范畴。不难看出，标准差大的层调整后将会增加样本数。具体来看，高收入层所抽取的样本数由 120 人增加为 228.57 人，增加了 108.57 人；中等层收入层大体不变；低收入层则由 180 人减少为 85.71 人。其实质是标准差小的层减少调研样本数，而标准差大的层则增加调研样本数。

3. 等距随机抽样

（1）等距随机抽样的要义。等距随机抽样又称系统抽样技术或机械随机抽样技术。它是将总体中的个体先按一定标志顺序排列，并根据总体单位数和样本单位数计算出抽样间隔（即相同的距离），然后按相同的距离或间隔抽选样本单位的样本组织方式。例如，某地某村股东会员代表大会与会会员代表的调研，来了 200 名会员，调研 20 名。把与会的会员代表按到会的先后顺序排列，然后计算出抽样的间隔进行抽样。

（2）等距随机抽样的样本组织。该方式运用的关键是确定抽样间隔和第一个样本。抽样间隔计算公式为

$$D = N \div n \tag{3-3}$$

式中　D——抽样间隔；
　　　N——总体数；
　　　n——样本数。

结合上例说明,上例的抽样间隔为 200/20 = 10。第一个样本的确定可以用简单随机抽样法或判断抽样法。在简单随机抽样法下,先从 0～9 的号码中抽出一个号码,假设抽出的号码为 5,则第一个号码为 5,第二个为 15,依次为 25、35、45、55、65、75、85、95、105、115、125、135、145、155、165、175、185、195。

> **小案例**
>
> **例1** 某地区有 100 家零售店,采用等距随机抽样方式抽选 10 家进行调研。第一步,将总体调研对象(100 家零售店)进行编号,即从 001～100 号。第二步,确定抽样间隔。已知调研总体数 $N = 100$,样本数 $n = 10$,则抽样间隔 = 100/10 = 10。第三步,确定第一个样本号数。用 10 张卡片从 0～9 编号,然后从中随机抽取 1 张作为起抽号数。如果抽出的是 3 号,3 号则为起抽号数。第四步,确定被抽取单位。从起抽号开始,按照抽样间隔选择样本。本例从 3 号起每隔 10 号抽选一个,直至抽足 10 个为止。计算方法是 3,3 + 10 = 13,3 + 10 × 2 = 23,等等,即所抽的单位编号为 3、13、23、33、43、53、63、73、83、93 的 10 个号码对应的零售店作为样本。
>
> 第一个样本可从第一段或任一段采取简单随机抽样法或判断抽样法确定,余下样本用等距随机抽样法确定,形成一个等差数列。这里还要注意一个需特殊处理的方面,如果推算求出的编号超过了 N,则将该编号减去 N 即可。
>
> **例2** 某居委会拥有居民 720 户,在某次市场调研中需在这一居委会的居民中抽取 10 户样本单元。抽样间隔 $K = 72$,若第一个样本为 051,则样本号码为 051、123、195、267、339、411、483、555、627、699;若第一个样本为 102,则样本号码为 102、174、246、318、390、462、534、606、678、750,最后一个应改为 30 号(750 - 720)。
>
> 【分析提示】等距随机抽样的关键是确定抽样间隔和第一个样本。

(3)等距随机抽样的"顺序"排列方式。等距随机抽样主要有两种顺序排列方式。第一种,按与调研项目无关的现成标志排列。现成标志有很多,如开展体育活动支出调研,可按现成的住户门牌、住址、工作证编号、户口册、姓氏笔画等排列。第二种,按与调研项目有关的标志排列。比如,连续生产下产品品质的调研,可以按"产品出现时间"排序;再如,对住户月消费支出进行调研,可按住户平均月收入排序后再进行抽选。

(4)等距随机抽样的优点。其优点主要体现在:方法简单,省却了一个个抽样的麻烦,还能使样本均匀地分散在调研总体中,不会集中于某些层次,增强了样本的代表性。

（5）等距随机抽样的局限性。其局限性主要体现在：① 总体的单位排列时需要有每个单位详细的具体资料，即抽样框，总体太大时难以做到；② 抽样误差的计算较为复杂；③ 当抽样间隔与被调研对象本身节奏性或循环周期重合时，会影响调研的精确度。例如，调研 2 月某商场每周的销售量，抽取 4 天作为样本。第一个样本是周末，则其他天都会是周末，而周末的销售量与平时是不同的，就会产生系统性误差。再如，调研某地交通流量，且每隔 7 天抽取一天作为调研时间，都选周日与周二也常会有不同。

（6）等距随机抽样的适用性。等距随机抽样是应用最广的一种抽样方式，常替代简单随机抽样方式，适用于较大规模的调研。在较大规模的调研（特别是电话访问）中常与其他抽样方法结合使用。

4.分群随机抽样

（1）分群随机抽样的要义。分群随机抽样又称整群抽样技术、集团抽样技术，是把调研总体区分为若干群体，然后用单纯随机抽样方式，从中抽取某些群体进行全面调研。例如，调研广州市天河区居民的运动时间，一共调研 500 人，可以先把天河区划分为若干个街道，抽取若干街道，然后再对所抽取街道的所有人进行调研。

（2）采用分群随机抽样的主要原因。

1）抽样框的影响。由于简单随机抽样、系统抽样、分层随机抽样要有个体名录，在总体很大的情况下难以做到。例如，调研广州市中学生近视眼的比例，要把整个广州市的中学生编制名录，是比较困难的，而编制全市中学名录（"群"抽样框）就方便很多。可以按照要抽取的人数，随机抽取几所中学，然后进行普查，很容易就能完成。

2）通过抽选群为对象能大大降低数据收集费用。简单随机抽样方式下，样本可能分布很散，而分群随机抽样下，样本集中。正如上例中样本集中在几所中学则方便多了。

（3）分群随机抽样的特点。

1）以群为抽样单元（"个体"）进行简单的随机抽样。这里很特别的是可以把抽样面对的群看成"个体"，比较好理解。

2）随机抽取群并对所抽取的群进行普查，是分群随机抽样与普查的结合。因为在分群随机抽样下，群与群之间是同质的，而群内的个体是异质的。

（4）抽样群的划分方法。可以根据行政区划或其他自然形成的群体来划分，如学校、工厂、城市、街区、乡村等，这样就显得非常方便。对于一个连续的总体，可以根据需要来划分群的大小，如一片街区可划分为几个街道。例如，调研某学校在校学生对广播站的评价，可以以班、宿舍或楼层为群进行调研。

（5）分群及抽样的一些补充说明。按照客观存在的社会条件、自然条件所形成的群体划分；每群的单位数可以相等也可以不相等；抽取群时既可以用随机抽样，也可以用非随机抽样（一般用随机抽样）；分群与分层所要求的结果是相反的，群与群之间的差异要小些；群内个体之间的差异要大些。

小案例 **分群随机抽样 3 例例解**

例 1 某市一共有中学 100 所，精准眼镜公司为了调研了解当前中学生的视力状况，确定调研 2 000 名中学生。已知每所中学大约有 1 000 名学生。该公司采用了分群随机抽样技术进行抽样。从 100 所中学中随机抽取了两所中学进行全面调研，很快就达成了目的。

【分析提示】各中学的学生视力情况不会因为中学的不同而受影响，适合采用分群随机抽样。

例 2 某城区由 15 个街区组成，某公司准备调研居民的人均运动时间。调研时按照现成地域分布，将该城区划分成了 5 个群体，每群含 3 个街区，现抽取 2 个群，并对群内 6 个街区的居民进行了普查，有关资料如表 3-3 所示。

表 3-3 某城区 6 个街区居民普查资料表

群	群内街区	人均运动时间 /min
A	1	30
A	2	40
A	3	35
B	4	45
B	5	25
B	6	30

【分析提示】由于运动主要取决于人们的生活观念，因此，采用分群随机抽样很合适。

例 3 某学校一共有 5 000 人，设有 100 个班，每班 50 人。在某次救助捐款调研中采用了分群随机抽样技术。以班为群，抽 10 个班进行调研后得出全校的捐款额。

【分析提示】同一个学校的同学，生源情况各班差不多，而且都是年龄相仿的学生，各班应该相差不大，所以，采用分群技术是合适的。

（6）分群随机抽样的适用性。适用于对总体构成很不了解，难于找到标志进行有效的分类，如调研广州市老年人养老要求就具有这样的问题：总体太大，无法或难于编制抽样框；或是为了节省费用。这里特别应注意，分群抽样只有在群内差异大、群间差异小的情况下才可以考虑采用。

（7）分群随机抽样的优点。

1）抽样方式比较简单。它是在简单随机抽样方式的基础上发展起来的，以群为个体抽样。

2）易行。样本集中，调研起来比较方便；只需关于群的抽样框而不需要群内个体的名录。

3）费用小，效率高。其主要体现在样本集中调研起来很方便。

（8）分群随机抽样的不足。样本不能均匀分布在总体单位中，与其他抽样方式相比误差显得比较大。在同样的样本数量下，调研的精确度要低于最简单的简单随机抽样。若群内个体之间的差异比较小，而群间差异大则抽样误差更大。所以，在实践中为了减少误差，一般都要通过增加一些样本单位数的办法提高调研的精确度。例如，为了取得与简单随机抽样同样的精确度，分群随机抽样的样本个体数需要比简单随机抽样多出几倍。

5. 多级多阶段随机抽样

在进行复杂的大规模调研时，由于总体内的个体数量很大，抽样框很难编制，难于或无法做到直接抽取样本个体。例如，调研全国城市小学生的视力状况，由于全国有几千万名小学生，要编制名录是一项浩大的工程且难于实现。

（1）多级多阶段随机抽样的要义。多级多阶段随机抽样是指通过多次抽样，最后抽取出样本的调研方式。例如，前面提到的对全国城市小学生视力状况的调研例子，可以先在全国抽取几个省份；再把抽中的省份划分为不同的市，抽取几个市；再把抽中的市划分为不同的区，抽取几个区；最后把抽取的区划分为不同的街道，抽取若干个街道，然后对抽取的街道所属的小学进行普查。

（2）多级多阶段随机抽样的特点。结合上面的例子，可以总结出多级多阶段抽样的要求，即先把总体划分为若干一级抽样单元；再把抽中的一级抽样单元划分为若干二级抽样单元，直至不再划分单元为止。抽样时用简单随机抽样方式一直抽得所需的抽样单元为止。这种方式的特点主要体现在通过多次抽样最终完成具体样本的确定。

（3）多级多阶段随机抽样的类型。多级多阶段随机抽样可以有多种方式的组合，包括多次一直分层抽样、先分群后分层抽样、先分层后分群抽样、一直分群抽样等。

这里要说明的是，多级多阶段随机抽样阶数（即抽样次数，每抽一次为一级或一阶段）可任意，但通常为2阶、3阶，因为阶数太多会显得很复杂，而且还会增加误差。各阶中可使用任何一种抽样方式,从而形成多种类型的模式。

多级多阶段随机抽样主要的模式包括4种。

1)多次分层抽样。例如,调研广州市男士化妆品的消费情况,先按收入分层,再按年龄进行分层。

2)先分群后分层抽样。例如,调研广州市居民的文化消费支出,先按区域分群,再按收入分层。

3)先分层后分群抽样。例如,调研广州市越秀区商品流通行业的收入水平,先按中专及以下、大专、本科、本科以上分层,再按性别分群。

4)一直分群抽样。例如,调研广东省中山市中学生视力状况,先按不同中学,再按性别分群。

这里提醒注意,以上一共介绍了5种随机抽样技术,每一种都各有较为适用的情况,应加以熟练掌握。

3.3.2 随机抽样调研技术的评价

1. 随机抽样调研的优点

(1)时间短、收效快。调研涉及面较小,取得调研结果比较快,能在较短的时间内获得同市场普查大致相同的调研效果,还可以运用抽样调研技术来检验普查及有关资料的准确性,并给予必要的修正。

(2)质量好、可信程度高。因为随机抽样调研是建立在数理统计基础之上的科学方法,具有科学性。

(3)费用低、易推广。调研的对象少,能保证调研的有效性,从而可以大大减少工作量,降低费用开支;同时,由于抽样调研所需的人力、物力较少,企业容易承担、容易组织。

2. 随机抽样调研的不足

(1)随机抽样调研存在着抽样误差,而且抽样误差是客观存在的。但同时应认识到抽样误差在一定范围内又是允许的。由于市场的多变性,市场调研无法也不需要完全正确。

(2)随机抽样调研必须有抽样框,但有时难于做到。

实施任务 3.3 **结合具体项目确定可以采用的随机抽样方式并加以运用**

1. 任务组织

(1)学习小组先结合选定的调研专题进行讨论,拟定自己小组调研方案所选定的具体的随机抽样方式。

（2）老师组织小组之间进行交流。对各小组结合实际项目选定的随机抽样方式进行相互讨论和交流，老师负责说明和决策。

（3）学习小组将完善的随机抽样方式设计方案提交老师评定。

2. 任务要求

（1）每位同学都要积极参与，发表自己的观点。

（2）调研方案所选定的具体随机抽样方式必须紧密结合实际，具体应注意明确四个方面的问题：第一，选择该随机抽样方式的理由；第二，采用该随机抽样方式能否满足调研的要求；第三，采用该随机抽样方式的结果是否比其他方式理想；第四，是否有该随机抽样方式的基本操作程序的细化说明。

（3）必须将选定的具体随机抽样方式的结果用电子文本和纸质文本的形式上交老师。

任务 3.4　运用随机抽样方式下的样本资料进行推论

3.4.1　随机抽样误差计算与控制

抽样调研的目的是用样本的指标来推论总体的指标。利用样本指标推论总体指标的思路是这样的：先看样本指标与总体指标之间的差异是多少；然后利用这一差异来推论总体指标。而这些问题数理统计已经做了详尽的论述和说明，可以直接应用于市场调研实践。

1. 对抽样误差的认识

随机抽样调研方式由于是抽取总体的部分样本单位进行调研，所以，这一调研方式必定存在误差。那么，这一误差该如何来计算确定呢？

由于针对某一调研总体采用某种抽样调研方式进行调研时，可以抽到多种可能的样本组合结果。而且，不同的调研者进行抽样时所得到的样本组合是不同的，显然采用某一个调研者或某一次抽样或某一个样本组合产生的误差，作为该抽样方式的误差是不科学的，应当计算的是所有样本组合的平均抽样误差。

小知识　　　　　　　**个体误差与抽样误差**

个体误差，是指一个样本组合指标与总体实际指标之间的误差（用两者平均数的差做代表）。抽样误差，是指在某种抽样方式下该方式的结果代表总体指标产生的误差。抽样误差不是指个体误差，而是指所采用的抽样方式下所有样本组合的个体误差，并把它们平均后的平均误差，即抽样平均误差。也就是说，在抽样调研时，是把该种抽样调研方式的所有组合的个体误差计算平均误差，作为该种调研方式下的代表性抽样误差。

每一组样本组合的个体误差是以样本平均数（$\bar{x}$）与总体平均数（$\bar{X}$）指标之间的差表示。抽样误差具体是指用所有样本组合的平均数（$\bar{x}$）指标来推断总体平均数（$\bar{X}$）指标之间的平均差，所以又称代表性平均误差。

2. 抽样误差的计算

抽样误差的计算思路：必须先求出所采用的抽样调研方式下所有的样本组合数，再来求它们的平均误差。

（1）计算样本组合数（样本空间）。一种调研方式下，有多少组样本组合？下面以单纯随机抽样为例子来进行说明。

1）重复且考虑顺序的单纯随机抽样下。假设 $N=3$，其标志值为1、2、3，现抽取 $n=2$。抽取结果的组合有：1,1；2,2；3,3；1,2；2,1；1,3；3,1；2,3；3,2。一共有9种样本组合可能。基于此例等方面的研究，统计学家引申出了一个推而广之的求解模式：重复且考虑顺序下从总体 N 中抽取 n 个样本的可能样本组合数为 N 的 n 次方，上例就是3的平方。

2）不重复且不考虑顺序的单纯随机抽样下。上例抽取结果，在不重复且不考虑顺序下，只有3个组合：1,2；1,3；2,3。基于此例等方面的研究，统计学家又引申出了一个推而广之的求解模式：不重复且不考虑顺序下，从总体 N 中抽取 n 个样本的可能组合数为 N 与 n 的组合数，上例就是正好等于从3中抽出2的组合数，即样本的可能数目 $= C_3^2 = 3!/[2!(3-2)!] = 3$。对于任意的 N 和 n 有：$N!/[n!(N-n)!]$。

小知识   **样本组合数（样本空间）**

重复且考虑顺序的抽样方式下，从总体 N 中抽取 n 个样本的可能样本组合数为：N^n。

不重复且不考虑顺序的抽样方式下，从总体 N 中抽取 n 个样本的可能样本组合数为：$N!/[n!(N-n)!]$

（2）计算抽样误差。根据对抽样误差概念和样本组合数的认识，可以由此结合起来计算抽样误差。用 $\mu_{\bar{x}}$ 代表抽样误差。重复单纯随机抽样方式

下，$\mu_{\bar{x}} = \sqrt{\sum(\bar{x}-\bar{X})^2/N^n}$，不重复且无顺序单纯随机抽样下，抽样误差为：$\mu_{\bar{x}} = \sqrt{\sum(\bar{x}-\bar{X})^2/C_N^n}$。

进一步来分析，实际上不可能将全部组合都抽出来计算式中的方差。那如何计算呢？根据数理统计结论进行推导：由于 $\bar{X}$ 未知，则 $\mu_{\bar{x}} = \sqrt{(1/n)\times(1/N)\times\sum(x-\bar{X})^2} = \sqrt{\sigma^2/n}$（$\sigma^2$ 代表总体方差）；$(1/N)\times\sum(x-\bar{X})^2$ 是总体方差。根据数理统计原理，在重复单纯随机抽样下，样本方差 $S^2 = [1/(n-1)]\times\sum(x-\bar{X})^2$ 是总体方差 σ^2 的一个优良估计量。而 n 大于 30 情况下一般可不减去 1，从而可转化为用样本来求解的结论：

重复单纯随机抽样方式下：$\mu_{\bar{x}} = \sqrt{\sigma^2/n} = \sqrt{S^2/n}$，即具体可用样本标准差 S 代表总体标准差 σ 来求解。而在不重复单纯随机抽样方式下：

$$\mu_{\bar{x}} = \sqrt{(S^2/n)\times(1-n/N)}$$

下面结合例子来说明。

> **小案例**
>
> **例** 某企业调研职工每月的消费支出，已知职工平均每人月消费支出的标准差为 30 元。如果从 $N=2\,000$ 人中抽取 160 人进行调研，计算：（1）重复抽样下的抽样误差；（2）不重复抽样下的抽样误差。
>
> 【解】（1）$\mu_{\bar{x}} = \sqrt{S^2/n}$
> $= S/\sqrt{n}$
> $= 30/\sqrt{160}$
> $= 30/12.649\,1 = 2.371\,7$（元）
>
> （2）$\mu_{\bar{x}} = \sqrt{(S^2/n)\times(1-n/N)}$
> $= \sqrt{(30^2/160)\times(1-160/2\,000)}$
> $= 2.274\,9$（元）

3. 影响抽样误差的因素

从抽样误差的计算模式，比如在重复单纯随机抽样方式下，$\mu_{\bar{x}} = \sqrt{\sigma^2/n} = \sqrt{S^2/n} = S/\sqrt{n}$，或者在不重复单纯随机抽样方式下，$\mu_{\bar{x}} = \sqrt{(S^2/n)\times(1-n/N)}$，

可以认识到影响抽样误差的主要因素有如下 3 个方面。

（1）样本容量 n。一般情况下，n 越大，抽样误差相对越小。

（2）总体的标准差 σ。一般情况下，总体的标准差 σ 越大，则抽样误差越大。

（3）随机抽样组织方式。在 n、N 一样的条件下：重复单纯随机抽样的误差将大于不重复单纯随机抽样；分群随机抽样的误差将大于不重复和重复单纯随机抽样；不重复单纯随机抽样的误差大于分层随机抽样；在总体按有关数量标志排列时，等距抽样平均误差小于不重复单纯随机抽样，有时甚至小于分层随机抽样。

4. 随机抽样误差的控制

在随机抽样调研的活动中，应尽量减少抽样误差，尽量提高调研的精确度。结合影响抽样误差的因素，具体可从以下几个方面来进行：

（1）选定合适的抽样方式。市场调研的对象、调研的目的和要求不同，适用的调研方式会不同。例如，开展某企业职工的月消费支出的调研，调研要求能很精准地推论总体和计算误差。由于调研的要求比较高，随机抽样的 5 种技术对误差控制的效果是不同的，结合所调研专题的特点，随机抽样方式中分层随机抽样在相同的调研样本数量下，代表性比简单随机抽样等方式要好，所以，应尽量采用分层随机抽样方式，以减少抽样误差。

（2）确定合适的样本数量。误差是客观存在的，要努力将误差控制在一定的范围内。结合误差计算公式，可知样本的数量会直接影响到误差水平，那么，要控制误差就必须有合适的样本数量才能做到。

小知识　　　　对合适样本数量的认识

1）随机抽样调研的样本数量的多少，在同样的调研方式下会明显地影响调研的误差。一般来说，样本越大，抽样误差越小；样本越小，抽样误差越大。可见，样本数量的多少，首先取决于调研的精确程度（也与把握程度有关，参阅后续内容）要求。

2）抽样调研并不是样本数量越大就越好。因为随着调研样本的增加，调研费用也会随着增加。而在能达到抽样精度要求的前提下，就应尽量减少样本数量以降低调研的费用。

3）要注意，按照调研精确度的要求，所采用的调研方式不同，要求的样本数量也不同，比如，在分群随机抽样方式下，样本数量就要多一点。

4）这里再进一步说明，影响样本数量的因素还与调研总体中个体之间的差异程度（团体幅度）有关。总体中个体之间的差异越大，在样本数量相同的条件下，误差越大。换言之，在确保同样的误差的前提下，如果总体中个体之间的差异大，则需抽取的样本数量就要求大一些，反之亦然。其实合适的样本数量，还受很多因素的影响，具体样本数量的确定将在任务 3.5 中学习。

（3）加强对调研工作的组织领导，以提高抽样调研工作的质量。抽样调研要经过多个环节和步骤来完成，包括问卷的设计、调研方式的选择、调研资料收集过程、调研问卷的处理过程、分析过程。而每一个过程都会造成误差。所以，要以科学认真的态度对待调研工作；要注意调研人员的选择和培训；要注意调研组织工作的严密和工作程序的规范；等等。

【思考】

随机抽样调研中是否一定存在抽样误差，能否控制？

3.4.2 点估计与区间估计

通过样本的调研结果来推论总体的结果，推论的方式主要有两种，即点估计和区间估计。

1. 点估计

这是一种简单推断总体的量的方法，前面也在项目 2 中进行了一些介绍。一是确定总体内个体的值时，直接以样本的平均值作为总体的每个个体的平均值；二是确定总体总量时，直接以样本的平均值作为总体的每个个体的平均值乘以总体的个体数来推论总体总量，具体可用公式 $T_q = \bar{x} \times N$ 计算。

点估计存在明显的不足，即不考虑抽样误差和确认估计的准确程度，是一种较简单而粗略的估计，只能作为认识上的一种基本判断。

例 某地开展当地职工月收入的调研，当地职工的人数为 100 000 人，抽取 500 人调研得出平均的月收入水平为 6 000 元，问当地职工的月总收入是多少？

【解】$T_q = \bar{x} \times N = 6\ 000 \times 100\ 000 = 600\ 000\ 000$（元）。

2. 区间估计

因为抽样调研客观上存在抽样误差，所以，整个方式都决定了只能对总体做存在一定误差的估计。区间估计是把总体的值估计在一定的范围内，显得更加科学和有意义。

（1）区间估计的基本原理。

1）样本组合的均值的分布。大家知道，对于任意分布的总体 N，按样本 n

可以抽出不同的、多个样本组合，计算出不同的样本组合的平均值 $\bar{x}$，并可以计算出"所有样本组合均值的均值"，这样就可以形成一个许多样本平均值围绕"所有样本组合均值的均值"的分布。

对社会随机现象的观察和实验称为随机试验，随机试验的每一种可能结果就是一个随机事件。社会现象的大量数据差异，可以理解为随机现象产生的随机差异。调研对象的回答是随机的，因此答案的选择结果因人而异。根据李雅普诺夫定理：如果总体存在有限的平均数和方差，那么不论这个总体变量如何分布，随着样本单位数的增加（或组合数增加），样本平均数的概率分布会趋向于正态分布。大数定律也表明，大量的随机现象遵从正态分布。所以当样本容量 n 足够大时，不论总体 N 的分布如何，样本组合均值围绕"所有样本组合均值的均值"的分布都可作近似的正态分布。

2)"所有样本组合均值的均值"，即所有样本组合的平均值 $\bar{x}$ 的期望值。可以通过一个简单的例子来认识其意义。例如，假设 $N=3$，其标志值为 1、2、3，现抽取 $n=2$，在重复的单纯随机抽样下抽取结果有：1,1；2,2；3,3；1,2；2,1；1,3；3,1；2,3；3,2。共 9 种样本组合可能。这样可以很容易地计算出样本组合均值：1、2、3、1.5、1.5、2、2、2.5、2.5。"所有样本组合均值的均值" =（1+2+3+1.5+1.5+2+2+2.5+2.5）/9 = 2。而直接计算总体的平均值 =（1+2+3）/3 = 2。

下面再引入符号来说明，设 N 由三个个体组成，三个个体的变量为 X_1, X_2, X_3，从 3 个个体中抽取 2 个个体，抽样结果的变量组合为：x_1,x_1；x_2,x_2；x_3,x_3；x_1,x_2；x_2,x_1；x_1,x_3；x_3,x_1；x_2,x_3；x_3,x_2。第一个样本组合均值为 x_1；第二个样本组合均值为 x_2；第三个样本组合均值为 x_3；第四个样本组合均值为 $(x_1+x_2)/2$；第五个样本组合均值为 $(x_2+x_1)/2$；第六个样本组合均值为 $(x_1+x_3)/2$；第七个样本组合均值为 $(x_3+x_1)/2$；第八个样本组合均值为 $(x_2+x_3)/2$；第九个样本组合均值为 $(x_3+x_2)/2$。再计算上述九个样本组合均值的均值，即 $\bar{x}$ 的期望值 = $E(\bar{x})$ = $[x_1+x_2+x_3+(x_1+x_2)+(x_1+x_3)+(x_2+x_3)]/9$ = $(x_1+x_2+x_3)/3$，而总体的均值 $\mu=(x_1+x_2+x_3)/3$，由此可见，所有样本组合均值的均值 = 总体的均值 μ。

这里只是通过三个单位的总体的计算来说明，而数理统计学家则通过更大的总体和样本组合的研究得出了相同的结果。

3）所有样本组合均值围绕"所有样本组合均值的均值"的分布是正态分布，因为"所有样本组合均值的均值"等于总体均值 μ，可以视同所有样本组合的均值是围绕"总体平均值"呈现正态分布的现象。

4）正态分布原理。所有样本组合的均值围绕总体的均值呈现正态分布，根据正态分布原理，所有样本组合均值将围绕总体均值波动，与总体均值偏差比较小的组合比较多，偏差比较大的比较少，密度分布呈钟形。具体来说，占68.27%的组合与总体均值之差不超过1个单位的抽样误差；占95.45%的组合与总体均值之差不超过2个单位的抽样误差；占99.73%的组合与总体均值之差不超过3个单位的抽样误差。

通过以上四点的分析，我们就可以进行总体估计推论了。

（2）置信区间与置信度。抽样调研进行总体估计，更科学的方法是将总体估计在一定的范围之内。既然是估计，就不是百分之百有把握，只能在一定的可能程度上来把握。所以，对总体的估计是在一定把握程度下的、一定范围的估计。这就引出置信区间与置信度两个概念。

1）置信区间。大家可以简单地把以一定的概率把握程度下确定的总体指标估计所在区间称为置信区间。例如，某班参加英语考试的估计平均成绩，有90%的可能是80～90分，即80分≤平均成绩≤90分。则80～90分称为在90%的把握程度下的置信区间。

置信区间可以采用：

$$(\bar{x} - t\mu_{\bar{x}} \leq \bar{X} \leq \bar{x} + t\mu_{\bar{x}})$$

或 $[\bar{x} - t\mu_{\bar{x}}, \bar{x} + t\mu_{\bar{x}}]$ 进行表示。

进一步应认识到，置信区间的大小反映了估计的准确性或精确性，在 n 一定下，置信区间与置信度（可靠程度）又是相互制约的。例如，估计某一群人的身高为 [0米，3米]，毫无疑问，这个估计的可靠性为100%。但这个估计的精确度几乎为0，可以说毫无意义。必须把估计的区间缩小，如 [1.6米，1.8米]，则估计相当精确了，但同时要注意可靠程度则会变小。我们需要的是在比较有把握的情况下对总体做出比较精确的估计。所以，应把推断控制在一定的精度和一定的准确度范围内。

2）置信度。置信度又称置信水平或可靠水平，即用样本指标推算总体指标时的可信度或概率把握程度。例如，把握程度为95%，意味着如果重复多次调研，100次中大约有95次，200次中大约有190次，置信区间可以覆盖总体的真正的值。

3）置信度与置信区间的确定方法。置信区间可以以 $x - t\mu_{\bar{x}} \leq \bar{X} \leq \bar{x} + t\mu_{\bar{x}}$ 或 $[\bar{x} - t\mu_{\bar{x}}, \bar{x} + t\mu_{\bar{x}}]$ 进行表示。其中，$\mu_{\bar{x}}$ 是抽样误差，t 是概率度，可以通过设定把握程度，从而确定 t 值。

根据概率论与数理统计的分布理论和分布极限可知：当 $n > 30$ 时，最常用 t 值可查常用的 t 值表；若相反，$n < 30$，则样本均值分布服从自由度为 $n-1$ 的 t 分布，t 分布曲线与正态分布相近。当 $n < 30$ 时，应据 $\alpha = (1 - 置信度) = 1 - F(t)$ 和 $f = n - 1$ 查 t 分布表得出 t 的值（见表3-4）。

表 3-4 常用的 t 值表

t	F(t)	t	F(t)
1.00	68.27%	1.96	95%
1.28	79.95%	2	95.45%
1.64	90.00%	2.58	99.01%
1.65	90.11%	3	99.73%

（3）区间估计的应用。

1）简单重复单纯随机抽样下的应用。

例 对某出口公司即将出口的一批茶叶进行抽样调研，采用重复单纯随机抽样方式，共抽取 90 包，它们的平均重量 $\bar{x} = 200.2$g；$S^2 = 0.1$g^2。已知 $F(t) = 95.45\%$，试确定该批茶叶平均重量的置信区间。

【解】根据把握程度 $F(t) = 95.45\%$，查表可以得出 $t = 2$

先计算抽样误差。

$$\mu_{\bar{x}} = \sqrt{S^2/n} \\ = \sqrt{0.1/90} \\ = 0.033\ 3\text{g}$$

再确定置信区间。将 t 值代入公式中，可以得出：

$(200.2 - 2 \times 0.033\ 3 \leq \bar{X} \leq 200.2 + 2 \times 0.033\ 3) = (200.133\ 4 \leq \bar{X} \leq 200.266\ 6)$

2）简单不重复单纯随机抽样下的应用。

例 某校的大二学生总体 $N = 1\ 000$ 人，采用简单不重复单纯随机抽样，抽取 100 名大二学生作为样本，调研大二学生每天平均锻炼的时间，结果为 36 分，$S = 6$ 分，试按 $F(t) = 95\%$，估计全校大二学生每天平均锻炼的时间。

【解】先计算抽样误差。

$$\mu_{\bar{x}} = \sqrt{(S^2/n) \times (1 - n/N)} \\ = \sqrt{(6^2/100) \times (1 - 100/1\ 000)} \\ = 0.569\ 2（分）$$

再根据把握程度 $F(t) = 95\%$，查表得 $t = 1.96$。

最后确定置信区间。将 t 值代入公式中，可以得出该校大二学生每天平均锻炼时间的置信区间为：

$[36 - 1.96 \times 0.569\ 2,\ 36 + 1.96 \times 0.569\ 2] = [34.884\ 4,\ 37.115\ 6]$

实施任务 3.4 结合具体项目运用随机抽样方式下的样本资料进行推论

1. 任务组织

（1）学习小组先结合选定的调研专题进行讨论，并各自运用所调研的资料进行推论，小组综合得出结果。

（2）老师组织小组之间进行交流。对各小组就结合实际项目资料做出推论的情况进行相互讨论和交流，老师负责说明和决策。

（3）学习小组将完善的资料推论结果提交老师评定。

2. 任务要求

（1）每位同学都要各自运用资料进行推论，然后进行交流讨论以确定小组的最后推论结果。

（2）要进行以下几个方面的计算：抽样误差计算；利用资料进行点估计；利用资料进行区间估计，置信度要求为 95.45%。

（3）必须将最后结果用电子文本和纸质文本的形式上交老师。

任务 3.5 确定采用随机抽样方式下应抽取的样本容量

开展市场调研，其中一个核心的问题就是究竟要对总体做多大范围的调研，即调研多少个样本。本任务的学习目的就在于掌握具体计算确定样本数量的实际方法。

3.5.1 对样本容量要义的认识

在抽样调研中只是把总体中的一部分个体作为样本进行调研，这样就必须通过一定的技术和按照一定的要求来确定这一数量。在市场调研中，总的来说调研的范围越大，效果越好。但是，实际上调研范围是不可能随心所欲的，还受许多因素影响。比如，客户或自己的企业能投入的资金会造成直接的影响，因为每一个样本的资料都需要付出相应的成本来取得；还有就是时间因素制约；再有就是调研对象的条件和调研的精确程度以及把握程度要求等因素的制约。

可见，开展市场调研所确定的样本容量是在满足一定条件下的样本数量。可以把能满足开展某一项市场调研时相应的条件要求下的样本数量称为该项市场调研的样本容量。例如，开展对东盛集团女员工化妆品消费状况的调研，假设 2022 年东盛集团旗下女职工有 2 000 名，通过采用按年龄分层随机抽样的方式，在抽样误差不超过 60 元、把握程度达到 99%、费用不超过 5 000 元等条件下，对 600 名女员工进行调研，所确定调研的 600 名女员工就是满足条件要求下所需的样本容量。

3.5.2 影响样本容量的因素

要确定合适的样本数量，必须认识清楚影响样本容量的主要因素。影响样本容量的因素有很多，包括下面九个主要的因素。

（1）抽样精度。抽样精度可以简单地理解为抽样调研中样本值代表总体值的精确程度。开展市场调研的目的是通过样本的值来推论总体的值，但无论再怎么努力都会存在误差，这是由抽样调研的方式决定的，是客观存在的。

调研中应尽量减少误差，从而能更好地认识总体。所以，必须规定误差不能太大。因为误差太大的话，调研的资料就会失去价值，如广东人的身高是 1.7 米左右，调研具体某个地方人的身高，误差超过几十厘米，则对该地方人的身高估计结果已没有什么意义。这也正是要规定和限制误差的原因。

小知识 **抽样精度的表示方法**

对一项调研规定和限制误差，一般用抽样精度来表示，可用样本的平均值与总体的平均值的误差大小来要求。

抽样精度可用 $\bar{x}$ 代表 $\bar{X}$ 的正负差值的绝对值表示，称为极限误差，用符号 Δx 表示，又称为容许的误差。公式可写成 $\Delta x = |\bar{x} - \bar{X}|$。正如在置信度与置信区间确定方法中提到的，抽样极限误差 Δx 是指调研设计中要求的、利用样本平均数代表总体平均数允许的最大误差。

抽样精度对所需调研样本数量的影响表现为：针对同样的调研对象和调研目标要求以及在相同的抽样方式下，具体如针对同一母体同一专题（如广东中山的电子商务发展），采取简单随机抽样调研，一般来说，抽样精度要求越高，即误差要求越小，则调研的样本数量越大；反之，则越小。

（2）置信度。对总体的估计要求有一定的把握程度，否则就是瞎估盲估。试想象对广东佛山人的身高估计为 176～178cm，但只有 30% 的把握，结论是不敢贸然运用的，也就没有什么价值。所以，在开展调研时还要求在一定把握程度下对总体做出估计，明确要调研多少个样本。其实，置信度与精确程度是密切相连的。

一般来说，在面对同样的总体采用同样的调研方式（如简单随机抽样）开展调研时，置信度越高，即把握程度越高，则要求调研的面越宽，即调研的样本数量要更多一点才能更有把握对总体做出同样的估计。

（3）母体幅度。母体幅度是指总体中个体之间的差异程度。母体幅度大，即内部个体之间差异比较明显，调研的面相对要宽一点，才能做到比较准确。

在同样的抽样方式下，调研同样的样本数量，会因调研对象内部差异不同，即母体幅度不同，得出的代表性误差不同，即抽样精度不同。反过来，母体幅度会影响抽样精度，从而影响所需调研的样本数量。一般来说，母体幅度越大，需要调研的样本数量相对就越大一些；相反，则所需调研的样本数量就可以小一些。

（4）抽样方式。每一种调研方式的代表性误差都不同，即在同等的样本容量下，抽样精度有所不同。所以，要达到相同的抽样精度，相应需要的样本数量是不同的。一般来说，分层随机抽样的样本数量在同样的抽样精度下就比简单随机抽样等抽样方式要小。

（5）调研费用。由于每一个样本的资料都需要付出相应的成本来取得，具体而言，项目的总预算费用制约了实际调研样本容量的最大值。因为容量过大就会突破预算而导致超支。

具体的计算可以通过建立模型来进行。设经费总额为 T_c，费用函数可以表示为：$T_c = T_s + c_1 \times n$，其中，T_s 为固定费用，与样本量无关；c_1 为平均每一样本单位需要的调研经费。由此解出的样本量可以作为受经费约束的一个基本条件：$T_c - T_s = c_1 \times n$；$n = (T_c - T_s)/c_1$。例如，金诚公司委托精算子市场咨询服务有限公司进行市场调研，支付费用 100 000 元。精算子公司固定要发生的费用为 80 000 元，已知每份问卷所需费用为 20 元，问能至多调研多少份问卷？解答结果为：$n = (T_c - T_s)/c_1 = (100\ 000 - 80\ 000) \div 20 = 1\ 000$（份）。

（6）调研时限。由于每一样本资料的收集都需要相应的时间，在时间允许的情况下才可能完成对较大容量样本的调研。另外，市场调研具有很强的时效性，在客户要求需在比较短的时间内完成的情况下，调研的样本容量也会受到影响。所以，就某一调研项目而言，能调研的样本容量最大值还会受到容许时间的限制。

（7）样本设计和估计量。实际调研活动中可以采用先按简单随机抽样计算出所需要的样本数量，再考虑调研中所采用其他抽样方式的效果有所不同，并加以调整。正是在抽样调研活动中可能综合运用几种抽样调研方式，计算样本容量时就必须考虑一个调整的因素，具体可以用设计效应系数 D 进行调整。

计算公式可采用：某项目抽样调研所需的实际样本数 $n' = n \times D$（n 为简单随机抽样下需要的样本数）。

设计效应系数可参考经验确定。简单随机抽样常取 1；分层随机抽样取小于 1；分群随机抽样取大于 1，至少应取为 2，也许它实际可能高达 6 或 7。具体可参照以前相同或相近的调研确定,以及通过小范围的试调研确定。

(8)调研的回答率(R)。调研中会遇到许多的问题,如被调研者不合作会得到无效的问卷。为了使调研后能得到预期数量的有效的问卷,可结合以往的调研经验,扩大调研问卷的数量。所以,调研时可能原想调研100份问卷,就需要调研150份甚至更多份问卷。因此,从广义上来说,样本数量于无形中增大了。这里还要提醒大家注意,为确保所需调研的样本数量需考虑调整的样本数量。

通常可用调研的回答率(R)来进行调整。调研的回答率(R)是用收回的有效问卷数占计划样本量的百分比来表示。具体可以参照以前相同或相近的调研项目确定,以及通过小范围的试调研来确定。这样经调整后的样本数量$n_2 = n_1/R$。例如,设$R = 50\%$,原来计算出的样本数量n_1为300份,调整后样本的数量n_2应为600份。

(9)操作的可行性。开展较大规模的调研时,由于一般的调研公司或企业自己都不具备足够的人力,另外,组织也比较困难,所以,一定程度上也会影响调研的样本容量。

综上所述,最终调研的样本容量应综合考虑以上各个因素,经协调后再确定,但应该考虑的主要因素有抽样精度、把握程度和抽样费用。

3.5.3 样本容量的计算

样本容量(也称必要样本单位)主要是指满足一定抽样精度和把握程度以及抽样费用等主要要求条件下的样本单位数。具体可以通过建立相应的数学模型来计算各种抽样方式下的样本容量,下面以简单随机抽样为例来认识和掌握。

1. 单纯随机抽样下的计算模式

(1)重复单纯随机抽样下的。

1)模式建立的基本思路。市场调研的开展,应当按照调研方案设计的具体的调研目标要求和调研方式设想来进行。调研目标要求中包括在一定把握程度和精确程度的要求下,对总体进行估计。例如,开展对广州市天河区新华街粤垦路居民家庭月消费支出的调研,要求采用重复单纯随机抽样方式,并要求在把握程度达到95.45%、最大误差不超过30元下对总体进行估计,确定总体的置信区间,得出调研结果。

那么,根据前面的学习,大家已经认识到,假定采用一个合适的样本量(假设是400户)收集样本资料,就可以在把握程度95.45%下对总体做出估计,估计样本得出的调研结果与总体的实际误差最大不会超过2个单位的$\mu_{\bar{x}}$(抽样误差),即最大误差为$\Delta x = 2\mu_{\bar{x}}$。现在结合本次调研要求,具体最大误差是30元,那么,可以得出$\Delta x = 30 = 2\mu_{\bar{x}}$,也就是$15 = \mu_{\bar{x}}$。而进一步来说,抽样误差$\mu_{\bar{x}}$在一定抽样方式下是可以明确计算的，前面专门学习了在简单随机抽样方式下的计算，在总体一定的情况下，采用重复单纯随机抽样，$\mu_{\bar{x}} = \sqrt{\sigma^2/n} = \sqrt{S^2/n}$。不难认识，在抽样误差 $\mu_{\bar{x}}$ 有一定要求和总体一定下，主要取决于样本容量。因为总体一定下，总体的方差 σ^2 是一定的（代替它的样本方差 S^2 也可以理解为相对是一定的），由此，对应可以求出一个符合要求的样本容量 n 了。

2）公式推导。根据上文所述，一定 $F(t)$ 下，有 $\Delta x = t\mu_{\bar{x}} = t \times \sqrt{\sigma^2/n}$，公式两边取平方，则 $(\Delta x)^2 = t^2 \times \sigma^2/n$，所以 $n = (t\sigma/\Delta x)^2$。

对 σ^2（或 σ）必须进行估计，常用的估计方法有以下几种。

第一种，用二手资料估计。具体可以根据过去相近的调研项目所计算出的抽样资料结果和样本规模推算出 σ^2，作为本次样本设计中 σ^2 的估计值。

第二种，对于大规模大范围的重要调研，可以先进行小范围内的预调研，以取得必要的资料用于估计 σ^2。

第三种，可以借助有关专家提供的有关总体分布的信息，估计总体分布的大致形状和范围，从而推导出 σ^2 的估计值。

3）基本模式。在采用预调研或过去的抽样资料结果和样本规模推算 σ^2 的情况下，可用样本的方差 S^2 代替 σ^2，则 $n = (tS/\Delta x)^2$。

（2）不重复单纯随机抽样下。同样以 $\Delta x = t\mu_{\bar{x}}$ 出发，因不重复单纯随机抽样下，$\mu_{\bar{x}} = \sqrt{\sigma^2/n \times (1-n/N)}$，代入 $\Delta x = t\mu_{\bar{x}}$ 后可解得 $n = t^2 \times \sigma^2 N / (N\Delta x^2 + t^2 \times \sigma^2)$。这里建议大家可以把公式与重复单纯随机抽样的公式对照掌握。

2. 样本容量计算模式的应用

例 1　现对某批产品的平均重量进行抽样调研，要求允许误差不超过 0.1g，且费用不超过 2 000 元。该调研的基本费用为 100 元，调研每一个单位需要 1 元，保证程度为 95.45%。根据以往的调研已知 $\sigma = 2$，求重复单纯随机抽样下样本容量 n。

【解】$\sigma = 2$，$\Delta x = 0.1$g，由 $F(t) = 95.45\%$，可知 $t = 2$，所以
$$n = (t\sigma/\Delta x)^2$$
$$= (2 \times 2/0.1)^2$$
$$= 1\ 600\ （盒）$$

再计算总抽样费用为 $100 + 1\ 600 \times 1 = 1\ 700$（元）。

$1\ 700$ 元 $< 2\ 000$ 元，所以必要样本单位可定为 $1\ 600$ 盒。

例 2　某市调研居民生活的可支配收入，设每户每月经济收入的标准差为 100

元,要求置信度为99%,极限误差为20元,求重复单纯随机抽样下样本容量n。

【解】查正态分布表得$t = 2.58$

$$n = (t\sigma/\Delta x)^2$$
$$= (2.58 \times 100/20)^2$$
$$= 166.41（户）。$$

例3 对某学院学生的月消费支出进行抽样调研,已知$N = 5\,000$人;$\Delta x = 10$元;$F(t) = 95.45\%$。通过事先调研已知$s = 50$元。求采用重复单纯随机抽样和不重复单纯随机抽样下的样本容量n。

【解】(1) $n = (2 \times 50/10)^2 = 100$（人）

(2) $n = t^2 \times \sigma^2 N/(N\Delta x^2 + t^2 \times \sigma^2)$
$= 2^2 \times 50^2 \times 5\,000/(5\,000 \times 10^2 + 2^2 \times 50^2)$
$= 98.04$（人）。

两种方式比较,由于N比较大而相差无几。

3. 实际确定样本容量的基本方法

确定n时,因为调研一般综合采用几种抽样方式,影响因素比较多而已知的数据太少,所以一般只用大致估计的方法予以确定。

具体的方法:先按简单随机抽样进行估计;再用回答率估计值R和设计效应系数D两个校正系数加以修正。

实际求n公式:$n' = n \times D/R$。

求出n'后可以再结合费用、时间、组织条件等因素进行调整确定。

例如,借用上面例2的资料。已求得$n = 166.41$户;若采用访问调研的方法,根据以往经验,回答率估计值R为90%;实际将采用分层随机抽样,设计效应系数D确定为0.8,求实际的样本容量。

【解】将各个量代入实际求n公式得

$$n' = n \times D/R = 166.41 \times 0.8/0.9$$
$$= 147.92（户）$$

实施任务3.5　结合具体项目确定采用随机抽样方式下应抽取的样本容量

1. 任务组织

(1) 学习小组先结合选定的调研专题进行讨论,确定样本容量的计算方法,并运用所掌握的调研资料确定所需要的样本容量。

(2) 老师组织小组之间进行交流,对各小组结合实际项目资料计算样本容量的情况进行相互讨论和交流，老师负责说明和决策。

（3）学习小组将完善的样本容量计算结果提交老师评定。

2. 任务要求

（1）每位同学都要各自运用资料进行样本容量的计算，然后小组内进行交流讨论确定小组的最后计算结果。

（2）调研方案所计算的样本容量必须紧密结合实际，具体应注意明确三个方面的问题：一是抽样精度 Δx；二是利用资料进行样本容量的一般计算；三是利用资料进行实际样本容量的计算。

（3）必须将最后结果用电子文本和纸质文本的形式上交老师。

【练习】

1. 随机抽样调研技术主要包括哪些调研方式？
2. 随机抽样技术有什么特点？

【训练】

结合所在系或专业对老师或同学们的运动时间进行随机抽样调研。

任务3.6　确定能否采用非随机抽样方式

【思考】

我们学习了5种随机抽样技术，还有其他抽样技术吗？为什么还要学习其他抽样技术呢？

在开展市场调研的实践中，随机抽样主要的5种抽样技术是最基本的，具体的选择应根据总体的特征和调研目的的需要来进行。既可以单独使用，如单独使用简单随机抽样；也可以交叉使用，如多级多阶段随机抽样。但在市场调研的实践中，有时由于总体不确定、时间、经费、调研目的要求等因素而限制了随机抽样技术的运用，这时，还可以考虑采用非随机抽样技术。

3.6.1　认识采用非随机抽样技术的具体原因

有时在开展一些项目的市场调研活动时，碍于一些因素而要采用非随机抽样技术。

（1）受客观条件的限制而无法进行严格的随机抽样。例如，调研海洋资源的状况，整个海洋这个总体太大了，根本无法采用前文所述的5种随机抽样方式。

（2）调研对象不确定或无法确定。例如，某商场发生了火灾事件，进行现场调研时对火灾发生时有多少顾客、是什么人等都不知道，即对母体不甚了解，无法采用需要抽样框的简单随机抽样、分层随机抽样、分群随机抽样等方式。又如，调研广百商场某星期天的 600 名顾客，也是同样的道理。

（3）为了快速得到调研结果。例如，调研广州市节令市场的商品销售状况，调研几家有代表性的商场即能得到基本的情况。

（4）调研对象过于庞杂。例如，调研某天流进和流出广州市的流动人口状况，调研对象总体非常大而杂而且不容易明确，根本无法采用随机抽样技术。

（5）母体幅度（总体内各个体与个体单位之间的离散程度）不大，而且调研者具有丰富的调研经验，可以采用非随机抽样技术。例如，调研广州市大型零售百货商场的经营状况，只要调研者清楚广州市有哪几家大百货商场可以作为代表进行调研，前提是应知道目前广州的大百货商场经营状况都比较一致。

（6）调研的样本可能分布的区域太散。例如，调研广东省茶叶生产的状况，茶叶的产地分布很广，粤东有上好的乌龙茶，粤西有上好的勇士绿茶。如果按随机抽样，样本散在各地，调研起来很不方便。如果目的只是掌握基本情况，对一些主要产地进行调研即可。

（7）所选定的样本难于掌握。例如，调研企业家对当前旅游业发展的观点。如果按照随机抽样选定企业家，由于企业家难于配合，调研起来很不方便；相反，采用非随机抽样方法中的配额抽样就会很方便。

（8）调研的样本必须包括关键的受访者。例如，调研对婴儿营养品的购买行为和态度评价，必须是调研拟任、新任妈妈比较好，调研时通过调研者判断出调研对象会很方便。

3.6.2 认识非随机抽样技术的特点

非随机抽样技术在抽样时一般不要求掌握完全的总体抽样框资料，简便易行，一般按主观设立判断标准或者仅按方便原则来进行抽样。非随机抽样下，由于每个个体作为样本的概率不相等，无法测定抽样误差。

【思考】

1. 非随机抽样与随机抽样的根本区别是什么？
2. 非随机抽样的特点有哪些？

实施任务 3.6 结合具体项目确定能否采用非随机抽样方式

1. 任务组织

（1）学习小组先结合选定的调研专题进行讨论，拟定自己小组调研方案的样本的基本组织方式，分析调研项目能否采用非随机抽样方式。

（2）老师组织小组之间进行交流，对各小组结合实际项目分析能否采用非随机抽样方式调研进行相互讨论和交流，老师负责说明和决策。

（3）学习小组将完善的分析及结果方案提交老师评定。

2. 任务要求

（1）每位同学都要积极参与，提出自己的方案，然后小组成员进行讨论形成统一认识。

（2）调研方案的分析必须紧密结合实际。具体应注意做好如下三方面的判断：随机抽样方式的总体要求与抽样框是否具备；采用随机抽样方式是否能满足调研的要求；采用随机抽样方式的结果是否比非随机抽样方式理想。

（3）必须将最后结果用电子文本和纸质文本的形式上交老师。

任务 3.7　确定应运用的非随机抽样方式

非随机抽样也主要包括 5 种方式，即方便抽样、判断抽样、配额抽样、固定样本连续抽样和滚雪球抽样。

3.7.1　方便抽样

1. 认识方便抽样的要义

方便抽样又称偶遇抽样、任意抽样，样本的选定完全根据调研人员的便利来进行。方便抽样的实施方式有很多种。例如，向街头行人询问他们对物价的评价；在食堂调研大学生的月消费支出；在运动场向运动的人调研运动的时间；在柜台访问顾客；利用客户名单进行调研；在报纸上通过刊登函件进行调研；等等。

2. 方便抽样的理论假设

方便抽样的理论假设或者说是运用的前提，必须是所调研的总体内的个体是同质的，也就是说个体之间是没有多少差异的。在这样的前提下，调研哪个个体都是没有影响的。

3. 方便抽样的适用性

方便抽样一般只用于预调研和探索性调研，正式调研比较少用。当设定好调研问卷后，为了检测问卷的质量，可以通过方便抽样来了解调研问卷的一些问题。在对市场情况不甚了解时，为了对调研的问题有一个方向性和主体的认识，可以通过方便抽样来了解把握。由于方便抽样的前提是总体内的个体是同质的可替代的，所以，一般在调研总体中每一个个体都是同质时，才能采用此类方法。但是，一般情况下，总体内的个体之间都会存在大小不一的差异，完全不存在差异的情况几乎不存在，所以正式的调研几乎不予采用此类方法。

4. 对方便抽样技术的评价

方便抽样方式方法简单、调研快速且能节省费用。但是在实践中并非所有总体中的每个个体都是相同的，所以抽样结果偏差较大，可信程度比较低，由于它的样本没有足够的代表性，所以在正式做市场调研时，很少采用方便抽样方式。

3.7.2 判断抽样

1. 认识判断抽样的要义

判断抽样又称为目的抽样、立意抽样，是由调研人员或专家选择有特殊代表意义的个体作为样本进行调研。例如，调研客户评价可以重点调研核心客户的评价。

2. 判断抽样的主要方式

（1）重点抽样调研。重点要认识以下5个方面的问题。

1）重点抽样调研是判断抽样中的重要方式，具体是指对总体中一个或几个重点的代表单位进行调研。

2）重点单位是指所要研究总体某一现象的具有代表性的总体指标中所占比重比较大、能反映研究现象的基本情况的一个或少数几个单位。例如，对广州市节令市场商品销售状况的调研，调研天河城百货、广百百货、广州新大新百货等大商场就能掌握基本情况了，因为它们的销售额占了整个广州市商品销售额的80%以上的比例。

3）重点单位的选定。可以利用调研总体的全面统计资料，按照一定标准选择对象作为重点的样本。例如，某公司的客户一共有200家，通过统计得出其中有4家与该公司的交易额达到了200万元以上，按交易情况对公司客户进行分类，这4家累计占该公司总交易额的70%，那么这4家可以作为重点的客户。

【思考】

某公司根据历年的销售资料，得出有10家客户是公司的核心客户，他们的需求量占了公司的80%，通过调研得出明年的需求量为800万件，则该公司计划产量应为多少？

4）重点抽样调研的适应性。重点抽样调研比较适用于调研目的只要求掌握总体的基本情况；就调研的标志来说，比较集中于少数几个单位，总体构成差别比较大；另外，使用此方式要求对总体有关特征有相当高的了解；样本量要求小；在样本不易分门别类挑选时则有较大的优越性。

5）重点抽样调研的特点。可进行深入的调研；能节省费用；只可以基本推断总体，但难于准确推断总体。

（2）典型抽样调研。应重点掌握以下 4 个方面的问题。

1）典型抽样调研也是判断抽样的重要方式之一，是对总体中一个或几个具有特殊代表意义的单位进行调研。例如，专门调研经营最好的商品流通企业。

2）典型的选择。应根据调研目的和总体对象特点来进行。典型的类型主要包括 4 种，下面将逐一认识掌握。

第一种，一般典型。在总体内的个体比较均衡时，可以选择一般的个体，这些个体也就代表了一般的水平状况。例如，广州市的中小零售企业经营状况基本差不多，选择一般的企业作为代表即可。

第二种，特殊典型。在总体内的个体状况差别比较大时，应按实际的不同水平以相应的标志划分类别，即分层分类，再从某类或某层中选出样本作为代表单位。例如，调研不同年龄女性的化妆品消费支出，专门选择 18～30 岁的女性作为突出的典型进行调研。

第三种，综合典型。在影响总体的现象的因素比较复杂，需要调研的内容受到影响的因素比较多时，应当选择在多种标志上具有代表性的个体单位作为典型进行调研。例如，调研广州市天河区居民家庭潜在汽车消费需求，由于汽车的消费受很多因素的影响，可以选择有一定支付能力、有一定的成熟度、具有一定的消费观念和条件的居民家庭进行调研，如月收入在 12 000 元左右的三口、四口之家。

第四种，定项典型。很多现象需要较长时间的观察才能知道真实的情况，如某家门店的经营好坏等。如果所调研的项目的发展过程波动性比较大，不稳定因素较多，需要较长时间连续深入地进行观察时，可以按调研意图确定具有特定代表意义的一个或几个对象作为样本，并将选取对象作为典型固定下来观察一段时间进行连续调研，这种典型称为定项典型。例如，对居民家庭月消费支出结构及水平的调研。由于居民家庭每一天的消费及结构都不同甚至有时差异很大，选择某几天推论整个月或更长时期显然是不可行的。所以，观察整月就较能说明问题了。进一步来说，按意图可以选择高收入家庭、中等收入家庭、低收入家庭进行定项调研。

3）典型抽样调研的特点。资料真实、参考价值高、成本低、调研比较深入；但因为是通过主观判断的少数单位的结果，所以一般是近似的估计。

4）典型抽样调研的适用性。总的来说，典型抽样调研适用于总体构成差别比较大,而要求调研单位的数量比较少的情况。

> **小知识**　　**典型抽样调研与分层随机抽样调研的比较**
>
> ①虽然典型抽样也要划类分层,但是和分层随机抽样在分类的标志选择上有所不同。典型抽样因为样本比较少,分类标志或标准的客观性或本质性的要求比较高,即分类标志客观存在很重要,分类确实能抓住总体的显著特征而且对调研目的有直接意义。例如,调研广州市节令市场的商品销售状况,按规模分类就比按所有制分类要好。②二者抽样的样本数量要求有所不同。分层随机抽样要按照计算所确定的样本数抽取;而典型抽样没有数量的要求,能达成目的即可。

3. 判断抽样方式的评价

（1）判断抽样的优点主要体现在如下几个方面。

1）判断抽样方式简便、易行、及时,符合调研目的和特殊的需要,可以比较充分地利用调研样本的已知资料。

2）被调研者配合比较好,资料回收率比较高等。

（2）判断抽样的缺点主要体现在如下几个方面。

1）容易发生主观判断上的误差,即误差取决于调研者的判断能力强弱。

2）由于判断抽样中各个被调研单位被抽取的概率都不知道,所以无法计算抽样误差和可信程度。

3.7.3 配额抽样

1. 配额抽样的要义

配额抽样是指将总体按照一定的标志（即控制特征）进行分层（分出的层又称为副次母体）,然后按一定的特征规定（即控制特征）进行各层样本的人为分配;各层样本单位再由调研人员按配额内的数量和要求,用方便或判断抽样方式自由选取具体的个体作为样本单位;最后由调研人员自主完成各种类型的相应数量的样本资料搜集的一种非随机抽样技术。

> **小案例**
>
> 把广州市天河区所有的商品流通企业划分为大型、中型、小型三类企业,基本上按各类企业所占的比例将要调研的样本数人为地分配给各种类型,然后由调研人员完成各种类型的相应数量的样本资料的搜集。

2. 配额抽样的特点

（1）按照一定标准人为分配各类样本数额。这一标准经常是根据掌握的总体的内在结构，并以此为基础适度调整得出样本分配数量的。

（2）在规定数额内由调研人员自己任意抽选并完成相应样本数量的调研资料的搜集。

（3）配额抽样本质是一种划类选典式的典型抽样。

3. 配额抽样的具体方式

按照配额时控制特征的个数不同划分，可分为独立控制配额抽样和相互交叉控制配额抽样两大类。

（1）独立控制配额抽样。这是总体按照单一标志进行分类，然后根据总体的特点和调研要求人为分配各类所需调研的样本数目的调研方式。

例如，某市进行化妆品消费需求调研，确定的样本数为300人，可以分别选择按消费者年龄、性别、收入三个标准将总体分类，并人为分配样本，如表3-5所示。

表3-5 化妆品消费需求调研的配额分配

按年龄分类和配额		按性别分类和配额		按收入分类和配额	
年龄	配额/人	性别	配额/人	收入/元	配额/人
22岁以下	20	男	50	3 000以下	20
22～50岁	60	女	50	3 000～5 000	60
50岁以上	20			5 000以上	20
合计	100	合计	100	合计	100

上例从3个不同角度分别调研，不必相互顾及交叉属性。例如，不必要求调研出50岁以上、收入6 000元的女性怎么消费。也可以这样认为，只规定被调研对象应具有某一特性并分配相应的调研样本数额，而不规定被调研对象必须同时具有两种或两种以上特性。

评价：其一，具有调研员选择余地大、简便易行、费用少等优点。其二，有时存在选择样本容易偏向某一类型而忽视其他类型的缺点。例如，问收入时偏向问男士。其三，调研不够深入。例如，上例就无法知道50岁以上、收入6 000元以上的女性是怎么消费的。

（2）相互交叉控制配额抽样。这是普遍采用的方法。在学习配额抽样技术中应重点加以掌握。

1）相互交叉控制配额抽样的要义。它又称非独立控制配额抽样，是总体按照两个或两个以上标志进行分类,然后根据总体的特点和调研要求人为分配各类需调研的样本数目的调研方式。与独立控制配额抽样比较,不同在于样本要求同时具有交叉控制特征。规定被调研对象必须同时具有两种或两种以上特性并分配相应的调研样本数额,例如,40 岁以上、收入 6 000 元以上的女性的消费情况。

2)相互交叉控制配额抽样样本配额的方法。一是总体按照两个或两个以上标志分类;二是以各类单位数在总体单位数中所占比例乘以调研样本总量的结果为基础,并结合调研对象特点和意图进行适度调整确定,最好是结合制定配额分配表分配各类相应的调研样本数额。

> **小案例**
>
> **例 1** 某市进行商业网点销售状况调研,以商业网点所处地域、商业网点性质是批发或零售和规模为控制特征进行配额调研,$n=30$ 家。地域比例:中心区占 42.5%,中间区占 41.5%,边缘区占 16%。性质比例:批发占 10%,零售占 90%。企业规模比例:大型占 5%,中型占 50%,小型占 45%。具体配额分配情况如表 3-6 所示。
>
> 表 3-6 配额分配情况
>
> | 区域 \ 性质 \ 规模 | 大型企业 5% | | 中型企业 50% | | 小型企业 45% | | 小计 |
> | --- | --- | --- | --- | --- | --- | --- | --- |
> | | 批发 10% | 零售 90% | 批发 10% | 零售 90% | 批发 10% | 零售 90% | |
> | 中心区 42.5% | | 1 | 1 | 6 | 1 | 4 | 13 |
> | 中间区 41.5% | | 1 | 1 | 6 | 1 | 4 | 13 |
> | 边缘区 16% | | | 1 | 1 | 1 | 1 | 4 |
> | 合计 | | 2 | 3 | 13 | 3 | 9 | 30 |
>
> 表 3-6 的设计可以有很多形式。分配结果基本上是以各类型单位在总体中所占比例为基础计算出来的,然后再进行调整确定。具体可以先从横向区域开始,先分区域。中心区一共分 $30 \times 42.5\% = 12.75$ 家,中心区是商业旺地,往上调整取 13 家;中间区同理;其余为边缘区 4 家。然后,再从企业规模入手,先从比较重要的大型企业开始,$13 \times 5\% = 0.65$(家),由于大型企业的地位应选 1 家;再分给比例大的中型企业,$13 \times 50\% = 6.5$(家),考虑到中型企业经营地位重要,所以往上取 7 家;这样,剩余的 5 家应归给小型企业。接着再对大型企业按性质进行分配,由于配额有限,一般情况的调研应将配额分给零售企业;然后分配中型,7 家中型企业从企业性质入手分配配额,先分给零售企

业，7×90% = 6.3（家），本例中考虑到中型的批发企业也很重要，所以，将中型零售企业少取，调整为 6 家；剩下的 1 家分配给中型批发企业。类推可以知道小型企业的分配配额。这里要说明的是，调整过程中应遵循合理的原则；在配额过程中还可以有很多方案；还有些类别没有配额，是因为总的调研样本数量比较少，在加大调研样本数量下就能更好地兼顾各种类别了。

例 2 将上例调研改为 $n = 200$ 家。地域比例：中心区占 42.5%，中间区占 42.5%，边缘区占 15%。性质比例：批发占 10%，零售占 90%。企业规模比例：大型占 5%，中型占 50%，小型占 45%。具体配额分配情况如表 3-7 所示。

表 3-7 配额分配情况

规模 性质 区域	大型企业 5%		中型企业 50%		小型企业 45%		小计
	批发 10%	零售 90%	批发 10%	零售 90%	批发 10%	零售 90%	
中心区 42.5%	1	4	4	39	3	34	85
中间区 42.5%	1	4	4	39	3	34	85
边缘区 15%	1	1	2	13	2	11	30
合计	3	9	10	91	8	79	200

在分配时主要考虑到大型企业的地位，并注意对批发和零售多加兼顾。

3）相互交叉控制配额抽样方式的评价。由于在配额分配过程中能兼顾各种类别，所以能做到调研面比较广；另外，调研的样本具有交叉的属性，所以样本的代表性比较强，调研比较深入。例如，上例 1 通过调研就可以了解到在城市中心区从事零售企业的经营状况。

4．配额抽样方式的工作程序

它一般可以分为 4 个步骤。

第一步：确定控制特征。调研者可事先根据调研的目的和对象的情况，确定调研对象的控制特征，作为总体的划分类别标准，如采用年龄、性别、收入、文化程度等作为消费者调研的控制特征。

第二步：根据控制特征对总体进行分层，以各层个体数占总体的个体数计算出各层占被调研总体的比例。

第三步：进行配额分配，确定每层的调研样本数量。各类样本配额比例以各类单位在总体中所占比例为基础计算，然后再进行调整确定。

第四步：由调研人员选择样本进行调研。在各层抽样数目确定后，调研者就在确定的样本配额限度内按要求任意来选择样本进行调研。

> **小知识** **配额抽样与分层随机抽样的比较**
>
> ① 相似的方面,都要事先对总体中所有单位按其属性、特征分类;然后,按各个控制特征,分配样本数额。② 区别的方面,分层随机抽样是按随机原则在各层内抽取样本,而配额抽样则是由调研者在配额内主观判断选取样本。同时,确定各层样本数量的方式不同。分层随机抽样是按照比例或最佳抽样方式确定各层样本数量的;配额抽样则是以各层个体数的比例为基础适度调整人为确定的。

> **小知识** **配额抽样与判断抽样中的典型抽样的比较**
>
> ① 抽取样本的方式不同。配额抽样是从总体的各个控制特征的层次中抽取若干个样本;而典型抽样一般是从总体的某一个层次中抽取若干个符合条件要求的典型样本。② 抽样样本本质要求不同。配额抽样注重"数量"的分配;典型抽样则注重"性质"的分配。③ 抽样方法不同。配额抽样方法(如相互控制配额)比较复杂精密;典型抽样的方法简单、易行。例如,调研广州市200家商品流通企业的经营状况,配额抽样可以是按原有的大型、中型、小型规模结构,将200家样本分配(交叉控制下要计算调整分配)到各类企业要调研多少家;典型抽样则可按经营的好、坏和一般选择样本,选良好、不良或一般作为样本。

5. 配额抽样方式的评价

(1)代表性高,是非随机抽样方式中最流行的方式。
(2)容易操作、省费用、效率高、代表性较强、应用广泛。
(3)调研者可以自由选择样本,无须进行太多的事前准备。
(4)容易补选样本。
(5)无总体抽样框也可以用这种方法。
(6)样本是主观判断,容易发生选择上的偏差,不能估计抽样误差。

3.7.4 固定样本连续抽样

有许多的市场现象是不能一时半会儿就调研得出好的认识的,需要比较长时间的调研收集资料来研判才能认识清楚。例如,附近新开的一家奶茶店的经营，需要假以时日才能知道开店是否成功，把调研对象固定下来，进行连续的调研。

1. 把握固定样本连续抽样的要义

固定样本连续抽样调研是把选定的样本单位固定下来，长期进行调研的一种方式。例如，进行住户的家庭月消费支出的调研，就是把随机或非随机确定的调研家庭选定后开展一个月或某一时间段的连续调研。

2. 认识固定样本连续抽样的特点

这种抽样调研方式的调研对象稳定，可以及时、全面取得各种可靠的资料，具有费用低、效果好的优点，在市场调研中也是普遍采用的一种较好的方式。固定样本连续抽样调研方式最明显的缺点，是被调研者要登记记录的工作量比较大，较难长期坚持。

3. 关于样本轮换的问题

为了保证样本的代表性和资料的连续性，又能减轻被调研者的负担，通过采用样本轮换的办法，既可以减少样本变来变去增加的误差，又可以保证资料质量的稳定性和减轻部分被调研者的记录负担。具体可在连续调研过程中，每隔一定时期就部分（大约为1/4）轮换被调研者。

4. 具体操作程序

（1）按照调研目的的要求选定固定样本对象。具体可以采用适合的抽样方式，如简单随机抽样、分层随机抽样、系统随机抽样和非随机抽样中的各种方式。

（2）对被调研者进行必要的培训，如该如何填写表格以及应注意哪些事项等。

（3）固定的样本对象按要求每天详细记录需要调研的内容。例如，家庭月消费调研的被调研家庭，每天都要记录收支流水账；被调研零售企业每天要记录营业账；产品使用被调研者每天要记录产品的使用情况；等等。

（4）由调研人员定期收集各个被调研者记录的材料，并进行汇总、整理、分析，得出有关的结论。

（5）对固定被调研者每隔一定时间进行访问，了解被调研者的记录情况，并给予具体指导，发现问题及时纠正，保证资料的真实性。访问的具体方式可定期也可不定期进行。

（6）定期召开被调研者座谈会听取意见，解决调研中发现的问题，以改进工作，提高调研质量。

> **小知识**　　　　　　**与定项典型调研的比较**
>
> 　　固定样本连续抽样调研方式在典型调研中曾提及,即可以选择定项典型进行典型调研,就是说如果所调研的项目的发展过程波动性比较大,不稳定因素比较多,需要较长时间进行连续深入观察时,选取一个或几个固定对象并作为典型连续调研。
>
> 　　定项典型调研主要是从调研的形式和样本角度来要求(样本必须是某类的典型)。固定样本连续抽样调研主要是从形式上来要求(样本的确定可以是随机和非随机方式)。两者侧重是不同的。

3.7.5　滚雪球抽样

1. 把握滚雪球抽样的要义

以滚雪球的方式抽取样本,即以少量样本单位为基础,并通过这少量样本的逐步延伸以获取更多样本单位,直至达到调研要求的样本数量。例如,某企业想进入较陌生的广东惠州市市场,可以通过行业内的朋友介绍逐步延伸到获取所需的数量,并向他们了解惠州市的市场情况。

2. 滚雪球抽样方式的运用前提

(1) 虽然对总体的情况不是很了解,但能对总体的部分单位情况有些把握。例如,想进入广东中山市场或湖南长沙市场或湖北武汉市场,首先要有圈内的朋友或能信任并能介绍新朋友的朋友。

(2) 样本单位之间必须具有一定的联系,即第一层的样本能有能力介绍好的新样本。

3. 滚雪球抽样的步骤

(1) 采用随机或非随机抽样确定少数样本。
(2) 借助样本确定更多的样本。
(3) 一直重复直至获取达到数量要求的样本。

注意:除第一步可以采用随机或非随机抽样外,以后各步都应采用非随机抽样方式。例如,调研100名保姆,了解他们与雇主之间的关系,先访问3名保姆,再由他们介绍更多的保姆,直至达到调研100名保姆。

4. 滚雪球抽样方式的评价

滚雪球抽样的优点主要体现在能有针对性、较准确地确定被调研者,这主要是由于层与层样本之间存在比较密切的关系;其局限性主要是要求样本必须有联系性，否则无法达到要调研的样本数量。

【练习】

1. 非随机抽样调研技术主要包括哪些调研方式？
2. 非随机抽样技术有什么特点？

【训练】

结合所在学院对老师或同学们的运动时间进行非随机抽样调研。

实施任务 3.7　结合具体项目确定应运用的非随机抽样方式

1. 任务组织

（1）学习小组先结合选定的调研专题进行讨论，拟定自己小组调研方案所选定的具体的非随机抽样方式。

（2）老师组织小组之间进行交流，对各小组结合实际项目选定的非随机抽样方式进行相互讨论和交流，老师负责说明和决策。

（3）学习小组将完善的非随机抽样方式设计方案提交老师评定。

2. 任务要求

（1）每位同学都要积极参与，发表自己的观点，提出自己所选择方式的方案。

（2）调研方案所选定的具体非随机抽样方式必须紧密结合实际，具体应注意明确四个方面的问题：选择该非随机抽样方式的理由；采用该非随机抽样方式是否能满足调研的要求；采用该非随机抽样方式的结果是否比其他非随机抽样方式理想；具体对该非随机抽样方式的基本操作程序进行细化说明。

（3）必须将方案设计结果用电子文本和纸质文本的形式上交老师。

小知识　　市场调研方式小结

市场调研的样本组织基本方式包括两大类，一类是普查，另一类是抽样调研。一般情况下都采用抽样调研的样本组织方式。抽样调研方式具体又分为随机抽样调研与非随机抽样调研两类。而随机抽样方式又包含了简单随机抽样、分层随机抽样、分群随机抽样、等距随机抽样、多级多阶段随机抽样5种主要方式；非随机抽样又包含了任意抽样、判断抽样、配额抽样、固定样本连续抽样和滚雪球抽样5种主要方式。

学习指导

1. 学习建议

本项目是市场调研的核心项目,在学习中要逐个问题领会和掌握。本项目主要是围绕在市场调研的样本组织活动中,可以通过5种随机抽样和5种非随机抽样技术确定要调研的个体单位来展开,大家要熟练掌握每一种技术运用的方式方法,特别是在什么情况下比较适用,并注意通过相互之间的比较来区别和加深认识。同时还要注意,方式之间只有更适用而不是不能用。本项目还着重对随机抽样技术进行了说明,包括抽样误差的计算、利用样本推论总体时所采用的点估计和区间估计、样本容量的计算等核心问题。大家要多思考并通过一定的练习和训练来巩固知识、提升能力。

2. 学习重点与难点

重点:掌握好10种抽样技术

难点:抽样误差的计算、推论总体、样本容量的计算

核心概念

普查　抽样调研　随机抽样　非随机抽样　抽样误差　个体误差　置信区间　样本容量

课后思考与练习

1. 单项选择题

(1) 市场调研的判断抽样包括(　　)调研。
　　A. 重点抽样　　B. 配额抽样　　C. 滚雪球抽样　　D. 任意抽样

(2) 随机抽样是按照(　　)概率抽样的。
　　A. 相等　　B. 不等　　C. 变化　　D. 不完全固定

(3) 非随机抽样是按照(　　)决定样本的。
　　A. 人为　　B. 配额　　C. 概率　　D. 计算

(4) 核心对象的调研适宜采用(　　)调研。
　　A. 分层随机抽样　　　　　　B. 滚雪球抽样
　　C. 重点抽样　　　　　　　　D. 简单随机抽样

(5) 分群随机抽样抽取的单元是(　　)。
　　A. 总体　　B. 个体　　C. 样本　　D. 群

(6) 记者进行采访经常采用的是(　　)调研。

　　　　A. 重点抽样　　　B. 典型抽样　　　C. 分群抽样　　　D. 分层抽样
（7）总体内个体之间的差异称为（　　）。
　　　　A. 离差　　　　　B. 偏差　　　　　C. 母体幅度　　　D. 方差
（8）家庭月消费调研属于（　　）调研。
　　　　A. 固定样本连续抽样　　　　　　　B. 分群抽样
　　　　C. 重点抽样　　　　　　　　　　　D. 简单随机抽样

2. 判断题

（1）抽样调研下个体作为样本的概率都是相等的。（　　）
（2）随机抽样技术比非随机抽样技术的效果好。（　　）
（3）抽样调研的误差可以精确计算。（　　）
（4）分层随机抽样的每一个体作为样本的概率相同。（　　）
（5）配额抽样是人为分配各类样本的。（　　）
（6）样本容量必须受到调研费用的限制。（　　）
（7）母体幅度越大，相对的样本容量越大。（　　）
（8）有时等距抽样的误差比分层抽样还要小。（　　）
（9）非随机抽样必须要有抽样框。（　　）
（10）分群抽样下群内的偏差小，群与群之间的偏差大。（　　）
（11）抽样调研都可以进行总体的估计。（　　）
（12）一般的调研都是采用随机抽样方式。（　　）
（13）滚雪球抽样可用于新市场的商圈调研。（　　）
（14）调研某商场的顾客可以采用随机调研的方式。（　　）
（15）调研广州市市民对广州的评价最快的方式是用多级多阶段随机抽样调研。（　　）
（16）调研企业产品质量最好用判断抽样调研。（　　）

3. 简答题

（1）为什么要求计算估计总体时必须用随机抽样调研？
（2）为什么并不是样本量越大越好？
（3）如何理解影响抽样调研误差的因素？

4. 计算题

（1）假设某地 $N=100\,000$ 人，$n=1\,000$ 人；分层时按教育程度和性别将总体分为 6 层；N 中大专及以上占 50%（其中男性占 60%）；高中和中专占 20%（其中男性占 50%）；初中占 30%（其中男性占 50%），请按比例求各层样本。

（2）假设某地 $N=100\,000$ 人；$n=1\,000$ 人；按教育程度将总体分为3层，N 中大专以上占 50%，高中和中专占 30%，初中占 20%；已知 $S_1=10$、$S_2=30$、$S_3=40$。请：① 计算分层比例抽样下各层样本数；② 计算分层最佳抽样下各层样本数；③ 分析说明各层样本数的变化。

（3）某商场对消费者进行调研，采用配额抽样方法确定样本，设有性别、收入、年龄3个控制特征。按性别分，男性和女性分别占 45%、55%；按收入分，高收入层、中收入层和低收入层所占比例分别为 10%、20% 和 70%；按年龄分，青年人、中年人和老年人所占比例分别为 20%、30% 和 50%。共抽取100名消费者，请编制配额分配表。

（4）调研某企业职工每月的平均可支配收入，该企业有职工 4 000 人，调研样本为 400 人。已知该企业职工收入的方差为 10 000 元。计算：① 重复抽样下的抽样误差；② 不重复抽样下的抽样误差。

（5）某地调研当地职工的每月消费支出，按不重复单纯随机抽样方式共调研100人。已知职工消费支出标准差为 90 元，当地有职工 800 人，求在置信度为 95.45% 下的置信区间。

（6）某地调研当地职工的每月消费支出，按不重复单纯随机抽样方式共调研100人。已知职工消费支出方差为 6 400 元，当地有职工 800 人，求：① 在置信度为 95.45% 下的置信区间；② 在置信度为 99.73%，极限误差不超过 20 元下需要的样本数量。

案例分析

丽人化妆品公司为了调研了解当地企业职工的化妆品消费水平，选定了一家大型企业作为企业代表进行调研。将该企业的500名女职工按收入水平进行分层。具体分层情况如表3-8所示。

表3-8　500名女职工收入水平分层情况

收入水平分组/元	人数	比例（%）
3 000 以下	50	10
3 000～4 000	100	20
4 000～5 000	200	40
5 000～6 000	100	20
6 000 以上	50	10
合计	500	100

计划调研100名职工（分层的样本容量计算不再专门介绍）。先按照比例进行了样本计算分配，如表3-9所示。

表 3-9　100 名女职工样本数按收入水平分层分配情况

收入水平分组 / 元	比例（%）	样本数 / 人
3 000 以下	10	10
3 000 ~ 4 000	20	20
4 000 ~ 5 000	40	40
5 000 ~ 6 000	20	20
6 000 以上	10	10
合计	100	100

调研得出的各层女职工化妆品月支出平均值和标准差如表 3-10 所示。

表 3-10　各层女职工化妆品月支出的平均值和标准差

收入水平分组 / 元	样本数 / 人	平均支出 / 元	标准差 / 元
3 000 以下	10	30	10
3 000 ~ 4 000	20	60	20
4 000 ~ 5 000	40	100	20
5 000 ~ 6 000	20	150	30
6 000 以上	10	200	50

经加权计算得出总体样本的加权平均月化妆品支出为：

$30 \times 10\% + 60 \times 20\% + 100 \times 40\% + 150 \times 20\% + 200 \times 10\% = 105$（元）

经加权计算得出加权标准差为：

$10 \times 10\% + 20 \times 20\% + 20 \times 40\% + 30 \times 20\% + 50 \times 10\% = 24$（元）

经计算抽样误差 $\mu_{\bar{x}} = \sqrt{S^2/n} = S/\sqrt{n} = 24/\sqrt{100} = 2.4$（元）

按照把握程度 95.45% 确定出总体的置信区间：（$105 - 2 \times 2.4 \leq \bar{X} \leq 105 + 2 \times 2.4$），即 [100.2，109.8]。

【案例分析要求】结合案例认识与思考下面的问题：

1. 分析该企业采用分层随机抽样的可行性。
2. 分析评价该企业职工的消费水平。

项目 4 | Project 4

设计市场调研问卷

学习目标

知识目标

1. 掌握市场调研问卷设计的格式要求
2. 掌握问卷设计中各要素设计的要求

能力目标

1. 能按照市场调研问卷设计的要求，结合调研项目分析设计各个部分
2. 能结合实际的市场调研项目设计出符合要求的、完整的市场调研问卷

项目介绍

市场调研活动要调研什么内容必须有的放矢地进行，调研问卷就是开展市场调研活动的基本工具。完善的市场调研问卷可以使调研的资料更加符合要求，从而为深入分析提供条件。本项目是课程的重要项目之一，也是开展市场调研活动的核心能力之一，所以应认真学习掌握。学习内容包括问卷的格式设计、标题设计、问候语设计、编码设计、甄别部分设计、题目设计、答案设计以及问卷的作业情况记录及结尾设计的知识和能力。本项目学习的难点在于问候语的设计和问卷题目的设计，学习时应通过多加练习来掌握。

任务 4.1 设计调研问卷的封面

4.1.1 调研问卷封面设计基础

1. 设计调研问卷封面的意义

正如调研方案的设计一样，一些比较大型的调研项目，调研的问题比较多，可以考虑增加设计调研问卷的封面，显得更加正规。

2. 调研问卷封面设计的要素

调研问卷封面设计一般可以融入标题、问卷编码、问卷作业情况记录、访员保证等要素。

(封面) 广州市天河区粤垦路居民家庭月消费支出大约情况问卷

问卷编码

一审　　二审　　复核　　编码　　录入

访员保证

我保证本问卷所填制的各项资料，绝对真实可靠，若出现虚假，本人承担对金诚公司造成的损失。

访问员（签名）_____

4.1.2 调研问卷封面设计的要点

1. 注意设计的基本样式

问卷封面设计可以按照标题、编码、问卷作业情况记录、访员保证这样的顺序来设计。

2. 访员保证设计

访员保证一般设计在问卷封面的前面部分，紧接在"问卷作业情况记录"之下，主要是明确访问人员的责任，敦促访问人员如实地完成问卷的调研资料收集。

4.1.3 设计时要注意的问题

要注意的是，虽然设计问卷封面的意义是明显的，但有的调研内容比较简单，并不强调要设计封面，可以考虑将"问卷作业情况记录"部分的设计内容设在正式问卷标题之下的栏头位置，"访员保证"部分也设计在它们之下作为紧随部分，其后可以考虑设计"问候语和说明"部分。

> （正式问卷） 广州市天河区粤垦路居民家庭月消费支出大约情况问卷
> 　　　　　　　　　　　　　　　　　　　问卷编码
>
> 一审　二审　复核　编码　录入
>
> > 访员保证
> > 我保证本问卷所填制的各项资料，绝对真实可靠，若出现虚假，本人承担对金诚公司造成的损失。
> >
> > 　　　　　　　　　　　　访问员（签名）_____
>
> 问候语和说明设计

实施任务 4.1　结合具体项目设计调研问卷的封面

1. 任务组织

（1）学习小组先结合所选定的调研专题进行讨论，拟定自己小组调研问卷的标题。

（2）老师组织各个小组之间进行交流，对各小组结合实际项目设计的调研问卷的封面进行相互讨论和交流；老师负责说明和决策。

（3）学习小组将完善好的调研问卷的封面结果提交老师进行评定。

2. 任务要求

（1）每位同学都要积极参与，分别提供自己的问卷封面并进行小组内部的讨论。

（2）应掌握好问卷封面设计的两个要点的具体要求。
（3）必须将最后结果用电子文本和纸质文本的形式上交老师。

任务 4.2　设计调研问卷的标题

4.2.1　调研问卷标题设计基础

1. 设计调研问卷标题的意义

问卷标题是反映开展当次市场调研活动的中心主题。鲜明的市场调研标题能使被调研者一接触就清楚所调研的内容，并被吸引而接受调研。

2. 调研问卷标题设计的要点

设计一个好的问卷标题的要点主要包含以下 3 方面。

（1）市场调研问卷的标题，应设计为简单明确的形式，不要冗长繁复。

（2）标题的一般元素应包括调研对象、调研内容、调研问卷。例如，"广州市天河区居民家庭汽车消费行为的调研问卷"。

（3）标题的形式可以是单式或复合式标题。一般采用单式标题；复式标题常在比较复杂的、较大的项目调研中采用，总标题反映调研的大方向，小标题反映调研的较具体的方向。

4.2.2　拟定标题的具体要求

具体在拟定标题时有如下几个方面的要求。

（1）简明扼要。例如，"20×× 年 ×× 公司对消费者关于化妆品月消费支出的深入调研"，这样的标题显得过长，使被调研者阅读或听起来或者调研者解读起来非常费劲。应将没有必要的内容去掉，可以改为"化妆品月消费支出的调研"，这样就显得简明又清晰。

（2）不要直接用"市场调研问卷"当标题。这样的标题使被调研者无法直接知道调研的主题。

（3）形式可以多样，具体有如下几种。

1）通过恰当的表述增强调研的吸引力。例如，对大学生月消费支出的调研，把标题改为"对'天之骄子'月消费支出的调研"或"对充满活力的大学生生活的调研问卷"，能增强对被调研者的吸引力。

2）必要时可采用复合标题。对于调研范围比较大的问题或调研属于系列化的问题，可以采用复合标题的形式。例如，广州市居民社会生活调研——出行方面的调研。由于居民社会生活的调研涉及诸多方面，可以通过系列调研分开进行，其中居民出行方面的调研可以独立作为专题来进行。

实施任务 4.2　结合具体项目设计调研问卷的标题

1. 任务组织

（1）学习小组先结合选定的调研专题进行讨论，拟定自己小组调研问卷的标题。

（2）老师组织各个小组之间进行交流，就各小组结合实际项目设计的调研问卷标题进行相互讨论和交流，老师负责说明和决策。

（3）学习小组将完善的调研问卷的标题设计方案提交老师评定。

2. 任务要求

（1）每位同学都要积极参与，分别提出自己的问卷标题并进行小组内部的讨论。

（2）应掌握好问卷标题设计的3个方面的具体要求。

（3）必须将最后结果用电子文本和纸质文本的形式上交老师。

任务 4.3　设计调研问卷的问候语和问卷说明

4.3.1　对问候语和问卷说明设计要求的认识

为了引起被调研者对所调研的问题的兴趣和重视，激发被调研者的参与意识并消除一些疑虑，争取得到被调研者的更好的合作，可以在一开始接触被调研者时就通过一个情真意切、简明扼要的说明，赢得被调研者的合作。

4.3.2　应设计的主要内容

1. 问候语设计

问候语设计要求用亲切措辞拉近与被调研者的距离，用"您好"而不用"你好"，更不能没有这一设计直接就开始提问。还可以结合所问的对象是男生还是女生来设计问候语，如"先生/女士，您好"。有时还可以考虑当地习惯用语，通俗一点来设计问候语，如"靓仔/靓女，您好"。

2. 问卷说明设计

问卷说明主要应设计的内容包括介绍自己的身份、说明调研的目的、说明对方提供资料的重要性、消除对方的顾虑（如保密等）、一些回答的要求等。

4.3.3　设计的要求

（1）问候语的语气应该亲切、诚恳、有礼貌。

（2）问卷说明要交代清楚调研目的以及被调研者提供资料的重要性。
（3）不能拖沓冗长，以免引起被调研者的反感。
（4）对于自填式问卷还可以通过说明，规范被调研者对问卷的回答，以及消除填写时的顾虑。

小案例　　　　　**某调研问卷的问候语和说明**

您好！

　　我是××公司的调研员，想了解您对美容护理方面的看法，为这一行业的发展提供帮助（请您回答时选择对的答案直接在［　］处打钩；问答题可自由回答）。谢谢您的帮助！

××公司
××年×月×日

实施任务 4.3　结合具体项目设计调研问卷的问候语和问卷说明

1. 任务组织

（1）学习小组先结合选定的调研专题进行讨论，拟定自己小组调研问卷的问候语和问卷说明。

（2）老师组织各个小组之间进行交流，就各小组结合实际项目设计的问候语和问卷说明进行相互讨论和交流，老师负责说明和决策。

（3）学习小组将完善的问候语和问卷说明设计方案提交老师评定。

2. 任务要求

（1）每位同学都要积极参与，提出自己设计的问候语和问卷说明并进行组内讨论。

（2）应掌握问候语和问卷说明设计的 4 个要求。

（3）必须将最后的结果用电子文本和纸质文本的形式上交老师。

任务 4.4　设计调研问卷的编码

4.4.1　认识问卷编码的意义与内容

编码的意义是为了方便在调研资料分析整理阶段，登录并运用计算机做统计分析。

问卷编码的内容主要包括：① 每份问卷须编号，即在问卷最右侧设"统计编码或问卷编码"；② 可对每一调研项目（大类）进行编码，如被调研者的基本特征可以作为一个大类用代码代表，而事实性问题、行为性问题又可以作为一个大类用代码代表等；③ 每一个问题的题目最好是用各题目的序号编码；④ 对各备选答案亦须编码。

4.4.2 掌握问卷编码的方式与形式

问卷编码按工作方式来划分，可以分为事前编码和事后编码。前者是指在问卷设计时就进行编码工作；后者是指问卷收回后进行编码工作。事后编码，如在一些开放式问卷和封闭式问卷答案中"其他"选项的编码。

问卷编码的形式多种多样，可以用英文字母或数字或两者的结合来进行编码，一般来说，应做到简单明了，并非越复杂越好。

实施任务 4.4　结合具体项目设计调研问卷的编码

1. 任务组织

（1）学习小组各成员先分头结合选定的调研专题提出自己的编码方案，然后小组内进行讨论，拟定出自己小组最后的编码方案参与老师组织的讨论。

（2）老师组织小组之间进行交流，就各小组结合实际项目拟定的编码方案进行相互讨论和交流，老师负责说明和决策。

（3）学习小组将完善的编码设计方案提交老师评定。

2. 任务要求

（1）每位同学都要积极参与，提出自己的编码方案。
（2）掌握问卷编码的内容。
（3）必须将最后结果用电子文本和纸质文本的形式上交老师。

任务 4.5　设计调研问卷的甄别部分

4.5.1　问卷甄别部分的意义及内容

1. 问卷甄别部分的意义

调研时为了得到目标对象的资料，有必要筛除与调研目标对象不符的对象。也可以将一些对调研事项有舆论影响的直接关系人筛除。

2. 常见的问卷甄别内容

常见的问卷甄别内容主要包括：

（1）年龄。先通过询问年龄，将不符合的对象剔除。例如，老年人月消费支出，年龄不能小于 65 岁，否则便终止访问。

（2）特殊对象。看调研对象及其家人的工作性质。如果调研对象或其家人在广告、市场调研、咨询、电视、广播、报纸等媒介机构或相关行业工作则一般不作为调研对象。因为这些对象属于舆论制造者，和一般的被调研者不同。

（3）收入。收入达到某一水平的对象才作为调研对象。

（4）职业。职业为某一行业的对象才作为调研对象。

（5）学历教育水平。学历达到某一层次要求才作为调研对象。

（6）家庭。看家庭人口、收入、家庭生命周期等。

（7）企业。看企业所处行业、企业经营业绩、企业规模、企业所有制等。

（8）其他。例如，协会、组织等。

这里还要说明的是，调研消费者的某种消费行为，往往会有的存在有的不存在，一般会对存在的情况做比较深入的调研。例如，调研消费者购买欧莱雅化妆品（或碧柔男士洗面乳），有的买有的没买，一般如果问到没有买的对象，则问完"买了什么、为什么没买"后停止调研，而主要还是对购买的对象进行深入的调研。要注意，对问卷问题提问对象做出说明（如本题及以后的问题，没有购买的对象无须回答或者注明终止提问），从广义上来说，这实际上也是一种甄别。

4.5.2 甄别的形式

甄别的形式主要有两种：一种是独立的形式，设置专门的卡片进行询问，当遇到不合适的对象时，则停止调研，合适的才利用问卷进行调研；另一种是在问卷中设置题目，当问到被调研者不具有某种行为时，就停止后续不相关问题的调研。例如，调研消费者购买使用 iPhone 的情况，当问到没有购买的消费者，就可以在调研"买了什么、为什么没买"等问题后，停止对购买使用 iPhone 的相关问题的调研。

实施任务 4.5　结合具体项目设计调研问卷的甄别部分

1. 任务组织

（1）学习小组各成员先分头结合选定的调研专题提出自己的甄别设计方案，然后小组内进行讨论，拟定出自己小组最后的甄别设计方案参与老师组织的讨论。

（2）老师组织小组之间进行交流，对各小组结合具体项目拟定的甄别设计方案进行相互讨论和交流，老师负责说明和决策。

（3）学习小组将完善的甄别设计方案提交老师评定。

2. 任务要求

（1）每位同学都要积极参与，提出自己的甄别设计方案。

（2）注意甄别的内容主要应从被调研者的特性出发，并利用表格等形式一一说明。

（3）必须将最后结果用电子文本和纸质文本的形式上交老师。

任务 4.6　设计调研问卷的题目

4.6.1　问卷中问题的主要类型

问题按是否界定答案可分为开放式问题、封闭式问题和混合式问题 3 种。

1. 开放式问题

只设问题，不设完全固定的答案。例如，在消费调研中询问消费者对广州市天河购物中心的评价，由消费者按照自己的认识进行回答。

2. 封闭式问题

设定的问题已设定好可供选择的答案，被调研者只需在给定的答案中选择。例如，在消费者汽车购买行为的调研中设问：您是不是已经购买了汽车？答案：A. 是；B. 不是。

3. 混合式问题

问题对应的答案由两部分组成，即固定答案和不固定答案。例如，在消费者汽车购买行为的调研中提问：您是不是喜欢国产汽车？答案：A. 是或不是；B. 为什么？

4.6.2　问卷问题表述的一般方法

1. 简单询问法

一般采取直接询问的方法。例如，请问您的职业是什么？对方可以直接回答所从事的职业。

2. 简单陈述法

先表达一个观点，然后再进行询问。例如，教师职业前景越来越好，您认为呢？对方在回答时要陈述对该观点的具体看法。

3. 释疑法

对于较敏感的问题，问题设定中先消除被调研者的疑虑，再提出具体的问题。例如，职工享有得到社会保障的权益，您所在企业的情况如何？

4. 假定法

假定被调研者具有一定的条件，然后再提出具体的问题。例如，假如您的收入提高到 6 000 元，您最想购买什么商品？

5. 转移法

问题中可以先提出他人的看法，再请被调研者做出评价，从而得出被调研者的态度意见或评价。例如，有人认为高职教育理论很重要，而有的人认为不重要，您同意哪一种观点？

6. 情景法

设计与调研内容相关的情景，如视频、图片、文字描述的情景，而且将调研的意图隐藏起来不直接显现，只要求被调研者分析回答所见的情景问题，并使被调研者在不易觉察中将自己的观点表达出来。例如，一位很时髦的青年女子到商场购物时要求售货员打折，您认为售货员会怎么办？可以通过被调研者的回答，了解服务意识的意图。

7. 投射法

有时调研活动的目的是要掌握被调研者的内心世界深层次的想法，但一般的调研题目难于问到结果，可以借用投射法，该法是心理学上通过人们的心理映照来测量人格的一种方法。具体的做法是：将一些刺激情境展示给被试者，根据被试者的反应判断其人格类型和心理特征。在市场调研中，可以通过一些词语、句子、图画、角色扮演让被调研者完成指定要求，在完成过程中被调研者的想法被投影下来。这种方法采用无结构、非直接的询问方式，适用于深入敏感问题的调研。投射法具体有下面 4 种类型。

（1）词语联想法。提一些刺激词语让被调研者说出或写出联想的东西。具体又有如下几种方法。

1）自由联想法。问句中只提供相应的字词，让对方充分发挥联想。这是一种"刺激词语 + 不限制联想"的方法。例如，当您听到下面的词时，您想到的是什么？商场_____；茶_____。

2）控（限）制联想法。问句中提供相应的刺激字词和修饰限定词，让对方在一定范围内发挥联想。这是一种"刺激词语 + 控制联想范围"的方法。例如，形象最好的商场是_____。

3）引导联想法。问句中提供相应的刺激字词和引导限定词，让对方在一定范围内发挥联想。这是一种"刺激词语＋联想提示"的方法。例如，请您谈一谈最近在广州市天河区粤垦路新开张的商场。此法多用于对商品名称、企业名称等命名调研或名称测试。

（2）完成技法。

1）句子完成法。由被调研者完成不完整句子。例如，一般人买洗发水最看重的是_____。

2）故事完成法。故事完成法又称续成故事法，即提出一个能引起被调研者的兴趣但未完成的故事。例如，小张和小李去汽车展销会购买汽车_____。

（3）结构技法。常用主题统觉法，让被调研者形成主题。该法由被调研者看一些内容模糊、意义模棱两可的图画后编成故事表述出来，又称图片理解测验法。例如，调研雇主与毕业生关系，看一幅有关图片，图中雇主张开嘴巴说"你还满意吗"，毕业生处空白，让被调研者想象回答。

（4）表现技法。通过被调研者以一定的角色来处理说明一定的事件，将被调研者的意见反映出来。具体方法有以下两种。

1）角色扮演法。请被调研者以他人的角色来处理某件事情。例如，如果您是营业员，您面对打闹的小孩会怎么办？

2）第三者技法。提供一种文字描述或形象化的情景让被调研者将自己的态度与该情景相联系起来并表述观点。例如，您认为营业员面对打闹的小孩会采用的处理方法是什么？

4.6.3 敏感性问题的提问

问卷调研中经常会遇到一些敏感性的问题，如年龄、婚姻、再婚、生育、收入、对单位的评价等，直接询问时容易造成被调研者不愿意回答的局面。在问卷设计时可以采用一些方法进行技术处理，增强调研的效果。具体的方法包括前面问卷问题表述一般方法中提及的以下3种方法，这里再做学习认识。

1. 释疑法

前面也提到对于较敏感的问题，如对单位的评价问题，问题设定时可以通过先消除被调研者的疑虑，再提出具体的问题的技术。例如，市政府提倡市民要有积极参与城市管理的意识，您对市政府的评价和看法如何？再如，社会保险是劳动者的合法权益，请您谈谈您所在单位的情况。对于婚姻问题，也可以用此法。例如，对于现在社会上存在的离婚现象，请您谈一谈看法。

2. 假定法

先假定被调研者具有一定的条件，然后再提出具体的问题，如对于生育方面的调研，可以先假定一定的条件，调研被调研者的看法。例如，假如您结婚了，您想生几个小孩？再如，假如您是一名公务员，您会对政府提意见吗？

3. 转移法

不直接提问，而是要求被调研者评价他人的看法，从而得出被调研者的态度意见或评价。例如，有人认为要先就业后谋业，您同意哪一种观点？

值得注意的是，询问被调研者的收入、年龄等敏感问题时，可以变通运用转移法。例如，在询问收入、年龄时通过将答案设计成相应区间的方式，可以比较好地得到结果。

小案例

题目：请问您的年龄靠近答案中的哪一组？（　　）

答案：A. 20 岁以下　　B. 21～25 岁　　C. 26～30 岁

D. 31～40 岁　　E. 40 岁以上

4.6.4　提问的一些基本技巧和要求

问题提问得好坏，将会直接影响到问题的回答效果。所以提问时还要注意一些基本的技巧。具体来说，要注意如下 14 个方面。

1. 提问要多用亲切的词语

提问时用"您"而不用"你"，表述时为了让被调研者感到亲切，可用"我们"。例如，我们大家都是消费者，应懂得维护消费者权益，请您谈谈应如何维护消费者权益。

2. 问题尽量不要过长

例如，在当今消费不断增长的时代，消费的层次也在不断地增长，请问您对消费的结构变化是怎么看的？可能问题过长，消费者没能看懂问题的中心且容易产生厌烦。再加上问题表述也不够通俗，调研效果会不够理想。

3. 提问不要太直接具体

由于市场现象纷繁复杂，消费行为存在明显的差异性，因此在调研时不要太直接具体地询问，造成被调研者难以回答。例如，您认为夏新电脑是不是最好的？被调研者可能都没有听过夏新电脑，会不好回答，甚至觉得提问无聊、没水平,产生厌烦。同时,也要注意敏感性问题最好不要直接询问。

4. 问题不要太过专业

调研的目的是尽可能将被调研者的情况如实地调研得到,面对太过专业的问题,被调研者可能会不理解而敷衍或不回答,对调研效果造成比较大的影响。例如,您认为市场营销 4C 中哪一项是最重要的?

5. 时间不要太久远

时间太久远的问题,被调研者不一定会记得清楚,这样会造成虚假的回答或难以回答。例如,请问您上个月的哪一天到过广州的天河城?

6. 问题不要涉及难以判断的回答

很多市场现象需要专门的研究或较为关注而有比较多的认识,才能做出好的判断,否则,一般难以进行有把握的判断。例如,广州市天河城是最好的购物中心吗?再如,广州市的楼市将出现拐点吗?这些问题都会使得被调研者很难判断。

7. 要用中性的表述

调研是要被调研者提供他们的情况,而他们的情况可能就与一般的不同。例如,广告是所有企业参与市场竞争的利器,请谈谈您所在企业的广告投放情况。这样的提问具有明显的倾向,应改为直接的提问方式,如改为"请您谈谈您所在企业的广告投放情况"。

8. 不要直接询问让人尴尬的问题

在调研时要注意被调研者的心理感受,尽量不要直接询问被调研者一些不愿意触及的问题,如年龄、婚姻、容貌等,否则,会造成尴尬甚至不愉快,难以实现好的调研效果。例如,小姐,您脸上有雀斑,用什么牌子的化妆品?这种问题戳中了被调研者的痛处,很容易造成不愉快。

9. 不要直接询问被调研者的隐私

每个人都有自己的隐私、认为敏感的问题,都有自己隐秘的一面,往往不愿意完全暴露。人们一般会对家庭比较具体的情况、收入水平、婚姻、年龄这些问题比较敏感,大都会有所保留,所以直接询问,被调研者往往不愿意回答。例如,询问"您结婚了没有""请问您的年龄是多少"等类似的问题,都难以得到好的回答。这些问题在第 3 点和前面敏感问题的提问中也提到过,要加以注意。

10. 不要提没有意义的问题

问卷的调研时间会因为被调研者不愿意花很多时间配合而受到限制,所以题量要合适，每一题都要体现调研的目的。可以在拟调研时多加分析，关键是要从目的出发，分析判断问题的必要性。例如，在广州市居民家庭消费支出调研中询问"您对当前的空气质量感觉怎样""您是不是感觉广州市变漂亮了"等问题。

11. 不要用难于定量的词

调研题目要尽量做到让被调研者好理解、好回答。由于一些程度副词（如经常、常常、很多、很大、很好等）很难计量衡量，容易造成被调研者回答随意或不好回答。例如，您经常到天河城吗？您每月都有很多次外出旅行吗？

> **小案例**
>
> 题目：请问您上个月看电影的次数是多少？（　　　）
> 答案：A.1次　B.2次　C.3次　D.4次　E.5次　F.6次　G.7次或以上

12. 不要用意思不明确的句子

问题要清晰地表达调研的用意，意思不明或者容易造成歧义的问题，这样无疑是难于保证调研效果的。例如，请您随便谈谈对企业形象的认识。这里问到"随便"，被调研者可能有"不重要""可以不谈""不要深入地谈"等的理解，造成调研目的没能达成。

13. 不要用断定性的提问

消费心理具有很强的复杂性，消费行为具有多样性。所以，在开展市场现象的调研时，要注意被调研者是千姿百态的，所以问题不能框定某一种，造成被调研者无法回答。例如，您一定很喜欢旅游，请您谈谈对当前旅游市场的看法。

14. 要注意问题与答案的一致性

答非所问在一些问卷中也会出现，造成被调研者对调研严谨性的诟病、意义的怀疑。所以，在问卷设计中要注意杜绝这样的问题出现。例如，问题是"商品品牌是否需要投资打造"，答案却是"好"和"不好"。

实施任务 4.6　结合具体项目设计调研问卷的题目

1. 任务组织

（1）学习小组各成员先分头结合选定的调研专题提出自己的调研问卷题目

的设计方案，然后小组内进行讨论，拟定出自己小组最后的问卷题目设计方案参与老师组织的讨论。

（2）老师组织小组之间进行交流，对各小组结合实际拟定的问卷题目设计方案进行相互讨论和交流，老师负责说明和决策。

（3）学习小组将完善的问卷题目设计方案结果提交老师评定。

2. 任务要求

（1）每位同学都要积极参与，提出自己的问卷题目设计方案。
（2）运用多种提问方式，使问卷比较有灵气。
（3）必须在同学中进行模拟调研，检查问卷题目设计的可行性。
（4）必须将设计方案用电子文本和纸质文本的形式上交老师。

任务 4.7 设计调研问卷题目的答案

4.7.1 封闭式问题的答案设计形式

1. 二项选择法

针对只有两种可能的答案进行设计。

题目：您是不是已经购买了汽车？

答案：A. 是   B. 不是

2. 多项选择法

被调研者在同时提供的多个答案中选择两个以上的答案。具体还包括排序和不排序的形式。

（1）排序方式下，又分为两种方式，即全排序和部分排序。

1）全排序。全排序是指将所提供的答案按顺序全部进行排列。

【题目】 您购买汽车看重的顺序依次是：A. 价格 B. 性能 C. 外观 D. 产地

答案：D. 产地   B. 性能   C. 外观   A. 价格

2）部分排序。部分排序是指只将回答所选择的部分结果按要求进行排序。

【题目】 您购买商品最看重的三项内容是：A. 质量   B. 价格   C. 品牌   D. 促销   E. 产地   F. 售后服务   G. 性价比

答案：B. 价格   D. 促销   A. 质量

（2）不排序方式下，直接将符合的答案全部选出。

【题目】 您使用过的牙膏品牌包括：A. 中华   B. 美加净   C. 洁银   D. 黑妹   E. 佳洁士   F. 两面针   G. 竹盐   H. 其他

答案：B. 美加净   C. 洁银   D. 黑妹   E. 佳洁士

3. 比较法

常用配对成对比较法，即在多种可能的选择之间进行简单的两两比较。

【题目】 请比较两种饮料哪一种好喝，并在好喝品牌前打"+"号。

答案设计为：A. 健力宝——百事可乐 B. 百事可乐——可口可乐 C. 健力宝——可口可乐 D. 3 种一样。

4. 利克特量表法

利克特量表法适用于测定被调研者对某种事物的态度或看法。方法是由题目设计和答案设计两个部分组成。题目中提出一个完整的观点，拟定若干个不同认同程度的态度量度答案，要求被调研者在态度量度各级中进行选择。很明显，通过此法可以测定出被调研者看待事物的肯定程度。

【题目】 大学教育是素质教育而不是技能培训。

设成 3 级答案：A. 同意 B. 一般 C. 不同意

也可以设成更细的 5 级答案：A. 非常同意 B. 同意 C. 一般 D. 不同意 E. 非常不同意

5. 语义差别法

语义差别法又称 SD 法、奥斯古德量表法、数值尺度法，适用于测定被调研者对某事物对象的评价。做法是由两个部分组成，题目提出评价的对象，答案设计成两个相反的不同评价态度，并在相反的词之间列上程度进度，由被调研者选择他愿意的方向和程度，中间可设计成 5 或 7 个等级。

【题目】 您认为广州百货集团的形象是（   ）。

答案可以设计成 5 个程度等级：

	非常差	较差	一般	较好	非常好
	1	2	3	4	5
或	−2	−1	0	1	2

【题目】 您认为民生银行的信誉是（   ）。

答案可以设计成 7 个程度等级：

	极有信誉	很有信誉	有信誉	一般	没有信誉	很没有信誉	极无信誉
	7	6	5	4	3	2	1
或	3	2	1	0	−1	−2	−3

这里还要注意：答案设计的形式有多种，可以设计在态度评价的旁边，也可以内置在态度评价里。

如果在一份问卷内设计有一连串的同类问题，最好不要每题分开选择，可集中进行简化处理。

例如，您对工商银行各方面的评价是（　　　　）。
答案可以设计成一个组合：
服务热情 7——6——5——4——3——2——1 服务冷淡（　　　）
位置适当 7——6——5——4——3——2——1 位置偏僻（　　　）
时间长　 7——6——5——4——3——2——1 时间短　（　　　）
项目多　 7——6——5——4——3——2——1 项目少　（　　　）

这里再简单认识一下斯塔普尔量表，它是语义差别法改进后的一种形式，也是一种很好地测定被调研者态度的方法。该方法是只设单个评价描述，并直接用数字反映成10个等级。

例如，您对工商银行各方面的评价是（　　　　）。
服务热情　1　2　3　4　5　6　7　8　9　10（　　　）
位置适当　1　2　3　4　5　6　7　8　9　10（　　　）
时间长　　1　2　3　4　5　6　7　8　9　10（　　　）
项目多　　1　2　3　4　5　6　7　8　9　10（　　　）

注意：在调研过程中要对被调研者说明数量等级的意义。

6. 配合法

在题目中要求被调研者把调研对象与提示文句连接起来，以测定被调研者对所述问题的认识。

例如，请您用线连接下面的商品和特征。

太太口服液　　　　1. 美容
美媛春　　　　　　2. 养颜
太阳神　　　　　　3. 营养

7. 项目核对法

列出调研对象的特征，请被调研者评判重要性。
例如，请您选择下面所列汽车特征的重要性程度。

	重要	一般	不重要
外形美观	（　　）	（　　）	（　　）
耗油量小	（　　）	（　　）	（　　）
价格便宜	（　　）	（　　）	（　　）
品牌影响	（　　）	（　　）	（　　）
内饰配置	（　　）	（　　）	（　　）
空间大小	（　　）	（　　）	（　　）
通用性能	（　　）	（　　）	（　　）

8. 数值分配法

数值分配法也称打分法，由被调研者选择有一定代表特性程度的数值，如用 0 ～ 10 分或 0 ～ 100 分之间的数值对被调研者进行打分评价。例如，请您对广州市天环广场品牌的形象进行打分。

4.7.2 开放式问题的答案设计

1. 题目设计的一些补充说明

前面对封闭式题目的设计做了较充分的说明，这里专门对开放式题目设计做 3 点补充说明。

（1）开放式题目不宜过多。主要原因是时间的限制。

（2）一般设计在问卷的最后部分。这样符合问卷设计"先易后难"的原则要求。

（3）形式可以分为完全开放和适度控制开放。

2. 开放式题目形式答案的设计

（1）完全开放。由被调研者完全自由地回答。

（2）适度控制开放。可以采取"投射法"来设计答案，主要采用词语联想法，这样可以使答案得到一定的控制，以便于处理。

例如，题目：请您谈谈对格力空调的看法。

答案设计：

1）制冷方面的看法；

2）外观方面的看法；

3）价格方面的看法；

4）服务方面的看法；

5）性价比方面的看法；

6）广告方面的看法；

7）渠道（购买）方面的看法。

当然，以上答案设计也可以直接融入问题中，让被调研者回答，如"您对格力空调的外观有什么看法"。

实施任务 4.7　结合具体项目设计调研问卷题目的答案

1. 任务组织

（1）学习小组各成员先分头结合选定的调研专题，提出自己的调研问卷题目答案的设计方案，然后小组内进行讨论，拟定出自己小组最后的问卷题目答案设计方案参与老师组织的讨论。

（2）老师组织小组之间进行交流，对各小组结合实际拟定的问卷题目答案设计方案进行相互讨论和交流，老师负责说明和决策。

（3）学习小组将完善的问卷题目答案设计方案提交老师评定。

2. 任务要求

（1）每位同学都要积极参与，提出自己的问卷题目答案设计方案。

（2）结合题目运用多种问卷答案设计方式。

（3）必须将设计方案用电子文本和纸质文本的形式上交老师。

（4）必须在同学中进行模拟调研，检查问卷答案设计的可行性。

任务 4.8　设计调研问卷的作业情况记录及结尾

4.8.1　问卷作业情况记录设计

问卷作业情况记录包括两个方面的设计：一是问卷有关责任人记录，一般设在封面标题下面，主要包括审核责任人（一审、二审）、汇总责任人（复核）、调研责任人。二是调研者调研过程记录，一般设在问卷的最后部分。

对访问式问卷设计有关调研过程的记录，可以方便调研者了解被调研者对调研的态度，对问卷中问题的理解程度等。例如，题目好坏、耗时、合作、理解情况等，一般由调研者判断填写完成。

4.8.2　问卷结尾设计

问卷结尾的内容主要包括作业证明记载部分以及整个问卷调研完成后的谢语部分。作业证明记载部分主要包括调研者和被调研者，要求明确调研完成的责任人（签名），可能的情况下应记录好被调研者的联系方式（这一点可以作为作业情况记录的内容）。谢语部分应用真诚的、感激的语言表达对被调研者的谢意，这部分也是一份完整的问卷不可或缺的。

实施任务 4.8　**结合具体项目设计调研问卷的作业情况记录及结尾**

1. 任务组织

（1）学习小组各成员先结合选定的调研专题分别提出自己的调研问卷作业情况记录及结尾设计方案，然后小组内进行讨论，拟定出自己小组最后的问卷作业情况记录及结尾设计方案参与老师组织的讨论。

（2）老师组织小组之间进行交流，对各小组结合实际拟定的作业情况记录及结尾设计方案进行相互讨论和交流，老师负责说明和决策。

（3）学习小组将完善的问卷作业情况记录及结尾设计方案提交老师评定。

2. 任务要求

（1）每位同学都要积极参与，提出自己的问卷作业情况记录及结尾设计方案。

（2）注意设计内容的完整性。

（3）必须将设计方案用电子文本和纸质文本的形式上交老师。

学习指导

1. 学习建议

市场调研问卷是市场调研的工具，也是本门课程学习的核心内容之一。学习中要结合具体的专题进行实际的问卷设计，对照各部分内容来掌握问卷设计中的基本格式、问卷设计的主要内容，以及具体的各部分内容的设计，包括封面、标题、问候语和问卷说明、问卷甄别、题目、答案、编码、作业情况记录和结尾等方面的设计。

2. 学习重点与难点

重点：问卷设计的基本格式、问卷设计的主要内容

难点：问候语的设计、问卷题目的设计

核心概念

问卷　问卷设计　利克特量表法　语义差别法

课后思考与练习

1. 单项选择题

（1）问卷设计是对问卷的（　　）进行设计。

　　A. 整体　　　　　B. 题目　　　　　C. 内容　　　　　D. 标题

（2）问卷是开展市场调研的（　　）。

　　A. 报告　　　　　B. 过程设计　　　C. 内容　　　　　D. 工具

（3）利克特量表是调研被调研者对某种（　　）的看法。

　　A. 事物　　　　　B. 观点　　　　　C. 心理　　　　　D. 市场

（4）奥斯古德量表法是调研被调研者对某种（　　）的看法。
　　A. 事物　　　　　B. 观点　　　　　C. 心理　　　　　D. 市场
（5）问卷的标题是一项调研（　　）的中心。
　　A. 对象　　　　　B. 者　　　　　　C. 内容　　　　　D. 活动
（6）问卷的编码不包括对（　　）进行编码。
　　A. 题目类别　　　　　　　　　　　B. 问卷题目
　　C. 问卷标题　　　　　　　　　　　D. 答案
（7）调研被调研者的态度和意见可以采用的方法不包括（　　）。
　　A. 文案法　　　　　　　　　　　　B. 投射法
　　C. 奥斯古德量表法　　　　　　　　D. 利克特量表法
（8）无结构问卷适用于（　　）调研。
　　A. 一般　　　　　B. 深度　　　　　C. 社会　　　　　D. 市场

2. 判断题

（1）问卷设计是开展市场调研的首要环节。（　　）
（2）问卷的内容应专业化和尽善尽美。（　　）
（3）问卷设计应为问卷整理分析服务。（　　）
（4）问卷设计只对整个调研的题目进行设计。（　　）
（5）广告人员一般不作为被调研者。（　　）
（6）问卷应尽量采用封闭式问卷。（　　）
（7）语义差别法就是意思相反的问题调研法。（　　）
（8）任何的市场调研都要通过问卷进行。（　　）

3. 简答题

（1）为什么说调研问卷是市场调研的工具？
（2）简要说明问卷设计中答案的设计。

案例分析

大学生化妆品消费调研问卷

问卷编码＿＿＿＿

您好！

　　我是广东农工商职业技术学院市场营销专业（或连锁经营专业）大二的学生，为了认识大学生化妆品消费的情况，专门进行这次市场调研。请您给予支持和配合，谢谢！

被调研者的性别（　　）A. 男　　B. 女
1. 您是（　　）学生。
   A. 大一　　　　　B. 大二　　　　　C. 大三
2. 您家在（　　）。
   A. 城镇　　　　　B. 乡村
3. 您认为大学生需不需要使用化妆品？（　　）
   A. 需要　　　　　B. 不需要
4. 不需要使用是因为（　　）。
   A. 不习惯　　　　B. 没必要
   C. 怕人说　　　　D. 太花钱（谢谢！终止调研）
5. 您认为使用化妆品的主要目的是（　　）（可多选）。
   A. 健康　　　　　B. 美丽　　　　　C. 礼貌
   D. 适应社会　　　E. 其他
6. 您的皮肤类型是（　　）。
   A. 中性　　　　　B. 干性　　　　　C. 油性　　　　　D. 不知道
7. 您每月都要购买化妆品吗？（　　）
   A. 是　　　　　　B. 不是
8. 影响您购买化妆品的主要因素是（　　）。
   A. 质量　　　　　B. 功效　　　　　C. 价格
   D. 广告宣传　　　E. 其他_____
9. 请问您平时所用的护肤霜是什么品牌？（限选两项）（　　）
   A. 丁佳宜　　　　B. 小护士　　　　C. 雅芳　　　　　D. 大宝
   E. 旁氏　　　　　F. 美加净　　　　G. 佳雪　　　　　H. 李医生
   I. 碧柔　　　　　J. 其他_____
10. 在选用化妆品时，您喜欢的种类是（　　）。
    A. 中草药　　　　B. 纯天然
    C. 香薰配方　　　D. 婴幼儿专用（如强生）
11. 您认为买护肤霜是为了（　　）。
    A. 保护皮肤　　　B. 抗衰老　　　　C. 防紫外线
    D. 保湿　　　　　E. 其他_____
12. 假如您去购买护肤霜，您主要考虑的因素有哪些方面？（请选三项）（　　）。
    A. 适合皮肤　　　B. 质量好　　　　C. 价格合适
    D. 包装吸引人　　E. 时尚　　　　　F. 有广告促销
    G. 品牌知名度高　H. 上档次　　　　I. 其他_____
13. 请问您所购买的护肤霜价格是（　　）。

A. 20 元以下　　　B. 20～50 元　　C. 50～100 元　　D. 100 元以上

14. 请问您平均每月用在美容化妆品上的花费是（　　）。

A. 50 元以下　　　B. 50～100 元　　C. 100～200 元　　D. 200 元以上

15. 您一般是到哪里或怎样购买护肤霜的？（　　）。

A. 品牌店购买　　B. 超市购买

C. 网上订购　　　D. 有上门推销时买

E. 其他_____

16. 您选用化妆品时，最先考虑的因素是（　　）。

A. 功效　　　　　B. 是否安全　　　C. 价格

D. 进口还是国产　E. 其他

17. 您选的化妆品店吸引您的原因是（　　）。

A. 化妆品品种多　B. 质量有保证　　C. 购买环境好

D. 服务周到　　　E. 价格合理　　　F. 其他_____

18. 请问您有没有买进口的化妆品？（　　）

A. 有　　　　　　B. 没有

19. 请问进口化妆品中您比较喜欢的品牌是（　　）。

A. 欧莱雅　　　　B. 雅芳　　　　　C. 资生堂　　　　D. 兰蔻

E. 玉兰油　　　　F. 美宝莲　　　　G. 其他品牌　　　H. 很少留意

20. 请您谈谈对当今大学生化妆品消费的看法。

再次感谢您！愿您青春永驻，健康美丽！

【案例分析要求】 结合案例思考在问卷设计当中要注意哪些方面。

实训应用

1. 实训项目

结合行业企业或商品市场的实际问题设计问卷。

2. 实训目的

通过实训，同学们能掌握问卷设计的技能。

3. 实训指导

（1）各小组结合行业企业或商品市场的实际问题，确定调研的主题。

（2）各小组设计好问卷并进行交叉的讨论评议。

（3）各小组修改问卷并进行小范围的试调研。

（4）实训老师负责问卷的评阅，选出设计得好的同学。

（5）设计得好的同学做好 PowerPoint，进行课堂讲解，由同学提问讨论，老师负责点评。

4. 实训组织

（1）全班同学每三人为一个学习小组，指定小组负责人。

（2）先初步设计提纲交给老师，老师进行批改和协调，以免组与组之间发生主题重复情况。

（3）以小组为单位设计问卷。

（4）写出问卷设计情况报告一式四份，交给老师一份，其余同学各留一份并保存好。

5. 实训考核

（1）老师对实训报告进行打分评价。

（2）对交流的同学适度加分。

（3）每位同学填写实训记录。实训记录的内容包括实训项目、实训目的、实训过程、本人承担的任务、完成情况、存在的问题和完善、老师评分和评语。

项目 5 | Project 5

运用市场调研方法开展调研

学习目标

知识目标

掌握市场调研基本方法的类别、特点以及运用的要点

能力目标

1. 能结合市场调研项目分析选择调研方法
2. 能结合实际的市场调研项目运用具体的调研方法
3. 能结合具体项目设计网络市场调研的方案
4. 能结合具体项目开展实际的网络市场调研

项目介绍

市场调研活动按照基本的流程，在设计好问卷以后就要运用具体的调研方法开展实际的市场调研活动。由于各个实际调研项目方案所设计的调研要求和特点不同，因此，在实际调研活动开展时所采用的方法就不同，要有效地收集好资料，就必须选择好适合的方法。在本项目中，我们将具体学习两大类4种具体的方法，即直接调研法和间接调研法两大类；具体方法包括访问法、观察法、实验法，二手资料调研法（间接调研法）。为了认识掌握好这些方法，我们通过将本项目分解为4项任务来学习相关知识和掌握相关能力。

任务 5.1　确定是否采用间接的市场调研法

许多的市场调研资料是现成和可以共享得到的，如某地社会经济发展的统计报告、行业发展的报告等，而且在许多的调研情况下会受条件限制，无法通过直接的调研掌握国家层面、地区层面、行业层面等比较大范围的资料，所以，经常要借助间接的调研方法，借助现成的资料。

5.1.1　认识市场调研的基本方法

市场调研的基本方法包括两大类：直接调研法和间接调研法。这两类调研

法的区别在于是否到实际市场的现场进行调研。直接调研法具体又包括访问法（询问法）、观察法、实验法3种方法。换句话说，市场调研的方法总的来说可以分为两大类，一类是要到实际市场的现场进行调研的方法，另一类是利用现成的资料而不到实际市场的现场进行调研的方法。前者具体又包括3种方法。

> **小知识**　　　　　　　　**间接资料与间接调研法**
>
> 间接资料是指从各种文献、档案中收集的资料，也称第二手资料。间接调研法是调研人员从各种文献、档案材料中收集相关市场信息资料的方法。

市场调研人员通过对间接资料的收集，可以使企业迅速了解有关市场的基本情况；把握市场机会，也可以帮助市场人员对要了解的市场情况有初步的认识，为进一步采用直接调研奠定基础。

5.1.2　市场调研间接资料来源

间接资料来源包括两种：一种是企业内部资料来源，另一种是企业外部资料来源。

1. 企业内部资料来源

企业内部资料主要是指由所调研的生产性企业在生产和经营管理活动过程中、商品流通企业在经营管理活动过程中产生的一些具有价值的资料，主要包括以下4个方面。

（1）生产性企业在开展生产过程中产生的资料，包括生产计划、资源计划、材料采购计划等。

（2）企业在销售经营过程中产生的资料，包括生产性企业在开展销售经营活动中产生的各种资料，如各种业务资料（客户资料、订货单、合同、发票、台账等）、销售计划、促销计划等，以及商品流通企业在经营过程中产生的资料，如采购计划、物流配送计划、门店发展计划等。

（3）管理活动过程中产生的资料，包括各种统计资料（生产统计报表、销售报表、物流配送方面的报表等）、会计报表（资产负债表、利润表、现金流量表、成本分析表、主营业务收支明细表等）。

（4）其他一些资料，包括企业发展规划、企业内部质量管理评价、社会责任报告书等。

2. 企业外部资料来源

企业外部资料主要是指一些由政府部门、行业协会、社会媒介、社会信息服务组织等提供的一些有价值的资料。

（1）政府部门提供的一些资料，包括社会统计公报、法律法规、行业发展政策等。

（2）行业协会提供的一些资料，包括行业评价、行业发展报告、行业调研报告等。

（3）社会媒介提供的资料，包括报纸、杂志、电视、视频平台、网络、图书等提供的资料。

（4）社会信息服务组织提供的资料，包括一些社会组织提供的有偿、无偿的信息咨询服务。例如，广州市经济贸易信息中心可以提供有偿的信息咨询和技术服务。

（5）其他一些资料，如客户的商品产品目录、价目表等。

5.1.3 间接调研法的评价

1. 间接资料调研法的优点

（1）可以快速掌握基本概况。通过现成的资料，企业可以快速地掌握拟调研的基本情况。如通过广州市商品零售行业的报告可以迅速地掌握该行业的概况。

（2）减少耗费，包括时间和精力方面的耗费。

（3）解决了一般企业难以掌握一些调研资料问题。如难以掌握大范围的资料、难以直接接触对象等。

（4）可以进行资料的时间发展变化比较。如数据资料可以通过编制时间序列进行客观反映。

（5）可以作为企业开展常态化调研活动的方法。信息时代下市场信息的高速传送、共享、宣传传播，使得企业可以非常便利地利用互联网等手段经常性地调研大环境、行业环境等方面的发展变化。

2. 间接资料调研法的缺点

（1）资料价值受到时间的限制。由于市场往往是随时间发展而变化的，过去的资料不能直接拿来使用。

（2）资料的口径与拟调研的专题往往有出入。

（3）二手资料往往还会受到反映资料时的背景影响。如 GDP 统计口径、税收政策理解等。

【思考】

计划在广州市天河区粤垦路（或其他区域）开设新的便利店，应该收集哪些二手资料，并应如何开展？

实施任务 5.1　结合实际项目确定是否采用间接的市场调研法

1. 任务组织

（1）学习小组各成员先分头结合选定的调研专题拟定市场调研方法设计方案，然后小组内进行讨论，再拟定出小组最后的市场调研方法设计方案参与老师组织的讨论。

（2）老师组织小组之间进行交流，对各小组结合实际拟定的市场调研方法设计方案进行相互讨论和交流，老师负责说明和决策。

（3）各学习小组将完善的市场调研方法设计方案提交老师评定。

2. 任务要求

（1）每位同学都要积极参与，提出自己的市场调研方法设计方案。

（2）注意先选定大类方法。

（3）注意多采用间接法取得资料的来源。本任务还要分析说明能否直接采用间接调研法完成整个调研项目。

（4）必须将选定的调研方法设计方案用电子文本和纸质文本的形式上交老师。

任务 5.2　运用访问法进行市场调研

5.2.1　对访问法要义的认识

访问法是通过访问的方式向被调研者收集资料。向被调研者提出问题，由被调研者回答，这是调研的最基本和最普遍的方法，在市场调研中也是最常用的方法。

常用的访问调研方法主要有面对面访问法、电话访问法、留量问卷调研法、邮寄问卷调研法、互联网络调研法、小组访谈法。当然，对于重要的访问对象经常还采用深度访谈的方式，如《杨澜访谈录》《金星秀》等节目即采用了深度访谈。

5.2.2　常用的访问调研方法

1. 面对面访问法

这是访问法中应用最广的一种方法。

（1）基本方法。通过直接向被调研者询问问题，由被调研者直接回答或在讨论中回答以及"一问一答"的形式来完成资料的收集。例如，我们经常看到调研人员使用深入住户、小区、公共场所、商业旺地以及街头拦人等方法开展调研。面对面访问法由于能够直面被调研者，及时调整问题及调研技巧，具有双向沟通的效果，所以，调研效果比较理想，是市场调研活动最为广泛和常用的方法。

（2）具体运用形式。面对面访问的形式包括个人面谈、小组面谈等。

（3）具体的方法要求有如下几点。

1）调研者应熟知自己要访问的问题，事先做好充分的准备，如设计好调研问卷或提纲。

2）对调研的面谈活动组织程序要熟练，如首先进行必要的身份介绍、调研介绍等。

3）要掌握好一定的面谈能力。交谈是一门科学和艺术，调研者要通过必要的练习掌握好这方面的能力，如语气、语调、措辞、倾听等。

（4）运用技巧要求。面对面访问具有一定的技巧。运用得好，可以大大提升调研的效果。这里主要说明几个要注意的方面。

1）措辞。一定要注意被调研者的特点，是年轻还是年长，是什么职业、文化程度、社会地位，是男还是女，等等。总的来说，措辞能带来真诚、赞誉、尊重、礼貌、理解清晰的感受才是好的。

2）语气。对于商业调研来说，要知道被调研者并没有义务回答访问的问题。调研者要有这样的意识，即感谢被调研者的配合。所以，语气一定要平易近人，带有谢意。

3）语调。同样要注意的是语调不能拔高，要用比较平和的语调，让被调研者感到舒心。

4）态度。虽然说需要争取被调研者的配合，但不能通过谄媚的态度来得到，态度要不卑不亢。

5）听。学会耐心倾听，不轻易打断被调研者。必要时可以结合时机采用合适的措辞加以引导。

6）学会判断。许多调研有甄别对象的要求，所以，要注意学习观察一些不同调研对象的行为特征，用于调研对象的判断，从而提升调研的效率和效果。

7）访谈结束。临近结束时要快速检查访问结果，看有没有遗漏；询问被调研者有没有补充或更正；再次表达谢意；可能的情况下准备一些礼物；等等。

【训练】

结合前一项目设计的问卷，开展面对面访谈的训练。

2. 电话访问法

通过电话调研是一种很快速、经济的做法，也和面谈一样要注意交谈的科学和艺术要求。特别是要注意时间的要求，不能用时过长，也可以在一开始就讲明调研时间不长，用时几分钟等。

【训练】

结合消费者购买小天鹅洗衣机进行售后的电话访问。

3. 留置问卷调研法

留置问卷调研法是由调研人员将设计好的问卷直接交到被调研者的手中，再由被调研者完成，调研人员按约定定期收回的方法。在前面提到的市场调研方式中的固定样本连续抽样调研采用的就是这种方法。注意做好必要的解释说明。

4. 邮寄问卷调研法

邮寄问卷调研法是通过邮局完成问卷的发放和回收的方法。这种方法的优点在于：可以节省成本；具有"匿名性"，可以得到被调研者对不愿意面谈的一些社会敏感性问题的意见。其缺点在于：调研人员与被调研者缺乏交流，问卷回答结果的准确性、完整性难以把控，同时回答率（R）往往也不高。此外，对问卷设计的水平要求也比较高。

5. 互联网络调研法

互联网络调研法是通过将问卷挂到网上，由被调研者完成的方法。这一方法随着市场的发展已经非常方便。要注意的是，网络调研的内容不能过多，必要时多结合一定的奖励。

6. 小组访谈法

小组访谈法是通过多位选定的调研对象（10人左右），以小组面对面会议讨论的形式来收集资料的方法，如顾客座谈会、专家座谈会等。

> **小知识** **小组访谈法的补充说明**
>
> 许多市场问题要借助市场专家来为企业把脉，形成"专家调研法"（参阅任务 8.2 中"经验判断预测法"），实质上可以这样认识，只不过是将个人访谈（专家个人判断）、小组访谈（专家会议法、头脑风暴法、反头脑风暴法）、邮寄的对象（德尔菲法）指定为专家而已。

【训练】

将全班同学分成若干小组，采用小组访谈法收集对智能家居或中餐连锁发展的看法。

【思考】

分析说明新开业的店铺应当结合什么方法进行商圈的调研。

实施任务 5.2　结合具体项目运用访问法进行市场调研

1. 任务组织

（1）学习小组各成员先分头结合选定的调研专题拟定采用访问法实施调研的方案，然后小组内进行讨论，拟定出小组最后的调研方案参与老师组织的讨论。

（2）老师组织小组之间进行交流，对各小组结合实际拟定采用询问法实施调研的方案进行相互讨论和交流，老师负责说明和决策。

（3）各学习小组将完善的市场调研方法设计方案提交老师进行评定。

2. 任务要求

（1）每位同学都要积极参与，提出自己的方案。

（2）注意访问法的具体方法有很多，列举所采用方法的理由。

（3）必须将方案用电子文本和纸质文本的形式上交老师。

任务 5.3　运用观察法进行市场调研

5.3.1　对观察法的基本认识

观察法是由调研者通过直接观察或者利用一定仪器来观察、记录调研对象的行为来获取资料的一种方法。具体的方法包括调研者利用感官观察法和利用仪器观察法。

5.3.2　观察法的具体方法

观察有两种方式，即直接观察和间接观察，也就相应形成了两种具体的观察方法。

1. 直接观察法

直接观察法是指调研者近距离观察被调研者，观察记录有关的市场现象，取得有价值的市场资料和信息的方法。具体包括如下方法。

（1）旁观者观察法。旁观者观察法是调研者从旁观察被调研者的行为来收集资料的方法。这种观察法要求观察者扮演好旁观者，同时配备必要的记录仪器，如摄像机、录音笔等。例如，在商场中从旁观察顾客的购买行为。

（2）角色观察法。角色观察法就是以普通顾客的身份对被调研者的经营环境进行观察,或者以商业经营者的角色观察被调研者的经营情况,以获取资料的方法。观察者作为一个参与者参与到现场的活动之中,身临其境地进行观察,如充当售货员观察顾客的购买行为或充当一名顾客观察竞争对手的经营情况。这种方法要求观察者有较丰富的经验。

2. 间接观察法

由于种种原因,很多场合并不适宜或不需要调研者亲临现场,则可以借助特定的仪器进行记录观察。例如,在被调研者家里的电视机中装入观察记录仪或在商场设置摄像机观察顾客购买行为。这种方法有操作简便、节约人工、使用时间长的优点,但存在应用范围小、一次性投资大的缺陷。

5.3.3 对观察法的评价

1. 观察法的优点

观察法明显的优点有:首先,它可以避免许多访问法中由于类似问卷的问题所产生的不良调研效果。其次,它不会受到被观察者配合程度的困扰。最后,通过观察可以更快和更准确地搜集某些类型的数据。比如,让扫描仪记录要比要求人们列举他们食品袋里的每样东西有效很多;用仪器记录儿童在玩乐室喜欢的玩具比访问更快捷有效。

2. 观察法的缺点

观察法的主要缺点有:只能观察到被调研者的行为,不能观察到深层次的心理和态度意见;观察到的行为不一定是常态的,而被调研者的行为在某次观察中也不是一定会出现的,会有一定的偏差。

5.3.4 观察法的主要运用

1. 商店客流观察

观察进店顾客的人数、顾客构成、顾客在店内的流动规律,为商店运用经营策略、提升服务水平提供参考。

2. 顾客需求及购买行为观察

观察顾客主要购买的商品类别结构和购买行为特点,为门店商品组合等策略运用决策服务。

3. 商品陈列促销效果观察

观察营业现场商品的陈列,为提升顾客购买商品的便利性和商品展示效果服务。

4. 商店经营环境观察

到现场观察商店的内部和外部环境对顾客的便利性、吸引力，包括通道、内外部的布局、商品展示、POP（销售点）广告、促销活动等，为门店营造良好的经营环境服务。

5. 商店选址观察

通过观察结合必要的其他调研方法的运用，把握拟进入商圈的情况，为新店铺选址决策服务。

6. 商品库存状况观察

通过观察库存商品进出库的状况、库存周转的状况等，认识商品经营周转的合理性，为连锁企业商品经营策略决策服务。

7. POP 广告效果观察

通过观察 POP 广告对顾客的吸引力和效果，为门店的 POP 广告促销决策服务。

8. 对手经营观察

调研者扮成顾客到竞争商店，观察记录竞争对手的经营策略，为门店制定竞争策略服务。

9. 其他观察

结合调研目的深入社区、街道等场所，观察当今消费观念和消费行为的变化，为企业生产经营决策服务。

【练习】

选择一家熟悉的门店，利用观察法认识分析该店的经营管理策略，并提出建议。

实施任务 5.3　结合具体项目运用观察法进行市场调研

1. 任务组织

（1）学习小组各成员先分头结合选定的调研专题拟定运用观察法实施调研的方案，然后小组内进行讨论，拟定出小组最后的运用观察法实施调研的方案参与老师组织的讨论。

（2）老师组织小组之间进行交流，对各小组结合实际拟定的运用观察法实施调研的方案进行相互讨论和交流，老师负责说明和决策。

（3）各学习小组将完善的运用观察法实施调研的方案提交老师评定。

2. 任务要求

（1）每位同学都要积极参与，提出自己的运用观察法实施调研的方案。
（2）注意观察法的具体做法很多，把握好观察法的实施步骤和应用范围。
（3）必须将完善后的方案用电子文本和纸质文本的形式上交老师。

任务 5.4　运用实验法进行市场调研

5.4.1　对实验法的基本认识

实验法是通过改变一定的、可能影响市场的因素，来收集市场有价值的资料的方法。实验法依据市场科学的原理，是比较科学的调研方法，得到的资料也比较有价值。特别是将影响市场的一些因素加以改变、实验，研究这些因素之间的因果关系，能为企业经营决策提供很有价值的资料。例如，通过营业推广策略实验，收集销售变化的资料，为营销策略决策服务。

5.4.2　实验调研效果的主要分析方法

实验带来的效果如何，可以通过"实验单位与非实验单位前后对比"的方法进行分析评价。

例如，全家在广州市天河区粤垦路有两家门店：一家在距离广东农工商职业技术学院西门几十步远处（简称农工商店），另一家在该学院往广州市天河城的方向大致 200 米处（简称华文店）。两家店都开业 2 年左右。广州全家贸易连锁有限公司 2022 年 5 月进行了一项实验，5 月 1 日至 31 日"华文店"进行了"买 100 送 20"的促销活动，而"农工商店"没有开展。4 月，两家店的经营策略则差不多。实验单位与非实验单位实验前后的销售额对比如表 5-1 所示，实验效果以增长率（%）表示。

表 5-1　实验单位与非实验单位实验前后的销售额对比

门店	4月销售额/万元	5月销售额/万元	销售额增长/万元	实验效果
华文店	5 (y_1)	6 (y_2)	1	20%
农工商店	4.6 (x_1)	4.8 (x_2)	0.2	4.35%

从实验的效果可以分析得出华文店的促销是有一定成效的。这种促销策略可以在一定程度上在全家其他店铺加以运用时参考。

5.4.3　实验法的主要运用

企业开展经营活动，必须不断创新，培育自己的竞争力以求得到更好的发展。所以，通过实验检验自己的创新是否可行是很有必要的。实验法可以运用到企业生产经营的各个方面，主要包括以下几方面。

1. 销售价格实验

通过价格变动实验，了解消费者的心理价格、价格的弹性、价格带等方面，为企业制定价格策略服务。

2. 产品策略运用实验

产品策略运用实验包括产品质量、品种、规格、花色、款式、包装等方面的实验。例如，了解产品包装容量、形式变化时消费者的反应，可以为企业制定产品策略服务。

3. 产品生命周期实验

通过产品的改进或促销策略运用的实验分析判断产品所处的生命周期，为企业生产经营决策服务。

4. 广告效果实验

通过商店或某产品广告前和广告后销售量和口碑的比较，分析广告带来的效果。

5. 促销策略运用实验

通过商场或某产品促销前和促销后销售状况的变化，分析促销策略对销售的影响。

【思考】

促销策略有哪些？如何通过实验法判断某一策略的效果？

实施任务 5.4　结合具体项目运用实验法进行市场调研

1. 任务组织

（1）学习小组各成员先结合选定的调研专题分别拟定采用实验法实施调研的方案，然后小组内进行讨论，拟定出小组最后的采用实验法实施调研的方案参与老师组织的讨论。

（2）老师组织小组之间进行交流，对各小组结合实际拟定的采用实验法实施调研的方案进行相互讨论和交流，老师负责说明和决策。

（3）各学习小组将完善的市场调研方法设计方案提交老师评定。

2. 任务要求

（1）每位同学都要积极参与，提出自己采用实验法实施调研的方案。

（2）应注意实验法适用的条件；在采用实验法下应重点注意采用实验单位与非实验单位前后对比实验法，并对采用该法进行详细的说明。

（3）必须将完善的方案用电子文本和纸质文本的形式上交老师。

任务 5.5　运用网络市场调研技术

根据中国互联网络信息中心发布的第 50 次《中国互联网络发展状况统计报告》，截至 2022 年 6 月，我国网民规模达 10.51 亿，互联网普及率达 74.4%，手机网民规模达 10.47 亿。再加上众多网络调研平台的发展，使网络市场调研成为一种重要的手段。网络市场调研采用技术创新的手段，大大缩短了调研资料收集的周期，加快了企业响应市场的速度。同时，网络市场调研成本低，这提高了各类企业运用的可能，也促进了调研行业的发展。网络市场调研具有传统市场调研无法具备的一些优势，必然成为未来市场调研的重要发展方向，特别是在蓬勃发展的网络时代，成为企业收集市场信息的更为重要的手段。

5.5.1　网络市场调研概述

1. 网络市场调研的要义

网络市场调研是指将互联网作为联系被调研者的工具，利用电子化的调研问卷，向被调研者收集信息，并直接进行整理、分析和研究并形成报告的一种市场调研活动。

开展网络调研，除了可以利用电脑，还可以利用移动终端，目前有许多调研都是通过手机开展直接调研的，非常方便。

2. 网络市场调研的特点

与传统的市场调研相比较，网络市场调研具有鲜明的特点，主要表现在以下几个方面。

（1）无纸化。借助互联网和信息技术开展调研，无须把方案、问卷、资料整理成表格、图像、报告等以纸质形式体现，全部可以做到电子化。

（2）调研全过程简单化。整个调研过程都是无调研人员直接面对被调研者的，都是被调研者主动参与完成的。

（3）被动性。由于调研过程不像传统的调研可以与被调研者直接接触，调动被调研者参与调研活动，比较多的只是"坐等"被调研者参与，所以具有比较明显的被动性。

（4）突破时空限制。一是调研可以做到快速，突破较大面积调研的时间限制；二是可以做到比较及时地得到调研结果满足需要；三是不受地域限制，可以调研较大范围的被调研者。

（5）经济且有实效。利用互联网和信息技术，可以实现调研全过程成本的节约，而且具有多方面的优势，如促成调研的效果比较理想。

（6）适用性强。除了大型企业适用外，中小企业也可以借助线上讨论广场、电子邮件、电子公告板（BBS 网络论坛）等方式开展经营管理全过程的调研。

（7）无接触。网络调研无须直接接触被调研者，在特定的情况下可以完成实际调研无法实现的调研。例如，2020 年新冠病毒肆虐，使许多地方开展实际调研受到限制，而借助网络调研可以发挥特有的功效。

5.5.2　网络市场调研的优势

结合网络市场调研的特点，相较于传统的市场调研，可以认识到它具有多方面的优势。

（1）调研周期短，快速反映市场，时效性强。无论方案设计还是问卷设计都非常迅速，无须打印问卷；信息收集更加快捷，信息处理更加快速，直接整理处理问卷资料，快速得到结果，满足被调研者决策市场需要；不受调研地域、时间的影响。

（2）调研结果可能更加准确。

1）调研的面可以更广。

2）资料收集更及时，能更好地反映出当前市场的状况。因为调研的需求可以快速地传递给被调研者，而被调研者又可以快速地把信息反馈给调研者。

3）可以使被调研者很便利地配合调研，资料有更高的回收率。

4）资料真实性比较高。以企业网站平台调研为例。一般，企业网络站点的访问者都是对企业感兴趣、比较有好感的现实顾客和潜在顾客，对企业的产品都是比较有认识的，所以，这些人回答的时候往往具有比较好的主动性。相比传统的随机抽样技术下的被调研者是被动的，网络调研的效果自然就要好很多。

5）不受调研者的调研技术影响，也不受资料处理人员的工作影响，可以减少实际工作带来的误差。

6）可以让被调研者自由地掌握时间充分地思考、回答问题，发表自己的看法、意见，具有充分性。

7）可以对调研的资料进行较好的检验、编辑、整理处理，以及百分之百的复核。特别是使用计算机按设定的审核检验技术要求自动完成，能更好地保证资料的真实性。

8）对问卷可以设置更好的说明，更利于被调研者的理解和回答。

9）可以通过设置被调研者的身份验证筛选合适的被调研者，保证资料的真实和有效。

10）智能化，便于完善调研。可以很方便地将调研过程中发现的问题加以完善，例如，及时完善调研问卷，包括及时修改、充实问卷。

11）增强了个性化。可以根据被调研者的特点，设计个性化的问卷，对被调研者进行更细化分类的调研认识。

12）增强了互动性。一是可以很方便地通过技术设计让被调研者在参与过程中得到一定的回报，使他们更加关注调研，对调研提出建议、意见；二是可以让被调研者参与企业产品设计、改良，以及企业经营管理等方面，并得到奖励，从而增强互动性；三是通过结果"共享"，让被调研者增强参与感。

13）被调研者处于非常"自如"的状态，不受实际调研被询问时处在不自然等状态的影响。

（3）调研成本低。其费用主要集中在建立调查问卷网页的链接费用上。企业一方面可以在自身平台增设链接；另一方面可以购买平台。被调研者回答的结果可以快速直接形成数据库，大大减轻了数据整理的耗费。调研资料收集过程、检验、编辑等处理过程都在网络上就完成了，节约了实际市场调研需要的各种费用。

（4）可以快速地进行连续的调研。许多市场现象的认识需要进行连续的调研追踪，网络市场调研可以很快地完成进一步调研的方案、问卷设计，以及联系被调研者开展新的调研。

5.5.3 网络市场调研的不足

总的来说，网络调研优势是主要的，但也存在一些需要注意的不足。其不足主要有以下几点。

（1）调研的被动性比较强。经常是要"坐等"被调研者，而不能主动积极地寻找被调研者。

（2）存在沟通上的不足。网络调研不是面对面开展的，没有一些实际调研所具有的情感沟通。

（3）被调研者的虚假性。由于网络调研不是直接面对被调研者的，可能会出现不少这样的情况：虽然是被调研者的基本资料，但实际回答结果是被调研者以外的人填写的，造成所收集资料的不准确。

5.5.4 网络市场调研的内容

网络市场调研的内容包括企业产品设计、企业生产经营管理的改善、企业商品组合结构、门店布局等方面。

（1）企业产品设计调研。企业在产品设计的阶段，就通过网络调研，请消费者提供建议，为产品质量、成本价值分析提出有价值的意见。

（2）企业生产经营管理的改善调研。可以请消费者针对企业产品生产、销售、价格、售后服务、促销策略、企业文化等方面提供建议、意见。

（3）企业商品组合结构调研。结合网络调研请顾客针对企业的商品品种类别提出建议、意见。

（4）门店布局调研。可以请顾客针对企业门店的门面、通道、内饰、货位布局等方面提出建议、意见。

（5）其他方面调研。可以请消费者就企业新产品开发、产品线、自有品牌建设、广告及其效果等方面提出建议、意见。

实施任务 5.5　结合具体项目设计网络市场调研内容

1. 任务组织

（1）学习小组先结合自己小组的方案进行讨论，拟定自己小组的可行性研究方案参与老师组织的讨论。

（2）老师组织小组之间进行交流，对各小组结合实际项目设计的可行性研究方案进行相互讨论和交流，老师负责说明和决策。

（3）学习小组将完善好的方案提交老师进行评定。

2. 任务要求

（1）每位同学都要积极参与，发表自己的观点。

（2）调研的可行性研究方案必须紧密结合要求。

（3）必须将完善的方案结果用电子文本和纸质文本的形式上交老师。

任务 5.6　网络市场调研的方法与策略

5.6.1　网络市场调研的方法

企业自己配备力量和条件开展网络调研，调研方法有很多，总体来说可分为一手资料收集的方法和二手资料收集的方法。

1. 企业一手资料收集的方法

（1）通过企业网站进行调研。将设计好的调研问卷在企业网站上发布，企业的用户或潜在用户进入网站浏览时，可以完成问卷调研。要注意的是，这种方法具有较强的被动性，如果用户或潜在用户没有浏览企业网站则不能完成问卷，可考虑用一定吸引力来吸引用户或潜在用户完成问卷。由于浏览本企业网站的消费者往往是对企业有好感的对象，真实性比较强，效果会比较理想。还可以考虑在企业网站设置讨论专题，吸引消费者参与，收集各种需要的信息。

（2）电子邮件法。通过掌握的被调研者的邮址，将制作好的电子问卷直接发送到被调研者的邮箱，由被调研者完成后发回。这种方法可以主动选择被调研者，费用低，调研目标比较明确，可以比较快速地得到愿意填写的被调研者的信息。但要注意得到被调研者的配合，并给予一定的奖励。

（3）来客登记簿法。让访问企业的来客填写有关的一些资料，从而认识访客，利用来客回答的一些问题以及填写的一些信息，为企业进行市场细分服务。

（4）视频会议法。可以通过钉钉、企业微信等平台，利用视频会议形式，访问被调研者，收集信息。例如，通过供应商视频会议，收集供应商的一些供货要求。

（5）企业电子公告牌系统（Bulletin Board System，BBS）。利用企业设置的论坛，让访问的消费者对企业的产品进行讨论，或者通过新闻组参与一些经营管理方面的专题讨论，可以比较客观地掌握消费者的一些看法、意见。

（6）其他网络调研法。将问卷直接放置在 Web 站点上，由浏览到并愿意填写的对象完成。但往往被调研者的真实性难保证，被动性比较强，需要做一定的宣传吸引网民才有效。

2. 企业二手资料收集的方法

通过搜索引擎进行二手资料调研。这种方法主要是通过访问相关网站、相关新闻组和 BBS 收集信息。同时注意，现在有许多企业开发了一些收集二手资料的软件，为企业收集二手资料提供了很大的方便。

【练习】

针对现在的婚纱市场和钻戒市场开展品牌排行调研。

5.6.2 网络市场调研实施策略

企业开展网络调研，可以自己配备力量和条件开展网络调研，或者企业可以借助一些调研平台、委托网络调研公司开展调研。总体来说，要注意以下一些策略的运用。

（1）多借助一些好的调研平台。随着我国网络调研行业的发展，许多互联网公司开发了调研平台，如问卷星、问卷网、腾讯问卷等，可以加以利用。

（2）委托网络调研公司开展调研。随着我国经济和互联网技术的发展，网络市场调研行业也得到了快速的发展，企业可以委托有实力的网络调研公司帮助自己开展市场调研，利用它们的专业、专长实现快速、有效的市场资料收集。

（3）多利用一些大型门户网站。这些大型门户网站浏览人数众多，企业通过这些平台发布一些调研，容易被注意。

（4）注意问卷设计。网络市场调研问卷设计格式基本上和传统的市场调研没有大的区别，要多注意的是，不能设计过多的内容。

（5）给予被调研者一定的回报，包括物质奖励方面以及告知调研一些结果。物质奖励方面可以给予现金券、购物券、小礼物等。

（6）网络信息安全保证。向被调研者承诺提供信息的安全保证，同时企业也要真正投入必要资金加以实现。

（7）建立网络调研的情感纽带。在企业网站同时提供一些被调研者容易感兴趣的内容，如电影、音乐、时装、综艺等，以许多有价值并与企业产品相连的地址和免费软件吸引被调研者，以让被调研者产生好感和接受。

（8）多采用实际调研与网络调研结合的方式。这样既可以发挥实际调研的优势，又可以发挥网络调研的优势，相得益彰。

实施任务 5.6　结合具体项目确定网络市场调研的方法与策略

1. 任务组织

（1）学习小组先结合自己小组的方案进行讨论，拟定自己小组可行性研究方案参与老师组织的讨论。

（2）老师组织小组之间进行交流，对各小组结合实际项目设计的可行性研究方案进行相互讨论和交流，老师负责说明和决策。

（3）学习小组将完善好的方案提交老师进行评定。

2. 任务要求

（1）每位同学都要积极参与，发表自己的观点。

（2）可行性研究方案必须紧密结合要求。

（3）必须将完善的方案结果用电子文本和纸质文本的形式上交老师。

学习指导

1. 学习建议

本项目主要是认识市场调研资料收集的方法，包括二手资料调研法、访问法、观察法、实验法四种方法。对各种方法的特点和运用要牢固掌握，并能结合实际项目选用合适的方法开展调研。

随着社会经济和网络技术的发展，企业越来越多地采用具有明显优势的网络调研的方法开展调研。网络调研要借助网络调研技术，所以应当多注意和学习好网络技术，同时还要认真地把网络调研与传统的调研方法进行比较以认识网络调研的优势和不足，并把两者结合好开展实际的市场调研活动。

2. 学习重点与难点

重点：访问法、观察法、网络调研的方法、网络调研的策略

难点：实验法、网络调研的方法

核心概念

访问法　观察法　实验法　网络市场调研　电子公告牌系统（BBS）

课后思考与练习

1. 单项选择题

（1）对历史资料的收集应当采用（　　）。
　　A. 文案法　　　　B. 访问法　　　　C. 观察法　　　　D. 实验法

（2）市场竞争活动中观察法的运用应采用（　　）。
　　A. 间接观察法　　　　　　　　B. 角色观察法
　　C. 仪器观察法　　　　　　　　D. 询问观察法

（3）专家会议法属于（　　）。
　　A. 访问法　　　　B. 实验法　　　　C. 观察法　　　　D. 文案法

（4）要想知道某新策划广告主题的效果如何，应当采用（　　）。
　　A. 角色观察法　　　　　　　　B. 旁观者观察法
　　C. 文案法　　　　　　　　　　D. 实验法

（5）企业网络市场调研可以采用（　　）调研方法。
　　A. 重点　　　　B. 配额　　　　C. 间接　　　　D. 任意抽样

（6）企业网络市场调研的费用一般来说是比较（　　）。
　　A. 大　　　　B. 小　　　　C. 多变　　　　D. 难确定

（7）企业网络调研的问卷设计要求内容较（　　）。
　　A. 简洁　　　　B. 全面　　　　C. 多　　　　D. 广

（8）利用BBS收集到的资料具有（　　）性。
　　A. 全面　　　　B. 客观　　　　C. 规范　　　　D. 简明

（9）利用网络进行市场调研应当注意给予被调研者（　　）。

A. 讨论　　　　B. 空间　　　　C. 奖励　　　　D. 时间

2. 判断题

（1）街头拦人调研属于访问法。（　　）

（2）利用手机调研属于实验法。（　　）

（3）调研方法可以综合运用。（　　）

（4）所有企业都可以开展网络市场调研。（　　）

（5）网络市场调研将替代传统的市场调研。（　　）

（6）网络市场调研比传统的市场调研具有较强的共享性。（　　）

（7）网络市场调研具有较强的客观性。（　　）

（8）网络市场调研不具有互动性。（　　）

（9）网络市场调研可以自动地进行资料的处理。（　　）

（10）网络市场调研可以开展较大规模的调研。（　　）

3. 简答题

（1）简述面谈访问法的做法。

（2）简要说明直接观察法的方法。

（3）简要说明实验法的分析方法。

（4）简要说明网络调研的优势。

（5）简要说明网络调研的不足。

4. 训练题

结合校园广播站的广播节目内容，运用合适的调研方法收集资料，并提出改善措施。

案例分析

广州市天河区粤垦路经过多年的发展，已经成为天河区较重要的商业旺地，2021年已稳定发展到有100多家店铺。不足600米长的粤垦路商圈上演了许许多多的商业故事。其中，广东农工商职业技术学院正门对面，曾有两家面包屋同场经营，一家是"皇冠·玛丽奥"，另一家是"百事达"，前者积极地改良品种和提升环境服务，后者则采用捆绑组合销售降低价格的促销策略。

【案例分析要求】结合案例分析两者竞争策略的好与坏，并对所处学校周边的面包屋进行访问和观察调研。

项目 6

处理市场调研资料

学习目标

知识目标
1. 掌握市场调研资料处理的程序、各环节处理的要点
2. 掌握资料分组方法、汇总方法、表达方式

能力目标
1. 能运用所有的调研处理程序处理资料,对资料进行分组、汇总、表达
2. 能结合具体的市场调研项目运用正确的处理方式进行资料处理

项目介绍

市场调研资料在资料收集回来的阶段比较凌乱,所调研的市场现象也是不清晰的,还存在一些没有价值的资料,这就要求对资料进行专门的处理,以便资料的存储和分析利用。本项目主要是学习资料处理的基本过程,具体包括资料审核、编辑、分类(组)整理汇总、编码、转换存储五个阶段,涉及每一阶段主要的处理要求和过程。本项目的学习目的是掌握资料的有序化处理。资料通过处理成为比较有序的表格、图形,以便下一个项目进行资料分析时能更好地利用。本项目学习的重点和难点在于资料的整理,包括分类(组)整理汇总和编码、转换存储建立数据库。本项目培养的能力可以适应多个职业相关岗位能力的要求,所以应多结合实际项目练习掌握。

任务 6.1　拟定市场调研资料的处理程序

6.1.1　市场调研资料处理的要义

市场调研资料有的是符合要求且有效的,也有许多资料会由于诸多原因出现各种各样的错误和疏漏,从而不符合要求或不具有价值,如严重缺项的资料或不真实的资料均不具有价值。所以在收回原始资料以后,必须对它们进行处理,去伪存真、查漏补缺、摒弃无用。

> **小案例**　　　　　　　　　**调研问卷的编辑**
>
> 某份问卷中出现：一位大三的男生，回答每个月牛奶的消费占了每月消费的 50%。显然，这样的回答是有问题的。

也就是说，调研资料的处理是将原始的资料转换为可供使用者进行分析利用的过程，即将资料进行检查审验、编辑，并进行必要的分类（组）加工整理、编码和转换存储的过程。

6.1.2 市场调研资料处理的基本过程

按照一般的问题处理思路，首先，必须对资料进行验收，在验收过程中对发现的问题必须规定一致可行的处理方法，其次，对资料进行编辑修改，最后，还必须经过恰当的分类（组）整理使之有序地转换为直观的表达形式。

随着计算机技术的广泛应用，人们告别了对调研资料进行人工处理的时代，但资料必须经过编码并存储到计算机中，使之成为可供计算机直接处理的资料，以便使用各种统计分析软件进行分析。

综合来说，调研资料处理的基本过程可以概括为主要的 4 个方面，即资料验收、编辑、编码［含分类（组）整理汇总］与转换存储。为了便于学习掌握，将内容分解为资料审核、编辑、分类（组）整理汇总、编码、转换存储。

【练习】

为什么要对调研的资料进行处理？

【训练】

结合所在班级对大学生的就业观进行调研，并加以检查和简单归类。

实施任务 6.1　结合具体项目拟定市场调研资料的处理程序

1. 任务组织

（1）学习小组各成员先分头结合选定的调研专题拟定调研资料处理程序的方案，然后小组内进行讨论，拟定出小组最后的调研资料处理程序方案，参与老师组织的讨论。

（2）老师组织小组之间进行交流，对各小组结合实际拟定的调研资料处理程序方案进行相互讨论和交流，老师负责说明和决策。

（3）各学习小组将完善的调研资料处理程序设计方案提交老师评定。

2. 任务要求

（1）每位同学都要积极参与，提出自己的调研资料处理程序设计方案。

（2）应注意按照一般的问题处理思路，首先必须对资料进行验收，在验收过程中对发现的问题必须规定一致可行的处理方法；然后再对资料进行编辑修改；编辑的资料还必须经过恰当的分类（组）整理使之有序并且转换为直观的表达形式和加以编码存储。

（3）必须将小组的最后方案用电子文本和纸质文本的形式上交老师。

任务 6.2　对市场调研资料进行审核

市场调研资料的处理是"先粗后细"、先主要方向后逐一具体。所以，首先应该从资料审核开始。

6.2.1　市场调研资料审核的意义

在资料搜集过程中和搜集后，首先检查验收这些资料是否能用，即对所调研的资料进行审核、检查和验收。造成调研资料出现问题的原因有很多，包括问卷问题、调研方法、被调研者的配合态度等，但审核验收人员的任务不是追究造成问题的原因，而是发现和处理大的方向性的问题。所以，资料审核是对所调研的资料进行总体的检查以发现资料中是否存在重大问题，再决定是否采纳该份资料的过程。这里要注意，审核是对所调研的资料进行大方向的检查，看所收集的资料是否能用，而非逐项逐个问题及答案的细化检查。对于细化的检查，可以通过资料编辑来处理完成。

6.2.2　市场调研资料审核的技术运用方式

市场调研资料的审核可以采用手工审核与自动审核两种方式。手工审核的方式是调研者特别是检查人员对每一份资料进行检查；自动审核的方式是借助计算机等工具进行检查。

6.2.3　市场调研资料审核工作的开展方式

保证资料的有用性是整个调研工作顺利完成的基础，否则调研将失去意义或无法顺利完成。作为调研的组织者，应通过各种方式来促成和达成资料的真实有效这一目的，而不能仅仅依赖于调研完成后的审核。

资料审核工作开展方式有很多种，具体包括以下 3 种方式。

（1）调研人员的审核。要求每一个调研人员在现场调研时要认真筛选合适的对象。

（2）小组成员相互审核。在以小组形式开展现场调研时，可通过组员之间相互审核，以保证资料的有用性。

（3）问卷回收后的专门审核。它包括督导小组的一审、二审，以及一定比例和方式的复核。

> **小案例**
>
> 深圳问鼎诚信市场策划有限公司凭着20多年丰富的市场调查经验，以及对深圳市场环境的熟悉，精于业务，强于服务，取得了很好的业绩，特别是把调研活动质量的控制看作企业的生命线，建立起规范和专业的项目管理控制能力及完善的质量控制体系。该公司对问卷的审核严格把关，做好问卷事前事后质量的控制，具体工作包括两方面：① 对所有访问员的问卷在编码前进行100%的二次审核。调研现场访问员交问卷时进行初审，然后督导小组进行一审，再由项目主督导进行二审。② 对所有访问员的问卷进行100%的复核，20%通过再次实地调研复审，其余80%通过电话复核，并做到交回的问卷当天进行电话复核，以后再结合情况进行实地复核和电话复核。如果复核时发现某访问员超过2%的问卷作弊，则其所有调研问卷作废，并取消访问工作。对于经查实有作弊行为的问卷全部作为废卷处理。

6.2.4　审核验收人员应检查的主要内容

审核验收人员应检查资料的一些主要方面，规定应达到的完整程度。具体包括以下7个方面。

（1）被调研者的资格是否符合要求，即被调研者是否属于规定的抽样范围。例如，在调研中一些舆论的制造者往往不作为调研对象。

（2）资料是否完整清楚。严重缺页和关键性问题没答的问卷没有价值。

（3）资料是否真实可靠。

（4）资料中的关键问题是否已回答。没有回答的问卷没有什么价值。

（5）资料是否存在明显的错误或疏漏。例如，回答是否前后矛盾。

（6）调研人员的工作态度是否认真负责，工作质量是否较高。

（7）所收集的有效资料的份数是否达到要求的比例。

6.2.5　资料审核中不能接受的问卷资料

审核中对一些问题较严重的问卷资料，不能作为有效可用的资料，一般应加以作废处理。具体包括下面 5 种情况。

（1）严重不全的问卷资料。它包括问卷出现缺页、整体上回答不全、几个部分不全、只答开头等情况。

（2）被调研者没按要求完成的资料。例如，要求逐日填写的问卷却没有如此进行。

（3）答案几乎无变化的问卷。例如，在态度测量表中 5 级量表全选 3。

（4）问卷的内容是在截止日期之后。

（5）不是调研的对象单位。例如，在调研中对调研对象有筛选，不符合要求的调研对象的资料是无价值的。

6.2.6　审核验收人员对不同资料的处理方法

审核验收人员对所检查验收的资料应针对不同的情况加以不同的处理。具体来说包括下面 3 种情况。

（1）接受正确的和基本正确的资料。虽然可能有些资料不完全理想，但只要不是涉及关键的一些问题的资料是可以接受的，况且还可以补救。

（2）对于问题较多的资料应作废。

（3）对于问题少的资料应尽量补救。

实施任务 6.2　结合具体项目对市场调研资料进行审核

1. 任务组织

（1）学习小组各成员先分头结合选定的调研专题拟定调研资料审核的处理方案，然后小组内进行讨论，拟定出小组最后的调研资料审核的处理方案，参与老师组织的讨论。

（2）老师组织小组之间进行交流，各小组结合实际拟定的调研资料审核处理方案进行相互讨论和交流，老师负责说明和决策。

（3）各学习小组将完善的调研资料审核的处理方案提交老师评定。

2. 任务要求

（1）每位同学都要积极参与，提出自己的调研资料审核处理的实施方案。

（2）验收人员应审核检查资料的一些主要方面，规定应达到的完整程度。

（3）审核验收人员对所检查验收的资料，应针对不同的情况给予不同的处理。

（4）小组必须将最终结果用电子文本和纸质文本的形式上交老师。

> **小知识**　　　　　　　　**调研资料审核的方法**

1. 样本代表性水平评估

（1）在调研完成后可进行"样本代表性水平评估"，目的是总体上评价调研资料的价值。

（2）方法。将"样本指标"与过去已掌握的总体同一指标进行对照，看相符的程度。一般来说，只要所调研的现象没有发生质的变化，两者应当基本一致。通常要求相互的比率在95%～105%的范围内就初步认可样本指标具有价值。例如，某地的一次抽样调研中，通过样本计算出当地的平均年龄为39岁，平均每户人口数为4.1人。而根据当地的人口普查资料，当地的人口平均年龄为38岁，平均每户人口数为4.3人。根据以上资料可以计算相互比率。① 年龄的比率：$39/38 \times 100\% = 102.63\%$；② 人口的比率：$4.1/4.3 \times 100\% = 95.35\%$。从比率可以得出样本代表性水平评估为很好。

2. 选择性审核

在资料审核过程中，可以采用选择性审核方法来进行。

（1）选择性审核的指导思想。因时间和费用的关系，不能过分强调审核的完美；在审核中应发现的是关键问题而不是所有问题，并采取相应的措施加以处理。

（2）审核的主要方法有以下几种。

1）自上而下法，即对于一个给定的估计域，按照加权后数据对估计结果影响的大小，自上到下将数值列表逐一检查；当下一个影响最大的数据值对域估计的影响不是很显著时，就停止往下检查和验证。

例如，$N = 100$，从100家小企业中抽取5家作为样本，$n = 5$，估计员工平均人数。若对总体的估计为600人，平均每个企业 = $600/100 = 6$（人）；比原来掌握的预计总体平均3人的水平要高。可以通过检查每一样本记录对估计的贡献来审核结果是否在哪里出错。具体方法可以参照表6-1，应仔细检查样本1和2，其余不必仔细检查。因为只有偏大的记录才会造成估计偏大。

表6-1　自上而下法审核结果

样本	员工人数	赋予权数	乘积	贡献率（%）
1	13	20	260	43.33
2	8	20	160	26.67
3	3	20	60	10
4	3	20	60	10
5	3	20	60	10
合计	30	100	600	100

2）聚集法，主要是集中针对某些可疑的记录，重点检查该记录是否存在问题。

3）画图法，将数据画出分布图，评价资料的分布是否符合常规。

4）问卷打分法，即给每个被调研者按所答问卷上可疑数据项的多少和那些对应变量的相对重要性打分，只对调研有较大影响且得分高的记录才做检查。

【练习】

审核验收人员应检查的主要内容是什么？

【训练】

结合各小组设计的问卷进行小范围的调研并加以审核验收。

任务 6.3　对市场调研资料进行编辑

6.3.1　市场调研资料编辑的意义

资料的编辑是对资料进行细化检查的过程，目的是检查资料中是否存在具体的错误和疏漏，具体来说，是要求对资料中的每个问题的答案进行认真的检查。它包括答案是否符合要求、是否真实或是否有疏漏等，目的是要筛选出有实用价值的资料。

6.3.2　市场调研资料编辑的方法

市场调研资料的编辑可以采用多种方法，主要包括以下 3 种。

（1）经验判断法。由检查验收人员凭借自己丰富的调研经验，来判断资料是否真实可靠。例如，在家计调研中发现有个别家庭的月收入是 2 500 元，而家庭的日常开支合计是近 2 300 元，凭经验可以判断这份资料不真实；再如，某小型超市的利润达到 200 万元，这个超市的资料值得怀疑。

（2）逻辑检查法。根据事物发展的内在关系来判断资料的真实性。例如，未生育的某女青年回答月消费牛奶 400 多元，这个回答值得怀疑；又如，未成家的男生女生发生大额的儿童用品和教育开支等。

（3）计算检查法。通过资料内部的一些数据进行计算来发现问题。例如，某被调研者填写的月总开支和消费的具体项目发生明显的不符，说明该资料可能有问题。

6.3.3　资料检查编辑人员要解决的主要问题

资料检查编辑人员在资料的编辑过程中主要应发现和注意解决的问题包括

如下5个方面。

（1）有无出现错误的回答。例如，调研青年人的消费观念，年龄填写为72岁。

（2）是否有疏漏的回答。例如，未填写学历是什么。

（3）是否有前后不一致的回答。例如，前面填写的是未婚，而后面填写的是有小孩读书方面的开支。

（4）是否出现答非所问的答案。例如，问卷设问"您对广州市天河城的印象如何"，回答却是"我经常逛天河城"。

（5）是否出现不确切、不充分的回答。例如，每周逛天河城2~6次，等等。

6.3.4　调研资料编辑过程中发现问题的处理

对于在资料编辑过程中发现的问题，要针对不同的情况进行不同的处理。具体处理方式如下。

（1）对于答错问题的，可补的则补；对于错而无法补的问卷，可做该份问卷的该回答作废处理或按缺失值（缺失数据的，可参考后面的小知识）处理。

（2）对于漏答的，问卷上应使用统一的符号标记遗漏的回答，如用0或9或99抑或999等表示。可补的则补；对于错而无法补的问卷，可做该份问卷的该回答作废处理或按缺失值（缺失数据的，可参考后面的小知识）处理。

（3）对于前后答案矛盾、答案不符合逻辑的问卷，可以再结合其他一些问题的回答来判断，是回答不经意的错误，还是被调研者故意敷衍的错误。要注意的是，一般情况下，要多相信被调研者。对于不经意的错误，可以商讨后做小的调整（如时间记错了）。

（4）对于"不愿意回答"的，如开放式题目，被调研者不愿意思考，问到的时候说"不好说"而没有做回答，一般可以作为该份问卷该题目答案的缺少处理。

（5）对于某个问题在全部问卷中出现很多错答或漏答的，应做该问题的作废处理。

（6）对于整份资料都比较差的问卷，应做整份资料的作废处理。

6.3.5　问卷作废的条件

作废问卷是在不得已的情况下所做的处理。例如，某份不满意问卷中不满意答案的比例很大，关键变量的答案是缺失的。还要注意不满意问卷占总体比例小（且小于10%）的情况或样本容量很大的情况。同时应注意，样本容量可能变小时，应向客户说明清楚。

> **小知识**　　　　　　　**对缺失数据的认识**
>
> **1. 做缺失处理的前提**
>
> 缺失一般是指某题目所问的变量无回答。例如，问卷中的家庭人口数量没有回答。开展一次调研时，如果关键的变量出现大量问卷数据缺失，这样已经影响了该次调研的质量。如果是其他情况，只有某些问卷缺失数据，把这些问卷做缺失处理是可以的。具体来说，做缺失处理的前提要求有三个。① 含不满意量的问卷占全部问卷的比例比较小。② 每份有这种情况的问卷中不满意的答案的比例很小，即其他方面的回答还不错。③ 有不满意答案的变量不是关键变量。
>
> **2. 产生数据缺失的原因**
>
> 产生数据缺失的原因有很多。如果全部问卷出现某项目缺失数量严重，可能是问卷设计不当。当然，还有被调研者的配合问题。具体来说，包括五种情况。① 被调研者不知道。例如，问广州市民"广州市有多少家大型超市"，被调研者多因不知道而很难回答。② 被调研者拒绝回答。例如，问被调研者"请问您今年多大"，这样的提问会造成许多被调研者不愿意回答。③ 被调研者答非所问。例如，问"您对外资企业的企业形象是怎么看的"，回答是"外资企业的待遇比较好"。④ 调研人员疏忽。调研人员没有认真地填写或询问时技巧不够精湛等。⑤ 无法回答。例如，问"您去年去天河城几次""您的企业利润是多少"等。
>
> **3. 缺失数据的处理**
>
> 对于缺失数据的处理方法有很多，具体在调研资料分析项目中再做说明。

6.3.6　资料编辑中要注意的几个要求

在资料的编辑过程中要注意如下几点要求。

（1）去粗存精。要注意从众多的资料中得到有价值的资料，即应从大量的调研资料中选择有关的或有重要参考价值的资料，剔除与调研目的无关的或没有参考价值的资料。

（2）去伪存真。要注意剔除虚假编造以及错误的资料，保证资料真实有效。

（3）不要改变资料的原貌和原始数据。资料是调研分析的原始依据。

（4）不要轻易否定资料。调研资料是通过一定的成本获得的，资料中一般都或多或少有一点价值，注意其中蕴含的有用价值。

（5）切忌自己杜撰资料。

实施任务 6.3　结合具体项目对市场调研资料进行编辑

1. 任务组织

（1）学习小组各成员先分头结合选定的调研专题拟定调研资料编辑处理的方案，然后小组内进行讨论，拟定出小组最后的调研资料编辑处理方案，参与老师组织的讨论。

（2）老师组织小组之间进行交流，各小组结合实际拟定调研资料的编辑处理方案进行相互讨论和交流，老师负责说明和决策。

（3）各学习小组将完善的调研资料编辑处理方案提交老师评定。

2. 任务要求

（1）每位同学都要积极参与，提出自己的调研资料编辑处理实施方案。
（2）应注意编辑方法的运用，重点说明所采用的编辑方法及理由。
（3）注意资料编辑人员应发现和要解决的主要问题。
（4）必须将最终结果用电子文本和纸质文本的形式上交老师。

任务 6.4　进行市场调研资料的分类（组）整理汇总

面对已经审核、编辑确认没有问题的有效问卷，还不能直接对市场的现象结果进行分析认识。因为所调研的市场现象对于每一个被调研者的情况是不同的，很难直接分析得出认识。例如，某地居民有的消费多有的消费少，没有归总时没法说明清楚。这就要求在处理资料时要进行归总，也就是进行分类（组）整理汇总。

在前面问卷设计项目中已经学习，从答案设计方式的角度来说，整份问卷是由封闭式问题和开放式问题构成的。封闭式问题的答案已经进行了分类（这里一般也作为分组组别），一般情况下整理汇总比较简单。

小案例

题目1：请问您的收入属于哪一个组别？（　　）
答案：A. 5 000 元以下　　B. 5 000～6 000 元　　C. 6 000～7 000 元
　　　D. 7 000～8 000 元　E. 8 000 元及以上
题目2：请问你是大几的学生？（　　）
答案：A. 大一　　B. 大二　　C. 大三　　D. 大四

题目1 答案的整理汇总表

收入分组/元	人数	比例（%）
5 000以下		
5 000~6 000		
6 000~7 000		
7 000~8 000		
8 000及以上		
合计		

开放式题目答案的分类整理汇总就显得复杂一点。开放式问题的答案多种多样，需要进行分类整理（可以事前定出所关心的类别及其编码，而对超出范围的一律做"其他"项处理，具体可以参考后面的内容）。

要注意，有时为了分析的需要，也要对原来设计的分类进行重新分类整理。同时，还应把每份问卷答案按归属汇总到各类中。另外，为了使整理的资料更清晰地表达，可以将资料通过图表来加以反映，这些问题都属于分类整理汇总要解决的问题。

6.4.1 调研资料分类整理的意义

市场调研所得的有些原始资料是杂乱无章的，无法发现其中隐含的现象和规律，也难于阅读和利用。例如，调研某地的青年男子对体育用品的支出，有的说一个月用60元，有的说180元，有的说300元不等，究竟当地青年在体育用品上的开支是高还是低，当原始资料没有按一定的要求排列时是无法得出的，这样也不便于进一步地分析应用资料。所以，必须对资料进行再加工。另外，正如上面提到的，为了使整理的资料表达得更清晰，可以将资料通过图表来反映。综上所述，调研资料分类整理是在市场调研结果分析的基础上，将无序的资料转化为有序的资料，将资料更为直观、有序地表达出来的过程。

> **小案例**
>
> 某次进行某地青年的身高调研，调研后100人的身高分布为1 680mm、1 700mm、1 770mm、1 730mm、1 750mm、1 760mm、1 840mm、1 710mm、1 780mm、1 979mm不等，假设每一种身高有10个人（实际上100人的身高可能参差不齐），需要进行分组整理。经分组整理后，得出表6-2所示的数据。具体的方法将在以后学到。

表 6-2 100 人的身高分组分布表

身高分组 /mm	频数 / 人	频率（%）
1 680～1 740	40	40
1 740～1 800	40	40
1 800～1 860	10	10
1 860～1 920	0	0
1 920～1 980	10	10
合计	100	100

【分析提示】资料经过分组整理后，可以很清晰地得出当地青年身高在 1 680～1 860mm 的人占了大多数。

6.4.2　调研资料的分类整理方法

调研资料的答案分成不同的类别进行汇总，具体应结合不同的情况进行分类（组）整理汇总。

1. 对量化资料进行分类（组）和汇总

（1）直接汇总。在很多情况下，问卷中的答案设计本身就已经对答案进行了分类，无须再分类，只要汇总即可。

> **小案例**
>
> "请您指出您的月收入大致在哪个范围？"
> ——小于 5 000 元
> ——5 000～6 000 元
> ——6 000～7 000 元
> ——7 000～8 000 元
> ——8 000 元及以上
>
> 假设，一共调研 500 人，分布为 50 人、100 人、200 人、100 人、50 人。可以编制成表格（单栏表）反映，如表 6-3 所示。
>
> 表 6-3 500 人的月收入分组分布表
>
> | 月收入分组 / 元 | 人数 | 比例（%） |
> |---|---|---|
> | <5 000 | 50 | 10 |
> | 5 000～6 000 | 100 | 20 |
> | 6 000～7 000 | 200 | 40 |

（续）

月收入分组/元	人数	比例（%）
7 000～8 000	100	20
≥ 8 000	50	10

【分析提示】可以将调研的所有对象根据不同的收入水平归入不同的组别。

（2）分组后汇总。

1）基本要义。问卷中的答案还没有分类，需要按一定的标志进行分组后再汇总。下面举例说明。例如，请问您的身高是多少？所调研 100 人的身高分布参差不齐，类别很多且分散，就需要进行分组整理。

具体结合前面的案例来说明分类整理汇总的方法。某次进行某地青年的身高调研，调研后 100 人的身高分布为 1 680mm、1 700mm、1 770mm、1 730mm、1 750mm、1 760mm、1 840mm、1 710mm、1 780mm、1 979mm 不等，假设每一种身高有 10 个人（实际上 100 人的身高可能参差不齐）。

2）分组整理的方法。主要通过五个步骤来完成：

① 确定全距（资料的最大值与最小值之差）；
② 确定组数；
③ 计算组距；
④ 确定组限（一般原则是最好能使组中值为整数，从首组起加上组距即可）；
⑤ 计算各组的频数和频率。

下面结合小案例来说明。解的时候要分成五个步骤来完成。

第一步：确定全距。先将所得的资料按从大到小或从小到大进行排列，1 680、1 700、1 710、1 730、1 750、1 760、1 770、1 780、1 840、1 979，然后再用资料中的最大值减去最小值计算，全距 $R = 1\,979 - 1\,680 = 299$。

第二步：确定组数。组数不宜过多也不宜过少，按统计的经验分 5～8 组为好，本例分为 5 组。

第三步：计算组距。组距 = 全距 ÷ 组数，此例为 $299/5 = 59.8$，由于结果有小数，为了其他统计计算分析方便，应取为整数，此例可以取 60。

第四步：确定组限。组限是指每一组的起步值和截止值，即最小值和最大值，又可以称下限和上限。这里用最简单的方法从最小值 1 680 设定第一组的下限，由于组距为 60，第一组的上限应为 1 740；第二组的下限可设定为 1 740，上限为 1 800；其他组类推。

第五步：计算各组的频数和频率。频数是指各组的个体数；频率是指各组所占总体的比例。具体如表 6-4 所示。

表 6-4　调研资料的分布表

身高分组 /mm	频数 / 人	频率（%）
1 680 ~ 1 740	40	40
1 740 ~ 1 800	40	40
1 800 ~ 1 860	10	10
1 860 ~ 1 920	0	0
1 920 ~ 1 980	10	10
合计	100	100

3）分组整理时应注意以下几个方面。

①分组整理的关键在于分组标志的选择。分组标志的选择会直接影响资料的信息能否有效地反映出来。在选择分组标志时应注意以下两点。

A.分组标志应根据研究的目的和统计分析的要求来设定。收入水平、销售量、身高和体重等的分组标志值，就要根据要求来具体设定。例如，重点调研某地中低收入人群的分布，分组的标志值就要增加中低收入分组组数来加深认识，而中高收入和高收入就可以粗略一点。

B.分组组数和组距要合理。组数会直接决定组距的大小，反过来组距也会影响组数。但前面已经提到，可先定组数再定组距。同时要注意，分组组数太多，调研的个体样本分布到各组的频数少而散，难于发现其中隐含的现象；分组的组数太少，资料隐含的现象的特点可能会被掩盖掉。例如，表 6-5 所示只分 3 组情况。

表 6-5　调研资料的分布表

身高分组 /mm	频数 / 人	频率（%）
1 680 ~ 1 800	80	80
1 800 ~ 1 920	10	10
1 920 ~ 2 040	10	10
合计	100	100

②计算出的组距必须往上取，否则，有些数据无法归类；但也不要取得过大（分组的组数相应太少），以免掩盖资料的实质意义。结合上例来说明，要注意不能取小于或等于 59.8，假如按 59 来取，最后会造成最大值 1 979 无法归组，也不能取过大，上例假设按 170 来取，如表 6-6 所示。

表 6-6　调研资料分布表

身高分组 /mm	频数 / 人	频率 (%)
1 680 ~ 1 850	90	90
1 850 ~ 2 020	10	10
2 020 ~ 2 190	0	0
2 190 ~ 2 360	0	0
2 360 ~ 2 530	0	0
合计	100	100

这样分组，由于组距过大基本已包括所有的资料，而资料中究竟身高主要分布在 1 700mm 还是 1 800mm，无法反映出来。前面按 60 分组则较好地反映了所调研的 100 人的身高主要分布在 1 700mm 以上。

③ 确定组限应注意以下几个问题。

A. 组限的确定方式有两种：一是封闭组限，既有下限又有上限；二是开口组限，即只有下限没有上限或相反。究竟用哪一种，应结合具体资料进行选择。如果资料的变量分布较散，则利用开口组有利于减少组数；在资料分布不是很散的情况下，可多采用封闭组的方式。

B. 组限的取值尽量能使得组中值为整数，这样有利于统计计算分析。前面已经提到，调研的目的是利用资料分析认识市场。这就要利用整理好的资料来进行。其中，利用数量资料可以进行多方面的指标计算分析，组中值又是计算多项指标要利用到的量。组限的取值影响到组中值的计算结果，应尽量使组中值为整数，方便分析指标的计算，主要是没有小数容易计算。一般来说，组限按双数的组距来确定为好。

> **小案例**
>
> 前面调研某地青年身高分组时，按 60 就比按 61 要好，组中值不会有小数。如果第一组为 1 680 ~ 1 740，组中值为 1 710；如果第一组为 1 680 ~ 1 741，组中值为 1 710.5，就有小数点了。

组中值的计算对于封闭组，可以采用该组的上下限之和除于 2 计算。对于开口组，要分情况。有上限无下限的组，可以采用该组的上限减去相邻组距的一半计算；有下限无上限的组，可以采用该组的下限加上相邻组距的一半计算。例如，表 6-7 中第 1 组的组中值等于 3 000 − (4 000 − 3 000)/2 = 2 500；第 5 组的组中值等于 6 000 + (6 000 − 5 000)/2 = 6 500。

表 6-7 100 人的月收入分组表

月收入分组 / 元	频数 / 人	频率 (%)
< 3 000	10	10
3 000 ~ 4 000	10	10
4 000 ~ 5 000	60	60
5 000 ~ 6 000	10	10
≥ 6 000	10	10
合计	100	100

④ 计算频数。在计算频数时统计上有一个重要的规定：上限不在本组内，即使某一变量刚好与某一组的上限重合一致，在计算频数时应计到下一组而不应计算到该组。结合表 6-7，如果某被调研者的收入刚好是 5 000 元，则应计到 5 000 ~ 6 000 元的组而不计到 4 000 ~ 5 000 元的组。

⑤ 分组中还有等距和不等距分组，具体可以参照统计知识来认识。

2. 对定性资料进行分组整理和汇总

（1）分组标志的选择。定性资料的分组整理比较简单，只要根据研究目的和分析的需要确定分组标志，就可进行分组整理和汇总。例如，某地企业按规模的分布如表 6-8 所示。

表 6-8 企业规模分布表

企业规模	频数 / 家	频率 (%)
大	60	20
中	100	33.33
小	140	46.67
合计	300	100

（2）分组时应注意以下几个问题。

1）在分组前，看是否有一定量的回答存在。例如，某地劳动力主要职业分布的调研，当地的人如果都无从事高科技的，在分组时就不必设置这一组别。

2）分出的组别之间是互斥的，每个样本只能归为一个组。例如，职业分组中设置其中一个组是服务人员，还有一个组是售货员，那么某个样本从业的是商场营业员，这样，归为哪个组都行，就会造成混淆。

3）分出的组别应能包容所有可能的回答。为了减少组别，常用"其他"项来包括所有没有专门列出的组别。例如，上例的职业分组，实际上不可能一一列举，因为随着经济社会的发展，职业越来越多，早已超过百种。所以，分组时可以列出主要的并且有相应样本资料的组别，其他的就用"其他"项概括。

4）必要时进行复合分组。所谓复合分组，就是采用两种或两种以上的标志进行分组。这样的分组，在分析的时候可以比较深入地进行。但这并不是说标志越多越好，因为标志太多会造成表格太复杂。下面通过一个例子说明，如表6-9所示。

表6-9　某地不同性别从业人员的教育情况

教育情况	性别	频数/人	频率(%)
初中及以下	男	30	3
	女	30	3
高中及中专	男	100	10
	女	170	17
大专	男	160	16
	女	200	20
本科	男	100	10
	女	40	4
研究生及以上	男	110	11
	女	60	6
合计		1 000	100

3. 开放式题目答案的分类整理汇总

开放式题目的答案在完全开放、没有控制的情况下，往往答案是比较多样的。而适度控制开放的答案会好一点，但回答的结果也是比较多样的。但一般来说，对市场现象开展调研，影响市场的因子还是比较清楚的，这为分类整理提供了方便。

分类整理汇总的方法：一是列出被调研者有价值的答案类别；二是利用"频数分布表"汇总各类别被调研者的答案频数；三是整合分类类别，一般要保留频数比较多的类别，而频数比较少的类别尽可能归并成含义相近的组别；四是用"其他"概括难于归并的答案。

> **小案例**　　**请您谈谈对格力空调的看法**
>
> 　　假如，有不少被调研者谈到了格力空调形象、市场竞争力、市场地位、售后服务、价格、渠道，还有被调研者谈到发展历史沿革、发展前景、董明珠、产品线等。分类整理汇总时，首先要把握好以上的情况，其中可以考虑把比较

多人回答的几个答案分别整理，如表 6-10 所示。

表 6-10　格力空调形象评价

形象评价	人数	比例
非常好		
好		
一般		
不好		
非常不好		
合计		

6.4.3　资料汇总的方法

资料汇总的方法主要有手工汇总与电子计算机汇总两种。手工汇总方法又可以分为划记法、过录法、折叠法、分单法和卡片法等。

6.4.4　调研资料的表达

为了将资料更明了地表达出来，可以通过表格和图示将资料简明地反映。资料的表格化在整理当中已涉及一些，在此部分将继续加以说明。

1. 资料的表格化

资料的表格化就是以表格的形式反映资料。制成的表格的形式有很多，主要包括单栏表和多栏表。

（1）单栏表的编制。单栏表就是从单一变量的角度来反映资料。在前面资料整理中已重点介绍，下面再结合例子来认识。例如，200 名顾客对某商品评价的评分分布，如表 6-11 所示。

表 6-11　200 名顾客对某商品评价的评分分布

评分 / 分	频数 / 人	频率 (%)
1～6	20	10
6～7	30	15
7～8	100	50
8～9	30	15
9～10	20	10
合计	200	100

（2）多栏表的编制。多栏表是从多个变量的角度来反映资料。根据反映的变量是两个或两个以上，分为反映两个变量的二维列联表和反映两个以上变量

的高维列联表（又称交叉制表）。

1）二维列联表。这是最常编制的表。在前面定性资料的复合分组中曾举过例子，下面再举一个例子进行说明。不同收入的男女的人数分布，如表 6-12 所示。

表 6-12　不同收入的男女的人数分布

收入 / 元	性别	频数 / 人	频率 (%)
6 000 以下	男	130	13
	女	130	13
6 000～7 000	男	330	33
	女	170	17
7 000 及以上	男	140	14
	女	100	10
合计		1 000	100

2）高维列联表。这种表最多编制三维列联表为好，再多就显得过于复杂，项目 2 中的配额分配表就属于三维列联表，如表 6-13 所示。

表 6-13　不同规模、性质和区域企业的配额分配表

规模＼性质＼区域	大型企业 5%		中型企业 50%		小型企业 45%		小计
	批发 10%	零售 90%	批发 10%	零售 90%	批发 10%	零售 90%	
中心区 42.5%	1	4	4	38	4	34	85
中间区 42.5%	1	4	4	38	4	34	85
边缘区 15%	1	1	2	13	1	12	30
合计	3	9	10	89	9	80	200

下面再举一例，不同收入和不同性别的消费者对商品评分的分布，如表 6-14 所示。

表 6-14　不同收入和不同性别的消费者对商品评分的分布

收入 / 元	性别	评分 / 分 1～5	6～7	7～8	8～9	9～10	合计
3 000 以下	男	10	20	50	10	10	100
	女	5	25	60	5	5	100
3 000～4 000	男	10	20	20	30	20	100
	女	4	16	30	25	25	100
4 000～5 000	男	5	5	30	30	30	100
	女	10	20	10	35	25	100

（续）

收入/元	性别	评分/分 1~5	6~7	7~8	8~9	9~10	合计
5 000~6 000	男	5	15	30	40	10	100
	女	5	10	40	30	15	100
6 000及以上	男	5	15	20	50	10	100
	女	5	5	30	40	20	100
合计		64	151	320	295	170	1 000

2. 资料的图示化

用图示的方式将资料直观反映出来。常用的图主要有折线图、柱形图（直方图）、饼形图等。

（1）折线图。利用坐标体系，将资料进行描点，然后再把点连接起来反映变化趋势。例如，东部、西部和北部3个地区剩余劳动力在某年4个季度人数分布情况（单位：万人），如图6-1所示。

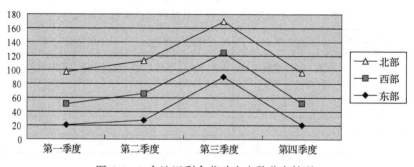

图6-1　3个地区剩余劳动力人数分布情况

（2）柱形图（直方图）。利用在横轴上以组中值为中心，纵轴上表示某变量值，按统一大小绘制出柱形，形成柱形图。例如，图6-2各柱形分别表示东部、西部、北部3个地区某年4个季度出生人口分布情况（单位：万人）。

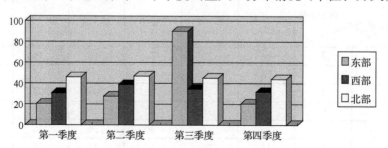

图6-2　东部、西部、北部3个地区某年4个季度出生人口分布情况

（3）饼形图。将某一现象的结构情况绘制成一个完整的饼形，内部反映具体的构成。例如，图 6-3 反映的是某企业 4 个季度产值构成情况。

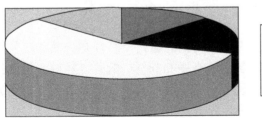

图 6-3　某企业 4 个季度产值构成情况

3. 资料图示化时应注意的问题

资料图示化时应注意的问题主要包括以下 4 点。
（1）不是每一资料都需要制图，对比较重要的资料最好是制图反映。
（2）标示必须清晰，能一目了然。
（3）必要时可适当注释。
（4）可用不同颜色区分不同的类别。

实施任务 6.4　结合具体项目对市场调研资料进行分组整理

1. 任务组织

（1）学习小组各成员先分头结合选定的调研专题的资料进行分组整理，然后小组内进行讨论，拟定出小组最后的调研资料分组整理方案参与老师组织的讨论。
（2）老师组织小组之间进行交流，对各小组结合实际拟定的调研资料分组整理方案进行相互讨论和交流，老师负责说明和决策。
（3）各学习小组将完善的调研资料分组整理方案提交老师评定。

2. 任务要求

（1）每位同学都要积极参与，提出自己的调研资料分组整理方案。
（2）列表说明已分组资料的整理和汇总情况。
（3）必须将最终结果用电子文本和纸质文本的形式上交老师。

任务 6.5　对调研资料进行编码

6.5.1　资料编码的要义

资料编码是指将资料转化为统一的、计算机可以识别的符号或数字，主要是将问卷中的信息数字化。资料的答案主要是用文字表达的,为了使计算机进行统计分析处理时方便,需要把文字信息转化为统一的、计算机可以识别的符号或数字。例如,对某商品的态度评价有好、一般、差3种,可以用数字3、2、1分别加以表示。

由于使用所有的调研方式所得到的原始资料都是分散无序、不系统的,所以要把资料通过分类整理转化成有序的资料。随着计算机的普及和多种统计分析软件的使用,利用计算机分析已经替代人工分析,所以必须把资料转化成数据库形式,以便于计算机统计分析。

6.5.2 资料编码的方式

资料编码开展的方式有很多种,主要有事前编码和事后编码。

1. 事前编码

问卷设计时给每题的每一答案分配一个代码,通常是一个数字。例如,调研时被调研者的性别,男性用1代表;女性用2代表。再如,对"广州市天河城是最好的购物中心"的态度评价有:同意、一般、不同意。用2代表同意,1代表一般,0代表不同意。

2. 事后编码

问卷完成后给某个没有事先编码的答案分配一个编码,主要针对封闭式问答题的"其他"项以及开放式问答题。需要说明的是,编码的过程主要在问卷设计时就已完成,事后编码更多的是起到完善和补充的作用。

6.5.3 编码过程

编码工作无论是事前还是事后进行,基本过程是一致的。开展的工作主要包括对问题进行编码和对答案进行编码。

1. 对问题进行编码

问卷中的问题本身就有序号,可用该序号作为问题的代码。为了统计处理的方便,也可以将问卷中每一个问题作为一个变量,在数据输入计算机前规定好问题变量的代码。在规定变量代码时,可以直接用英文单词、单词的第一个字母或前几个字母来命名。例如,性别问题,可用sex命名;年龄问题,可用age命名;收入问题,可用income命名。但实际上每一个问题本身就有顺序,如1、2、3等,直接采用很方便,如直接用题目序号1、2、3或者是Q1、Q2、Q3等代表。

有些调研,为了方便归类,还可以把问卷的题目分为不同大类进行编码。

例如，消费调研中，用 A 代表消费者基本情况类题目；用 B 代表消费行为；用 C 代表消费动机；用 D 代表态度意见。也可以统一用一个英文字母来代表所有类别，并附加用 1、2、3 等代表所分类别。例如，类别 1，调研被调研者背景的问题，一共 4 道题，可以用 T1 代表第一类（即 type1），第一道题可以用 T11 代表、第二道题用 T12 代表。

综上所述，题目的编码并不难完成，编码工作主要针对的是对答案的编码。

2. 对答案进行编码

下面分别对封闭式题目答案的编码和开放式题目答案的编码进行说明。

（1）封闭式答案的编码。具体又分为以下两种情况。

1）单选答案的编码。可直接用答案的选项号。例如，请问您上个星期天有没有到过天河城？答案：1. 有；2. 没有。用回答的 1 或 2 代表该被调研者答案的编码。

2）多选答案的编码。具体又可以细分为两种情况。一是全选并排序下，可以直接用选中号码作为答案的代码。例如，您购买电脑依次看重的是（　　）1. 价格；2. 品牌；3. 服务；4. 配置；5. 其他。如某被调研者的答案为 24315，直接用该答案作为代码。二是部分选。此时无论排序或不排序都可以直接用所选的代码代表。例如，您常在哪里购物？1. 超市；2. 购物中心；3. 商品街；4. 附近的小商店；5. 其他。假设被调研者的答案是超市、商品街、附近的小商店，可以直接用答案的序号代表，即 134（还可以用 1 代表所选，0 代表没选，则编码是 1011）。又如，您常在哪里购买体育运动用品？1. 大超市；2. 购物中心；3. 就近街市；4. 百货商店；5. 专卖店；6. 其他。某答案是 135（无序），某答案是 514（有序），直接用所选就可以了。

（2）开放式答案的编码。先将意思相近的答案归为一类，然后给所分类定一个编码，但要注意不要分类太多。另外，数字型开放题，可直接用回答的数字作为代码。例如，估计的经济增长率为 12%，就用 12% 作为代码。在编码过程中要尽量使用原有的数据作为编码。

（3）对没有答案和无须回答的问题的编码。对于没有答案的问卷即漏答无答案的问卷，可用 0 或 "－" 或 9 或 99 或 999 等作为代码。对于无须回答的问卷，可用 8 或 98 或 998 等作为代码。例如，因被调研者未结婚，无须回答子女教育支出的几个问题。

（4）编制编码对照表。编制编码对照表的目的是说明每一编码代表的意义，使资料的处理和使用者能明白。编码对照表又可以称为"编码手册"，可以清晰地解析所得资料的数据库中每一代码所代表的含义。下面举例说明整个编码的过程。

例如，某公司开展消费者购买行为的调研，$n = 500$，部分题目及答案编码的情况如下所示。

（1）被访对象性别（访员记录）：1.男性 2.女性

（2）您的年龄是（　　）周岁。

A. < 18　　　　　　　B. 18～30　　　　　　　C. 30～45

D. 45～55　　　　　　E. ≥ 55

（3）您的最高学历是（　　）。

1. 小学及以下　　2. 初中　　　3. 高中（含中专）　　4. 大学专科

5. 大学本科　　　6. 研究生或以上

（4）请问您个人的平均月收入是（　　）。

A. < 3 000 元　　　　　　B. 3 000～4 000 元

C. 4 000～5 000 元　　　　D. 5 000～6 000 元

E. ≥ 6 000 元

（5）您购买日常生活用品经常到（　　）购买（限选2项）。

A. 百货商场　　B. 小超市　　C. 大超市　　D. 购物中心

E. 街市　　　　F. 网店　　　G. 其他

（6）您购买化妆品经常到（　　）购买（限选2项）。

A. 百货商场　　B. 小超市　　C. 大超市　　D. 购物中心

E. 街市　　　　F. 网店　　　G. 其他

（7）您选择购买化妆品时主要考虑的因素是（　　）。

A. 品牌　　　　B. 功效　　　C. 价格　　　D. 性价比　　　E. 其他

（8）"好企业生产好产品"，请您根据认同程度圈选一个答案（　　）。

5. 非常同意　　4. 同意　　3. 无所谓　　2. 不同意　　1. 非常不同意

（9）"产品销售不是靠广告而是靠口碑"，请您根据认同程度圈选一个答案（　　）。

5. 非常同意　　4. 同意　　3. 无所谓　　2. 不同意　　1. 非常不同意

编码设计的基本步骤如下。

（1）问卷编码。一共有500份问卷，应占3位数，每份问卷设定一个号码，可从001至500号。

（2）对问卷的大类题目变量进行编码。题目1～4，属基本情况类题目，编号A；B代表行为；C代表动机态度；D代表态度意见；变量名依次为A1、A2、A3、A4、B5、B6、C7、D8、D9。

（3）对答案进行编码设计。问题（1）占1位数，编码1代表男性；2代表女性。问题（2）占1位数，用实际填写的符号作为编码。问题（3）占1位数，用编码1代表小学及以下；2代表初中；3代表高中（含中专）；4代表大学专科；5代表大学本科；6代表研究生或以上。问题（4）占1位数，用实际填写的符号作为编码。问题（5）占2位数，用实际填写的符号作为编码。问题（6）占2位数，用实际填写的符号作为编码。问题（7）占1位数，用实际填写的符号作为编码。问题（8）占1位数。编码5代表非常同意；4代表同意；3代表无所谓；2代表不同意；1代表非常不同意。问题（9）占1位数，编码同问题（8）。

假设001号问卷的资料：性别为男性；年龄为18～30岁；教育程度为大学专科；收入为3 000～4 000元；常到街市和小超市购买日常生活用品；常到街市和小超市购买化妆品；购买化妆品时看功效；非常同意"好企业生产好产品"；不同意"产品销售不是靠广告而是靠口碑"。

002号：性别为女性；年龄18～30岁；教育程度为大学本科；收入为4 000～5 000元；经常到百货商场和大超市购买日常生活用品；常到百货商场和购物中心购买化妆品；购买化妆品时看性价比；不同意"好企业生产好产品"；同意"产品销售不是靠广告而是靠口碑"。具体如表6-15和表6-16所示。

```
001   1   B   4   B   BE   BE   A   5   2
002   2   C   5   C   AC   AD   D   2   4
003   2   E   2   D   CD   AB   A   3   3
004   1   C   3   B   BC   DA   D   4   2
 ⋮    ⋮   ⋮   ⋮   ⋮   ⋮    ⋮    ⋮   ⋮   ⋮
500   1   E   4   A   DD   EB   D   5   5
```

表6-15 编码资料

问卷编号	性别	年龄	学历	收入	购买生活用品地点	购买化妆品地点	购买动机	态度1	态度2
第1列	第2列	第3列	第4列	第5列	第6列	第7列	第8列	第9列	第10列
001	1	B	4	B	BE	BE	A	5	2
002	2	C	5	C	AC	AD	D	2	4
003	2	E	2	D	CD	AB	A	3	3
004	1	C	3	B	BC	DA	D	4	2
⋮	⋮	⋮	⋮	⋮	⋮	⋮	⋮	⋮	⋮
500	1	E	4	A	DD	EB	D	5	5

表 6-16　消费行为调研编码说明表

问题序号及内容	数据所在列	编码及说明
问卷编号	第 1 列	按份数从 001～500 号
1. 性别	第 2 列	1. 男性　2. 女性
2. 年龄	第 3 列	A.18 岁以下 B.18～30 岁 C.30～45 岁 D.45～55 岁 E.55 岁及以上
3. 学历	第 4 列	1. 小学及以下　2. 初中　3. 高中（含中专）　4. 大学专科　5. 大学本科　6. 研究生或及以上
4. 收入	第 5 列	A. 3 000 元以下　B. 3 000～4 000 元　C. 4 000～5 000 元　D. 5 000～6 000 元　F. 6 000 元及以上
5. 购买日常生活用品地点	第 6 列	A. 百货商场　B. 小超市　C. 大超市　D. 购物中心　E. 街市　F. 网店　G. 其他
6. 购买化妆品地点	第 7 列	A. 百货商场　B. 小超市　C. 大超市　D. 购物中心　E. 街市　F. 网店　G. 其他
7. 购买动机	第 8 列	A. 品牌　B. 功效　C. 价格　D. 性价比　E. 其他
8. 企业评价	第 9 列	5. 非常同意　4. 同意　3. 无所谓　2. 不同意　1. 非常不同意
9. 广告评价	第 10 列	5. 非常同意　4. 同意　3. 无所谓　2. 不同意　1. 非常不同意

【练习】

1. 调研资料分组应注意什么？
2. 为什么要进行资料的表格化和图示化？

【训练】

结合所在院校对老师们的运动时间进行问卷调研并加以简单的整理。

实施任务 6.5　结合具体项目对市场调研资料进行分组编码

1. 任务组织

（1）学习小组各成员先分头结合选定的调研专题设计编码方案，然后小组内进行讨论，拟定出小组最后的调研资料编码方案参与老师组织的讨论。

（2）老师组织小组之间进行交流，对各小组结合实际拟定的调研资料编码方案进行相互讨论和交流，老师负责说明和决策。

（3）各学习小组将完善的调研资料编码方案提交老师评定。

2. 任务要求

（1）每位同学都要积极参与，提出自己的调研资料编码方案。
（2）应对题目的编码进行专门的说明。
（3）应对答案的编码进行专门的说明。
（4）应编制编码说明表说明编码情况。
（5）必须将最终结果用电子文本和纸质文本的形式上交老师。

任务 6.6　对调研资料进行转换存储

6.6.1　资料转换存储的要义

资料转换存储是将经过编码的资料输入并存储在计算机中的过程，它的目的主要是使用计算机进行资料的处理从而极大地提高资料分析的质量和效率。而多种使用方便的统计分析软件，使调研人员不必掌握很复杂的计算机知识，就能进行调研资料的分析。

6.6.2　调研资料录入的方式

调研资料录入可以利用计算机卡片、光电扫描仪、计算机键盘来进行，但最常用的还是用计算机键盘直接输入的方式。这项工作具体由"录入员"来完成。这里还要说明的是，资料输入计算机之前，应先将编好码的问卷资料过录到资料卡片上，然后再根据资料卡片输入到计算机的硬盘中。

6.6.3　数据库的组建

将调研的资料按照编码输入一定格式的表格中，就组建完成数据库了。数据库的结构形式是由题目变量 – 答案变量构成的。问卷中的每一个题目、每一个答案都用一个独立变量来代表，每个变量在数据库中占有固定的位置，即每个变量的取值对应一个编码。输入时每份问卷按数据库中指定的位置输入相应变量的取值，一行数字就是一份问卷，所有问卷依次输入完毕就形成一个数据库，并取好文件名作为存取资料的依据。这样，在计算机中就形成了一份可供统计分析软件直接处理的资料文件。

> **小案例**
>
> 某次调研所取得的资料已建立好文件，文件中每一列代表一个调研的问题，并作为一个变量，取好一个变量名，它们是存取并处理某列数据的依据，

其名下所列的代码就是所有问卷答案；文件中每一行代码，就是一位被调研者，也称为一个记录，某行或某列中的一个代码也称为一个具体变量。具体如表 6-17 所示。

表 6-17　ym.ndh

yc	ty	kg	ol
2	2	2	6
1	5	1	7
⋮	⋮	⋮	⋮

【分析】调研资料已经全部以代码形式存储在计算机中。

6.6.4　数据录入

数据录入的质量水平直接决定了调研的成果。所以，必须高度重视数据的录入工作，并借助一定的途径来提高数据录入的质量。提高数据录入质量的途径主要有如下 4 种。

（1）由专业录入人员负责录入。

（2）双录入。采取两次重复录入，并借助计算机进行两次录入的对照，以便发现问题。

（3）可编制程序对数据进行审查。一是"有效性审查"，如规定编码为男 1 女 2 不填为 0，出现 6 则说明超出范围值，计算机进行拒绝和发出警告；二是"逻辑性审查"，如怀孕方面的问题一般问女性而男性不做回答，一旦出现男的回答说明有问题。

（4）采用"平衡检测法"。这主要针对数值类的报表和统计表，即把这些表中的某组数值相加作为平衡项，出现所录入的平衡项的数值与计算机的平衡项一致，则计算机接受，否则，计算机进行拒绝和发出警告。

6.6.5　数据库的检查

由于资料比较多，在资料输入中难免出现差错，所以必须对录入完的资料数据库进行必要的检查。主要检查的内容和要求有如下 4 个方面。

（1）检查样本单位是否全部录入完毕，有无遗漏。

（2）逐个问题进行检查，看有无超出有效值范围的值。

（3）进行一定比例的全面检查。通常要求不少于 30 个样本，比例为 1% 左右。

（4）对有相关关系的答案进行配对检查。例如，单从性别来检查，如果全部输入男性都是 2（正确的编码 1 是男性，2 是女性），则仅从单一的检查是无法或较难发现的，但是配合有无女性配偶，则可以发现全错了。

总之，数据库资料必须确保正确，才能为正确的分析提供依据。

实施任务 6.6　结合具体项目对市场调研资料进行转换存储

1. 任务组织

（1）学习小组各成员先分头结合选定的调研专题设计资料转换存储方案，然后小组内进行讨论，拟定出小组最后的调研资料转换存储方案参与老师组织的讨论。

（2）老师组织小组之间进行交流，对各小组结合实际拟定的调研资料转换存储方案进行相互讨论和交流，老师负责说明和决策。

（3）各学习小组将完善的调研资料转换存储方案提交老师评定。

2. 任务要求

（1）每位同学都要积极参与，提出自己的调研资料转换存储方案。

（2）应将调研的资料按照编码输入到一定格式的表格中，组建完成数据库。应对数据库的栏目进行说明。

（3）应对数据库检查的情况进行说明。

（4）必须将最终结果用电子文本和纸质文本的形式上交老师。

学习指导

1. 学习建议

本项目是市场调研的核心内容之一，主要是围绕市场调研的问卷调研完成之后的工作，目的是为资料的分析服务（项目7）。在学习中要注意对几个核心问题的领会，包括资料处理的过程、资料整理的主要方法。资料处理主要的过程包括审核、编辑、编码（含分类整理）与转换存储的过程。审核的主要目的是尽量做到保障资料的可用性；编辑主要是对资料进行细化的检查，尽量做到保障资料的有效性；编码与转换存储都是为了资料的计算机处理。其中，整理还能使资料通过表格和图像来表达。学习中遇到问题要多思考，并结合练习来掌握。本项目技能是高职学生从事相关岗位的必备技能，所以，应该通过实际调研的问卷处理来牢牢掌握。

2. 学习重点与难点

重点：资料处理的主要过程、资料编码、资料整理的主要方法

难点：数据资料的整理

核心概念

资料处理　　资料审核　　资料编辑　　资料整理　　资料编码　　资料转换存储

课后思考与练习

1. 单项选择题

（1）市场调研资料的录入一般采用（　　）。
　　A. 图像　　　　B. 文字　　　　C. 编码　　　　D. 图表
（2）调研资料的细致检查过程是通过（　　）完成的。
　　A. 审核　　　　B. 编辑　　　　C. 编码　　　　D. 整理
（3）资料整理的目的是使资料更加（　　）。
　　A. 有序　　　　B. 充实　　　　C. 完整　　　　D. 全面
（4）资料的编码主要是采用（　　）代表资料。
　　A. 字母　　　　B. 特别代码　　C. 计算机码　　D. 数字
（5）调研资料的转换是将（　　）存入计算机。
　　A. 问卷　　　　B. 问卷资料　　C. 资料编码　　D. 资料数据

2. 判断题

（1）出现不完整的问卷一般都要作废。（　　）
（2）开放式问题的答案一般是事后编码。（　　）
（3）资料分类整理应该做到类别合适。（　　）
（4）资料编码对于一般的问题可以在问卷设计之前完成。（　　）
（5）调研问卷可以通过整理发现问题。（　　）

3. 简答题

（1）请说明问卷处理的基本程序。
（2）请说明问卷编码的基本要求。
（3）请说明资料编辑应注意的问题。

案例分析

进行一项消费者对某种商品评价的调研，要求被调研者回答性别、年龄、职业等问题和对商品综合评价进行打分。编码设计为：① 数字1代表男性；2代表女性。② 分别用数字1～8将消费者的职业分为工人、农民、军人、机关干部、学生、公司职员、教师和其他 8 大类。③分别用数字 1～4 代表消费者的不同年龄段：18 岁以下、18～30 岁、30～45 岁、45 岁及以上 4 个组。确立编码原则后，就可以将资料逐份编码进行处理，并可以获得一定格式的编码资料，如表 6-18 所示。

表 6-18　调研消费者对某种商品评价的编码资料

性别	职业	年龄	评价
第 1 列	第 2 列	第 3 列	第 4 列
1	2	3	10
2	6	2	8
⋮	⋮	⋮	⋮

为进一步清楚了解资料的分类内容及编码的含义，应制作一份编码说明表，如表 6-19 所示。

表 6-19　调研消费者对某种商品评价的编码说明表

问题序号及内容	数据所在列	编码及说明
1. 性别	第 1 列	1. 男性　2. 女性
2. 职业	第 2 列	1. 工人　2. 农民 3. 军人　4. 机关干部 5. 学生　6. 公司职员 7. 教师　8. 其他
3. 年龄	第 3 列	1. 18 岁以下　2. 18～30 岁 3. 30～45 岁　4. 45 岁及以上
4. 评价	第 4 列	10 分制

资料来源：中国就业培训技术指导中心. 高级营销员 [M]. 北京：中央广播电视大学出版社，2010.

【案例分析要求】结合案例认识与思考下列主要问题：

1. 编码的意义是什么？
2. 如何进行编码？
3. 编码的主要内容是什么？

项目 7 Project 7

分析市场调研资料

学习目标

知识目标

1. 掌握定量分析、定性分析的要义和方法
2. 能够运用正确的方式方法对不同市场调研项目资料进行分析

能力目标

1. 能够结合调研具体所掌握的资料设计处理程序
2. 能够结合具体的调研资料进行定量分析和定性分析

项目介绍

获得市场调研资料并不是市场调研的目的，市场调研的目的是通过市场调研资料的分析来认识和把握市场。从市场调研中得到的大量资料，虽然经过处理整理，但其价值还是有限的，较难看出资料中内含的有价值的结论。所以，原始资料经过系统处理后，需要利用科学的方法进行去伪存真、由表及里、由此及彼的分析加工，达到揭示资料内含的现象和规律趋势的目的。本项目学习的主要目的是掌握市场调研资料的定量分析和定性分析的知识和能力。

任务 7.1　选择市场调研资料的分析方法

7.1.1　正确认识和开展市场调研分析活动

对市场调研的资料进行分析必须按照一定的原则进行，才能达到更好的效果和结果。具体应遵循以下 4 个原则。

1. 针对性原则

调研所得到的资料可以从多个角度，采用多种方法、多项指标来进行分析。所以，调研资料的分析主要取决于调研的目的和要求。要紧紧围绕探求和解决的问题来分析。例如，在消费者购买行为的调查中，可以分析收入与支出的关系、收入与购买商品结构的关系、收入与购买地点的关系、收入与购买

品牌的关系、收入与消费观念的关系、收入与购买次数的关系、收入与购买方式的关系、收入对售货服务要求的关系等。仅收入就可以进行十多个方面的分析，而且分析的指标还可以不同。所以，必须根据调研的目的和要求，有目的地选择分析的内容。

2. 完整性原则

市场现象是由多个因素决定的。在分析时，应把资料的总体特征反映出来，而不是就某个方面的局部分析。例如，消费者购买行为的调研分析，可以分析 5W1H 及影响因素、相互关系等。只有进行完整的分析才能得出所调研的消费行为的状况和变化。

3. 客观性原则

资料的分析必须以客观事实和调研资料为依据，绝对不能杜撰。否则，所分析的结论是没有价值的，还会误导决策。例如，随着广东经济的进一步发展，人们的购买行为越来越有品牌的倾向。这是在充分调研的基础上得出的结论。

4. 变动性原则

市场是变动的，要分析市场的变动和发展。因为分析得出调研结论的根本目的是为决策服务。事实上，所有的市场现象都是在不断变动的，所以要通过分析得出所调研现象的变动趋势。例如，当今的消费热，从家庭必备"新三件"（冰箱、彩电、洗衣机）发展到旅游热、体育文化消费热、娱乐健身热等的变化就是很好的说明。

7.1.2 对市场调研资料分析方法的认识

认识市场的状况或发展，主要是从质和量来进行，所以，市场调研资料的分析方法也包括两大类：一是定性分析法，二是定量分析法。

定性分析是利用搜集的各种资料，结合调研者的经验对市场进行质的认识和判断，包括对市场发展的现状、市场发展的趋势等的认识和判断。例如，结合资料对广州市的家具市场做出"人们越来越注重选择品牌家具"的判断。

定量分析是利用搜集的量化资料，结合数理统计方法分析揭示市场的量的状况和发展。具体可以从多个方面的指标来进行分析，如所调研总体的集中趋势、差异情况、结构情况等。

7.1.3 对定性分析方法的基本认识

1. 市场调研资料定性分析的要义

定性分析是市场调研资料分析的基础，主要从性质上分析市场质的现象，常用于对市场发展态势、发展的性质和方向做出质的描述。例如，通过调研资料的分析得出"广东东莞市的居民家庭购买汽车的热情继续上涨"的结论。

2. 应加深的几点认识

从如下几个方面来加深对定性分析的认识。

（1）常用于确定市场的发展态势、发展的性质。例如，通过分析得出现代人的消费观念是更加注重生活品位。

小案例 **对广州等一线城市业态发展的认识**

结合几十年来广州市商贸流通业的发展，可以认识到业态发展的状况和前景。总体来说，以购物中心为代表的新型业态的市场地位得到进一步的巩固，购物中心成为都市最受欢迎的业态。

（2）针对模糊的、不能量化的现象分析。例如，对某商品的改进意见，包括商品的外观、使用价值等，这些变化很难量化说明，只能进行质的描述；再如，国家经济政策对广州市或昆明市房地产市场的影响究竟有多大也是很难准确度量的。

（3）靠经验和专门知识进行判断。例如，天津人购车欲望强烈，广州市居民都认为广州是一个不设防的城市，等等。

（4）定性分析是市场调研和分析的前提。例如，对市场轮廓的描述，预计今年的汽车市场比去年增幅减缓。具体增幅多缓，可以通过进一步量化分析得出。

（5）定性分析除了运用一些背景资料，还应多结合必要的数据资料进行分析。

小案例

某调研公司就目前广州市居民对空气质量的评价进行调研，运用利克特量表进行调研。统计市民对"广州市的空气质量已经达到优秀等级了"的观点的认同程度，具体评价结果如表7-1所示。

表7-1　广州市居民对空气质量优秀认同程度的评价结果

态度	人数	比例（%）
同意	70	70
一般	15	15
不同意	15	15
合计	100	100

【分析提示】结论为大多数广州市民都认为空气质量是非常好的。这是通过利克特量表来调研"居民对广州空气质量的评价"这单一变量的人数（频数）和比例（频率）的分布得出的结论。单变量频数品类分布在定量分析中有较深入的说明，可以参考后面定量分析的知识。

3. 定性分析的特点

定性分析主要有如下几个方面的特点。

（1）多靠经验和专门知识判断，易受调研者和被调研者以及背景的影响。专家具有某方面的专长，但也有某些方面的不足，可能会出现判断失误。同时，被调研者也会提供不完全的资料或调研者收集资料的不完整造成专家误判。

（2）注重对调研对象整体发展的分析。通过分析把握调研对象的质的发展，将调研对象作为一个整体，分析整体内部各子系统之间的关系，最终形成对整体状况和发展的认识。例如，通过分析某地消费者的可支配收入水平、消费观念的变化、汽车的价格、现有汽车的养护费用、未来汽车消费预期变化等因素，最终得出"当地的汽车消费市场已形成"的整体评价。

（3）针对模糊的、不能量化的现象分析。定性分析基于的主要资料，是反映调研对象的质的描述性资料。定性分析所用资料的数据不太充分，否则就可以借助定量分析的方式来进行较精确的分析。定性分析往往是利用调研对象的一些文字表述的资料，带有很大程度的模糊性，不具有完全的确定性。例如，消费观念变化的文字资料、对某商品的改进意见、国家经济政策影响等。这些资料往往是性质上的描述，不具有完全的确定性。

（4）分析的方法是对搜集的资料进行归纳逻辑分析。例如，调研100家企业，其中90家企业的广告投入与销售有很大关系，10家企业在广告上基本没什么投入，销路难以打开，从而可以归纳逻辑分析说明所有企业的销售都受广告投入力度的影响。

7.1.4 对定量（统计）分析方法的基本认识

对调研所得到的资料，除了定性分析，还可以结合调研所得到的数据资料进行定量分析，以揭示事物内在的数量关系、规律和发展。定量的分析比定性分析会更加明确、直接，定量分析又称统计分析。

1. 统计分析的要义

统计（定量）分析是对调研得到的数据资料进行量化计算分析，以揭示事物内在的数量关系、规律和发展的一种资料分析方法。例如，可以通过调研某地被调研者的每月支出金额,计算出平均水平来反映一般支出水平状况。

2. 统计分析的作用

市场现象的发展变化与事物的发展规律一样,主要体现在质与量的不同程度的变化上。量化分析在资料充分的情况下,将显得更加明确。统计分析的作用主要体现在如下几个方面。

(1)通过分析可以得出清晰、精确的数量化描述,如平均水平、平均差异等。例如,某地调研收入和支出情况,通过相关分析得出收入水平和消费支出的关系为:$Y=1\,000+20\%x$。其中 Y 代表消费支出,x 代表收入水平。从中可以分析得出,当地人的基本生活平均费用起码得 1 000 元,当地人随收入增加开支平均的比例是 20%,即如果收入是 4 000 元,则将多拿出 800 元用于消费;如果收入是 6 000 元,则将多拿出 1 200 元用于消费。

> **小案例**
>
> 通过调研得出某地居民平均每月需要生活费用开支 1 800 元,平均差异是 100 元。具体如何计算得到结构,将在后面学习认识。

(2)通过分析可以对市场的未来变化进行科学预测。例如,某地调研得到 2018—2022 年的收入水平资料(见表 7-2)。可以通过定量分析法预测未来收入水平的变化。

表 7-2 某地 2018—2022 年收入水平资料

年份	点收入/万元	年份	点收入/万元
2018	5.00	2021	8.00
2019	6.00	2022	10.00
2020	7.00		

分析时可以通过收入和时间因子建立数学模型进行分析预测。模型的建立具体可以参考后文回归分析的内容。预测收入水平变化的数学模型为:$Y=7.2+1.2t$。再结合其他的一些资料可以预测出未来 2023 年的收入水平将上升到 10.8 万元。

(3)通过调研资料可以推论总体发展的水平。市场调研中主要采用抽样调研技术,在采用随机抽样调研的方式下,可以利用统计分析的方法,对总体的状况进行推论。具体的方法已在项目 3 做了较详细的说明,可以复习项目 3 的内容进行掌握。

3. 统计分析的类型

统计分析有多种类型，具体按照统计分析的性质、调研数据的统计分析的内容、研究的目的与要求、分析的深入程度来进行划分认识。

（1）从研究的目的与要求划分，统计分析包括 3 类。

1）对一个变量取值的归纳整理及对其分布形态的研究，包括频数、众数、中位数、均值、标准差的计算。

2）对两个变量的相关性分析，具体包括卡方分析、单因素方差分析、简单相关分析和一元线性回归分析等。

3）对多个变量的相关性分析，包括多元线性回归、判别分析、聚类分析和因子分析等。

（2）从定量分析的深入程度，可以分为描述性统计分析和解析性统计分析。描述性统计分析主要是对数据的频数频率、集中趋势、离散程度、相对程度等方面进行分析。解析性统计分析主要是对数据本身所包含的隐性事物本质及其规律进行深入研究的方法汇总，主要是指多元统计分析方法。

解析性统计分析具体包括 3 类。

1）数据结构的简化处理，包括主成分分析、因子分析等方法。

2）数据的归类或分组，包括聚类分析、判别分析等。

3）变量之间的相依性分析，包括回归分析、相关分析、多元统计量的分布理论和假设检验等。

结合高职教育的特点，要求学习掌握描述性统计分析和解析性统计分析中的相关分析和回归分析。

实施任务 7.1　结合具体项目设计调研资料的分析方法

1. 任务组织

（1）学习小组各成员先分头结合选定的调研专题拟定调研资料分析方法方案，然后小组内进行讨论，拟定出小组最后的调研资料分析方法方案参与老师组织的讨论。

（2）老师组织小组之间进行交流，对各小组结合实际拟定的调研资料分析方法方案进行相互讨论和交流，老师负责说明和决策。

（3）各学习小组将完善的调研资料分析方法方案提交老师评定。

2. 任务要求

（1）每位同学都要积极参与，提出自己的调研资料分析方法方案，并提出选择的理由。

（2）应注意定性分析方法与定量分析方法的特点，对所选定的方法进行比较说明。

（3）必须将最后结果用电子文本和纸质文本的形式上交老师。

任务 7.2 运用定性分析方法

具体可以运用的定性分析方法有多种，主要包括对比法、演绎法、归纳法、比较分析法、结构分析法。

7.2.1 对比法

将调研的现象与同类或相近的其他现象进行对比，找出相同点和不同点，从而得出所调研对象的现状和发展水平。前者如珠三角其他地方的人的养老观念与广州人的养老观念进行对比，有许多的不同。后者如广州市的服装紧跟香港的变化发展，而内地其他城市又紧随广州的变化发展，形成一种相互的关系，假如相差的时间节奏不大，则可以知道，在香港出现的服装新潮流会很快先在广州后再在内地其他城市开始流行。再如，把调研的甲地与乙、丙两地2022 年第一季度的物价指数比较，如表 7-3 所示。

表 7-3 2022 年第一季度甲、乙、丙三地物价指数比较

地方	物价指数（%）
甲	3.6
乙	3.8
丙	3.9

从表 7-3 中可以反映三地同一时期的物价指数不同的情况。

> **小案例**
>
> 通过调研资料分析，发现珠三角许多其他城市的消费水平和广州市差得不是很大。

7.2.2 演绎法

演绎法具有很强的逻辑推理性，并且要结合市场原理作为依据，即把所分析的市场现象分解成不同的影响因素，由分开的不相联系的各个因素、各个方面的分析再联结成对整体综合的认识。例如，随着人们收入水平的提高、观念

的变化、衣食住行无忧等因素的分析得出旅游业、休闲业、美容美发业迅猛发展的整体评价。

> **小案例**
>
> 某地经济收入水平已达到小康，随着消费观念的变化、社会文化的发展、物质的丰富，人们大多都已经拥有住房和汽车，则将会更加注重文化消费支出。

7.2.3 归纳法

归纳法是从调研对象中具有的一般共性出发概括得出分析结论的方法，分为完全归纳法和不完全归纳法两类。

1. 完全归纳法

完全归纳法是从调研对象中的每一单元具有或不具有某种共同属性，从而概括归纳出总体所具有的本质属性。

> **小案例**
>
> 例如，通过对广州市居民的普查，如果都认为广州是一个不设防的城市，则可以概括得出这一结论。再如，通过对某地全部商场的调研，得出都注重POP广告对营业环境的营造。

2. 不完全归纳法

具体可以分为以下3种方法。

（1）通过部分单元具有（或不具有）某种共同属性，而且又无反例，从而推及调研总体具有（或不具有）某种共同属性。

> **小案例**
>
> 例如，通过调研的100名东莞人都表现出购车欲望，而无反例，得出东莞人都有计划买车的结论。再如，通过调研的200家企业都表现出对高素质人才的需求，得出企业对高素质人才有需求的结论。

（2）科学归纳法。通过部分单元与某属性之间具有必然联系推论总体具有某种属性。

> **小案例**
>
> 例如，调研100家企业，其中80家企业表现出企业形象与销售具有很大的关系，从而说明所有企业的销售都受形象的影响。再如，调研大、中、小三类企业，发现大型企业都非常注重流通费用和内部管理成本的控制，从而得出大型企业成本管理水平较高。

（3）简单枚举法。根据目前调研所掌握的调研问题某类对象具有的代表性特征，而且没有个别不同的情况，归纳出该类问题整体同类对象具有该种特征。简单枚举法多靠经验来进行归纳。

> **小案例**
>
> 例如，通过判断抽样重点调研10家大型商品流通企业，发现经营状况都很好，没有相反例子，归纳得出当前大型商品流通企业的经营状况良好的结论。

7.2.4 比较分析法

比较分析法是将同一市场现象进行前后比较对照分析的方法。例如，某地2020—2022年物价指数比较，如表7-4所示。

表7-4 某地2020—2022年物价指数比较

年度	物价指数（%）
2020	5.1
2021	5.2
2022	5.5

从表7-4中的物价指数情况，结合国家以及当地的经济发展政策和其他因素的发展趋势，可以分析得出2023年的物价发展趋势。

7.2.5 结构分析法

结构分析法是对总体内部所包含的众多状况进行分析的方法，包括内部各部分的主次关系、总体的内部状况与发展等方面。举例说明某地企业按所有制的类型分布，如表7-5所示。

表 7-5 某地企业按所有制类型分布表

企业类型	企业分布（家）	比例（%）
全民所有制企业	100	25
集体所有制企业	100	25
私营企业	180	45
外资企业 （外商独资企业、中外合资企业、中外合作经营企业）	20	5
合计	400	100

从表 7-5 中可以认识到，当地的企业主要是全民和集体所有制企业，外资企业所占的比重不是非常大。再如，调研某地家庭收入情况，发现中高端收入家庭占的比例比较大，可以分析得出当地消费水平比较高的结论。

实施任务 7.2　结合具体项目运用资料的定性分析方法

1. 任务组织

（1）学习小组各成员先分头结合选定的调研专题拟定调研资料定性分析法设计方案，然后小组内进行讨论，拟定出小组最后的调研资料定性分析法设计方案参与老师组织的讨论。

（2）老师组织小组之间进行交流，对各小组结合实际拟定的调研资料定性分析法设计方案进行相互讨论和交流，老师负责说明和决策。

（3）各学习小组将完善的调研资料定性分析法设计方案提交老师评定。

2. 任务要求

（1）每位同学都要积极参与，提出自己的调研资料定性分析法设计方案，并提出选择的具体理由。

（2）定性分析的主要方法包括对比法、演绎法、归纳法、比较分析法、结构分析法，应加以综合运用。

（3）必须将最后结果用电子文本和纸质文本的形式上交老师。

任务 7.3　运用定量分析方法

7.3.1　调研数据的描述性统计分析

1. 单变量频数、频率分布分析

单变量分析主要是指从一个变量角度来进行分析。这一分析能对资料全貌有初步的了解，是最常用的资料描述手段。

具体来说，变量又可以分为定性变量和定量变量。定量变量又可以分为离散型变量和连续型变量。

（1）离散型变量，是指不能无限分割的变量。例如，某地农村200户家庭人口分布情况如表7-6所示。

表7-6　某地农村家庭人口分布情况表

每户人口分组/人	户数	比例（%）
1	10	5
2	10	5
3	10	5
4	50	25
5	60	30
>5	60	30
合计	200	100

（2）连续型变量，是指理论上来说能无限分割的变量。对于此类变量，最好采用组距式分组的方式。例如，100人的收入分布情况，如表7-7所示。

表7-7　100人的收入分布情况

收入分组/元	人数	比例（%）
4 000以下	10	10
4 000～5 000	10	10
5 000～6 000	10	10
6 000～7 000	10	10
7 000及以上	60	60
合计	100	100

2. 多变量（交叉）频数、频率分析

多变量（交叉）频数、频率分析是指具有两个或两个以上属性的变量的分布情况。这种方法对每个问题的单独分析不够深入；但是可以对每个问题进行多因素分析，就每个问题做不同因素组合的深入分析。

例如，调研不同年龄和不同性别的100名被调研者的汽车拥有情况，如表7-8所示。

表 7-8　100 名被调研者的汽车拥有情况

年龄分组＼汽车拥有情况＼性别	男		女	
	有	无	有	无
20 岁以下	5	5	6	4
20～30 岁	10	0	3	7
30～40 岁	10	0	5	5
40～50 岁	3	7	6	4
50 岁及以上	2	8	4	6
合计	30	20	24	26

多变量的分析也不能采用过多的变量，这样会使分析过于复杂，所以一般针对两个变量因素分析。而两个变量因素的分析多采用横列表法。横列表法主要是把要分析的资料分成纵横两个方面，形成二维数据进行分析。横列表法使用成功的关键，取决于分析者选择关键因素以及根据这些因素组成横列表的能力。

【思考】

横列表法的主要特点是什么？

3. 累积频数分析

以上分析仅从本组的次数进行分析，有时分析还要说明达到某一水平线的分布情况，那么就可以采用累积频数分析的方式。累积频数分析含以下累计（累积）和以上累计（累积）两种方式。以下累计，指从本组往比本组低的组累计；以上累计，指从本组往比本组高的组累计。例如，某地 1 000 户家庭按收入累计的分布情况见表 7-9。

表 7-9　某地 1 000 户家庭按收入的累计分布情况表

收入分组 / 元	频数 / 户	以上累计 / 户	以下累计 / 户
6 000 以下	50	1 000	50
6 000～8 000	150	950	200
8 000～10 000	600	800	800
10 000～12 000	100	200	900
12 000 及以上	100	100	1 000
合计	1 000	—①	—①

① 答案取决于分析者对横列表中关键因素的选择。

对资料中的累积频数的含义，可以这样来认识。例如，以上累计中950户，是指6 000元以上的家庭户数；再如，以下累计中的800户，是指家庭收入10 000元以下家庭的户数。在认识资料时要注意。

4.集中趋势分析

集中趋势反映的是一组数据向某一中心值靠拢的倾向程度。对集中趋势的描述就是寻找数据一般水平的中心值或代表值。一般在中心附近的变量数较多，远离中心的变量数较少。

资料分析中常用代表中间水平的指标来反映资料的一般水平，通常采用平均指标来反映，平均指标是将总体各单位某一数量标志值的差异进行抽象化，从而反映总体的一般水平。反映集中共性的指标主要有算术平均值、众数、中位数等。

（1）算术平均值。算术平均值是一种习惯的常用指标，利用平均值来表示资料的集中趋势。具体可以结合不同的资料进行计算处理。

1）对于未分组的简单资料，可以用简单平均数或者加权平均数进行计算。

① 利用简单平均数计算，直接将资料变量进行加总除以资料个数。实际上它也可以看作一种特殊的加权平均数，权数为1。具体结合表7-10说明。

表7-10　某商品1—8月的销售资料

月份	销售额/万元	月份	销售额/万元
1	10	5	15
2	12	6	15
3	12	7	16
4	14	8	16

平均数 = $(10\times1+12\times1+12\times1+14\times1+15\times1+15\times1+16\times1+16\times1)/8$
　　　 = 13.75（万元）

小案例

调研某地20人的收入情况，通过加总得出总收入，再除以人数得出平均收入为6 000元。

② 加权平均数的计算。从一般意义上来说，事物都有主次之分，所以，对

收集的资料进行分析时有主次区别的处理，将更符合实际。例如，利用最近半年（1—6月）的资料来预测7月的基本销售情况，可以计算出一个平均水平来作为基本数据。明显的是采用没有区别的办法对待半年中每一个月的销售额，这样算出的结果肯定没有区别对待要好。道理很简单，因为要预测的7月的情况，应当更加接近的是5月、6月的情况，而与1月、2月等就没有那么近了。所以更好的方法就是有区别地利用数据资料，这就要用到计算加权平均数的方法了。

加权平均数的计算是通过赋予资料不同的权数来体现资料的重要性。具体仍以表7-10中的资料为例来说明。

假设据经验赋予权数为1、2、3、4、5、6、7、8，则加权平均数 = (10 × 1 + 12 × 2 + 12 × 3 + 14 × 4 + 15 × 5 + 15 × 6 + 16 × 7 + 16 × 8)/36 = 14.75（万元）。计算出的结果比简单算术平均数更接近实际一点（但还因为一些因素而不完全理想）。

加权平均数可以作为利用资料进行预测的预测值。计算的关键在于权数的赋予。权数的意义在于对资料的运用所看中的程度。

权数的几点说明如下：凭经验采用；可通过比较选择采用；一般距预测期越近应该赋予越大的权数。

具体来说有如下几点经验供认识把握。

A. 当历史资料变动趋势小时，可用等差数列为权数（如1,2,3,…）。

B. 当历史资料变动趋势较大时，可用等比数列为权数（如1,2,4,8,16,…）。

C. 当历史资料波动起伏不定时，可对不同变动幅度给予不同的权数，并使其和为1。

D. 当历史资料呈现明显的倾向趋势时，即使赋予较大差距的权数，预测值仍会出现滞后，误差会比较大，不宜采用此法，应改用其他预测方法。

例如，某商品6个月的销售额（单位：万元）分别为10、12、15、16、18、19，根据资料的上升变动趋势，据经验赋予权数1、2、3、4、5、6，则加权平均数 = (10 × 1 + 12 × 2 + 15 × 3 + 16 × 4 + 18 × 5 + 19 × 6)/21 = 16.52（万元）。

但是，从预测值来说，则偏小，因为5月已达18万元。主要是资料有一定的上升趋势。选用其他权数时，如1、2、4、8、16、32，计算出的加权平均数为17.75万元，则相对比较理想，但仍然滞后，选用其他预测方法会更好。

2）对于已分组资料，常用组中值进行简单算数平均数或加权平均数的计算。

① 组中值的认识。组中值是每一组的近似中间值。具体组中值的计算可以分封闭组和开口组来进行。

> **小知识** **组中值的计算**
>
> 封闭组的组中值 =（本组上限 + 本组下限）/2
> 开口组的组中值（有上限无下限）= 本组上限 −（相邻组距 /2）
> 开口组的组中值（有下限无上限）= 本组下限 +（相邻组距 /2）

这些内容在项目 6 的资料分类整理中已做了说明，可以参照复习。下面再具体结合表 7-11 来说明。

表 7-11　1 000 人的收入分组表

收入分组 / 元	人数	比例（%）
5 000 以下	100	10
5 000 ～ 6 000	300	30
6 000 ～ 7 000	300	30
7 000 ～ 8 000	200	20
8 000 及以上	100	10
合计	1 000	100

5 000 ～ 6 000 元组的组中值 =（5 000 + 6 000）/2 = 5 500；8 000 元及以上组的组中值 = 8 000 +（8 000 − 7 000）/2 = 8 500。依此类推，可以得到各组的组中值。

② 对于已经分组的资料，可以利用组中值来计算算数平均值。具体可以利用资料编制"组中值及平均值计算表"进行计算。下面结合上面表 7-11 的资料来说明（见表 7-12）。

表 7-12　1 000 人的收入分组的组中值及平均值计算表

收入分组 / 元	组中值 / 元	人数	（组中值 × 人数）/ 元
5 000 以下	4 500	100	450 000
5 000 ～ 6 000	5 500	300	1 650 000
6 000 ～ 7 000	6 500	300	1 950 000
7 000 ～ 8 000	7 500	200	1 500 000
8 000 及以上	8 500	100	850 000
合计		1 000	6 400 000

平均值 = 6 400 000 ÷ 1 000 = 6 400（元）

【实训】

利用表 7-13 的资料计算算数平均数。

表 7-13　某地 1 000 户家庭的月收入的累计分布表

收入分组 / 元	频数 / 户	以上累计 / 户	以下累计 / 户
5 000 以下	50	1 000	50
5 000～7 000	150	950	200
7 000～9 000	600	800	800
9 000～11 000	100	200	900
11 000 及以上	100	100	1 000
合计	1 000	—	—

利用组中值加权计算平均值的方法和未分组一样，赋予各组不同权数，进行计算即可，这里不再展开说明了。

（2）众数。众数是指调研资料变量值中出现次数（或频率）最多的变量值。当数列端值影响很大时，用一般平均数来表达集中趋势就会失去原有的代表意义。例如，7 位消费者对某商品评价的分数分布为 1 分、2 分、10 分、10 分、10 分、10 分、10 分；平均分为 7.57 分，而实际上基本都不靠近。利用众数来表达集中趋势就会有更大的意义。本例的众数就是 10。众数的次数越多，集中趋势越显著；相反，如果次数少，则代表性就较差，因此，只有某变量出现的次数明显较多时，才能用众数作为总体的代表值。

小案例

某组顾客对商品评分为 1、2、8、8、8、8、8、10（分），如果计算简单算数平均分，则为 6.625 分；按众数则较为理想，反映集中趋势是 8 分。可见，众数指标适合一端出现众数的情况，也适合中间出现众数的情况。

众数的计算，具体应当结合资料是单项式的还是组距式的来处理。

1）对于单项数列，可以通过直接判断确定。例如，某地市场当天苹果销售情况如表 7-14 所示。

表 7-14　某地市场当天苹果销售情况

销售价格 /（元·斤⁻¹）	销售量 / 公斤	销售比重（%）	价格众数 /（元·斤⁻¹）
5.0	300.0	10.0	
5.5	200.0	6.7	
6.0	2 000.0	66.7	6.0
6.2	300.0	10	
6.5	200.0	6.6	

可以直接判断出当地苹果最有代表性的价格是众数 6.0 元 / 斤。

2）对于组距式数列，则要通过公式进行计算确定。

计算公式为:

众数 (M_o) = 众数所在组的下限 + [(众数所在组频数 − 上一组频数)/
(2 倍的众数所在组频数 − 上下两组频数之和)] ×
众数所在组的组距

结合某地 1 000 户家庭的收入分布情况（见表 7-15）来计算众数。很明显，众数应为第三组中的某值。下面结合表 7-15 具体的资料进行计算。

表 7-15　某地 1 000 户家庭的收入水平分布

收入分组 / 元	频数 / 人
4 000 以下	50
4 000 ~ 6 000	150
6 000 ~ 8 000	600
8 000 ~ 10 000	100
10 000 及以上	100
合计	1 000

结合上述资料计算得:

M_o = 6 000 + [(600 − 150)/(2 × 600 − 150 − 100)] × 2 000 = 6 947.37（元）

对于众数，再做几点认识说明。

① 一般来说，一组数据中出现次数最多的数就是这组数据的众数。

② 一组数据可以有多个众数，也可以没有众数。例如，1、2、3、3、4 的众数是 3。但是，如果有两个或两个以上的数据出现次数都是最多的，那么这几个数都是这组数据的众数。例如，1、2、2、3、3、4 的众数是 2 和 3。另外，如果所有数据出现的次数都一样，那么这组数据没有众数。例如，1、2、3、4、5 没有众数。

③ 用众数代表一组数据，可靠性较差。不过，众数不受极端数据的影响，且求法简便。在一组数据中，如果个别数据有很大的变动，选择众数表示这组数据的"集中趋势"则会比较理想。例如，前面提到的例子，7 位消费者对某商品评价的分数分布为 1 分、2 分、10 分、10 分、10 分、10 分、10 分；平均分为 7.57 分，利用众数 10 分代表集中趋势要比 7.57 分理想。

（3）中位数。中位数是指变量数列从小至大或从大至小排列下，数列的中间位置所对应的变量数值。例如，将 7 名学生的身高（单位：米）从矮到高排列，1.64、1.72、1.83、1.85、1.90、1.91、1.92，则 1.85 米就是该数列的中位数。由此可见，中位数属于位置数，只受位置的左右，而不受数列两端值的影响。中位数比较适合的情况是所收集资料出现极端端值的影响，计算简单算术平均数，结果会不理想。例如，7 名被调研者的身高（单位：米）分别是 1.71、1.72、1.73、1.74、1.75、1.76、2.36，算术平均数是 1.824 米；而采用中位数，则可以很简单地得出是 1.74 米，后者很明显是比前者对集中趋势反映得更好。

主要是因为中位数剔除了端值的影响（需补充说明的是，数据也是无法用真正意义的众数反映的；而从某种意义上来说，众多的人的身高是一米七几，一米七几也是可以看成众数的）。

> **小案例**
>
> 　　假设某地人的身高（单位：米）是 1.3、1.71、1.72、1.73、1.74、1.75、2.36，如果计算简单算术平均数，可以得出是 1.759 米。可见，由于有两头端值的拉平，用它来反映集中趋势就没有大的差别了。
> 　　但是，面对这样的资料，完全可以总结得出，直接利用中位数，"去掉"两头端值的影响，按位置确定中位数来代表集中趋势。

具体可以结合未分组与已分组资料来确定中位数。

1）未分组的资料。例如，所调研的 10 个人的身高（单位：米）分布为：1.68、1.70、1.71、1.73、1.75、1.76、1.77、1.77、1.78、1.79。求中位数的时候，先求中位数所在的位数 P_m，$P_m = (\Sigma f + 1)/2$；或者 $n/2 + 0.5$，即一半加半位（注意变量中有两个 1.77，只算一个即可）。此例计算为 $(9+1)/2 = 5$；或者 $9/2 + 0.5 = 5.0$，对应为 1.75；假如上例去掉最后一个变量 1.79，则 $P_m = (\Sigma f + 1)/2 = (8+1)/2 = 4.5$，对应为 1.74，即 $[(1.73 + 1.75)/2]$。

2）已分组资料，则主要通过公式进行计算。由于分组的资料常计算累积次数，可以通过累积次数计算中位数。利用以下累计确定中位数，称为下限法；反之，为上限法。

这里要提醒注意，对于已分组资料，中间位置的计算与未分组不同，应采用 $P_m = \Sigma f/2$。下面采用下限法的计算公式计算中位数。计算公式为：

中位数（M_e）= 中位数所在组的下限 + ［(总频数的一半 − 中位数所在组的上一组的以下累计频数)/ 中位数所在组的次数］× 中位数所在组的组距

结合某地 1 000 人的收入频数（见表 7-16）计算中位数。很明显，可以判断中位数应为第三组中的某值。

表 7-16　某地 1 000 人的收入频数

收入分组 / 元	频数 / 人	以上累计 / 人	以下累计 / 人
4 000 以下	50	1 000	50
4 000 ~ 6 000	150	950	200
6 000 ~ 8 000	600	800	800
8 000 ~ 10 000	100	200	900
10 000 及以上	100	100	1 000
合计	1 000	—	—

结合上述资料计算：

中位数 (M_e) = 6 000 + [(1 000/2 − 200)/600]×2 000 = 7 000（元）

对于中位数，再做以下几点说明。

① 中位数是一种位置代表数。

② 中位数受观察数目的影响较多，不像平均数那样受每一数值大小的影响。

③ 当数列端值影响很大时，一般平均数就会失去原有的代表意义。应考虑利用中位数或众数就有更大的意义。

④ 中位数与数据的排列位置有关，某些数据的变动对它没有影响。

⑤ 中位数是一组数据中间位置上的代表值，不受数据极端值的影响，因此某些数据的变动对它的中位数影响不大。

⑥ 当一组数据中的个别数据变动较大时，可用它来描述数据的集中趋势。

5. 离散程度分析

（1）意义。在资料的分析中，经常要分析资料数量特征的差异性，变异度就是用来说明总体内各个体单位标志值之间差异的指标。通过变异度指标可以分析总体平均值的代表性和总体内个体之间的波动情况。例如，有两家商场一年四季的商品销售情况，甲商场为 78 万元、82 万元、81 万元、79 万元；乙商场为 60 万元、100 万元、70 万元、90 万元。从平均水平来说，两家商场是一致的，都是 80 万元；但从经营的波动性来说，很明显乙商场比甲商场要大得多。具体可以通过计算标准差等指标来反映。同时，也说明 80 万元作为甲商场的一般水平代表较适宜，而作为乙商场的则不理想。

再如，请 10 位消费者观看一则广告，评价的分值分布为 1、2、4、5、6、7、8、8、8、10，很明显 10 位消费者的看法很不一致，用平均分代表一般的评价也是不理想的。

（2）主要指标计算如下。

1）极差。极差又称全距，主要是指变量数列中最大值与最小值之差。极差只说明最大变量与最小变量之间相差程度，中间变量分布不明确，所以较少采用。

2）标准差。标准差是指总体内各单位个体的变量值与这些变量值的平均值的离差平方的平均值的平方根。

标准差的计算，也应当结合资料是否分组进行不同处理。

① 未分组资料。例如，调研某地 5 位职工的收入（单位：元）情况，分别为 6 000、7 000、8 000、9 000、10 000，计算标准差反映 5 位职工的收入波动情况。下面列表进行计算，见表 7-17。

表 7-17　某地 5 位职工收入波动情况计算表

收入 / 千元	平均值	离差	离差平方
6		−2	4
7		−1	1
8	8	0	0
9		1	1
10		2	4
合计	—	—	10

$$标准差 = \sqrt{10/(5-1)} = 1.5811（千元）$$

注意：在资料个数大于 30 时可以不减去 1。

② 已经分组的资料，可以利用组中值进行计算。下面具体结合表 7-18 说明。

表 7-18　利用组中值计算标准差

收入分组/千元 （1）	频数/户 （2）	组中值/千元 （3）	工资总额/千元 （4）	离差 （5）	离差平方 （6）	（2）×（6）
4 以下	50	3	150	−4.1	16.81	840.5
4～6	150	5	750	−2.1	4.41	661.5
6～8	600	7	4 200	−0.1	0.01	6
8～10	100	9	900	1.9	3.61	361
10 及以上	100	11	1 100	3.9	15.21	1 521
合计	1 000		7 100		40.05	3 390

其中

$$平均值 = 7\,100/1\,000 = 7.1（千元）$$

$$标准差 = \sqrt{3\,390/1\,000} = 1.841\,20（千元）$$

【练习】

利用表 7-19 的资料计算标准差。

表 7-19　1 000 人的收入分组资料

收入分组/元	人数	频率（%）
5 000 以下	100	10
5 000～6 000	200	20
6 000～7 000	400	40
7 000～8 000	200	20
8 000 及以上	100	10
合计	1 000	100

（3）标准差系数。利用标准差可以从一个角度反映偏差的情况。但是，究

竟标准差多大才是大？无法从标准差的大小直接衡量。而对于某一现象或多个现象偏差情况进行比较，都可以通过标准差系数来反映。

标准差系数的计算公式为：

$$标准差系数 = 标准差/平均值 \times 100\%$$

单一现象可以结合经验进行偏差大小的判断，在 15% 以内为偏差小，超过 15% 则偏差大；不同现象内部差异大小的比较可以直接利用标准差系数来进行。

利用表 7-18 计算出的平均值和标准差，可以计算其标准差系数为：

$$标准差系数 = 标准差/平均值 \times 100\%$$
$$= 1.841\ 20/7.1 \times 100\% = 25.93\%$$

结合经验可以判断，当地家庭之间收入差异还是比较大的。

6. 相对程度分析

相对程度分析主要包括以下几个方面的分析。

（1）结构分析。结构分析主要反映所分析对象的内部各部分的构成情况。下面结合表 7-20 进行说明。

表 7-20 某企业职工的年龄构成

年龄	人数	比例（%）
23 岁以下	100	20
23～45 岁	300	60
45 岁及以上	100	20
合计	500	100

简单的结构分析后，可以认识到该企业的职工在年龄结构上是以 23～45 岁的职工群体为主的。

（2）比较分析。比较分析是指可比的不同总体的同类现象指标之间的比较。例如，大成公司和金威公司都是大型电器专营商，2022 年度各季度营业额（万元）的比较（见表 7-21）。

表 7-21 2022 年度大成公司与金威公司各季度营业额比较

季度	大成公司营业额/万元	金威公司营业额/万元
1	100	200
2	400	500
3	500	600
4	100	200
合计	1 100	1 500

从逐季和全年度的角度进行比较都可以得出，金威公司经营状况要比大成公司好。

对于不可以直接比较的现象，可以利用强度指标进行强度比较分析。例如，2022 年度大型企业广成公司与中型企业金锣公司的投资收益的比较（见表 7-22），很明显，两家公司由于投资经营规模不同，直接比较销售额或者利润额都是不恰当的。

表 7-22　2022 年度广成公司与金锣公司的投资收益比较

企业名称	企业类型	投资额 / 万元	利润额 / 万元
广成公司	大型企业	10 000	1 000
金锣公司	中型企业	2 000	320

但可以通过两家公司的投资收益率（利润额 ÷ 投资额 ×100%）来进行一个方面的比较，其中投资收益率就是一项强度指标（见表 7-23）。

表 7-23　2022 年度广成公司与金锣公司的投资收益率比较

公司名称	投资收益率（%）
广成公司	10
金锣公司	16

从两家公司的投资收益率可以比较出，金锣公司的投资收益要好，而从经营的总销售额或利润额看，金锣公司的利润额却比广成公司要小得多。

经常用于比较的强度指标还有销售利润率、劳动效率等指标。

7.3.2　解析性统计分析

1. 相关性统计分析

事物的发展不是独立的，相互之间是有联系的。例如，人们的收入水平提高了，各种消遣娱乐的消费支出就会增加。根据变量之间的相依性强弱可以把经济现象之间的关系分为两种，即函数关系和相关关系。

（1）函数关系。函数关系是指因素之间存在确定性的关系。例如，利润 = 收入 – 支出，商品销售额 = 商品销售量 × 商品价格。

又如，假设某商品每万元平均需要库房 200 米^3，2020 年的销售额为 300 万元，根据以往的销售分析得出每年商品销售额按 10% 的比例递增，求 2022 年需要的库房体积。

求解的时候，可以按复利终值公式先求出预计的 2022 年的销售额，再按照固定的每万元商品平均需要库房的体积计算出所需的库房体积。2022 年预计的商品销售额 = 300 ×（1 + 10%）×（1 + 10%）= 363（万元）。预计 2022 年所需要的库房体积 = 363 × 200 = 72 600（米^3）。

（2）相关关系。相关关系是指因素之间存在关系但又是不完全确定的关系，这种关系又常称为统计关系。例如，某地年商品零售额与人口数量之间的关系，两个因素之间有关系但关系又是不完全确定的,具体可以结合表7-24来说明。

表7-24　某地年商品零售额与人口数量的关系

零售额/百万元	人口数量/千人
6.0	10
7.0	11
7.2	11
7.3	14
7.4	14
7.5	15
8.0	16

很显然,商品的零售额与人口数量之间存在一定的关系,但是,两者之间不是明确的关系而是有关系。具体两者之间的关系强弱,可以通过计算相关系数(r)来说明。

相关系数的计算公式为:

$$r = \frac{\sum(x-\bar{x})(y-\bar{y})}{\sqrt{\sum(x-\bar{x})^2}\sqrt{\sum(y-\bar{y})^2}}$$

其中x为自变量,上例为人口数量;y为因变量,上例为零售额。小括号内都是各自减去平均值。

公式中,r的取值范围在-1至$+1$之间,即$-1 \leqslant r \leqslant +1$。当$r=+1$时,两个变量具有完全的正相关性,即$y$将随着$x$的增大而增大;当$r=-1$时,两个变量具有完全的负相关性,即$y$随着$x$的增大而减小;当$r=0$时,两变量没有相关性,说明两个变量根本不能用线性关系的公式描述;$r>0$为正相关,越靠近1越为正相关,正相关性越强;$r<0$为负相关,越靠近-1越为负相关。当因素之间存在很强的曲线关系时,相关系数的绝对值并不确定,或是很大或是很靠近0。具体的计算可以结合例子来掌握(见表7-25)。

表7-25　相关系数计算表

x (1)	$x-\bar{x}$ (2)	y (3)	$y-\bar{y}$ (4)	(2)×(4)	$(x-\bar{x})^2$ (5)	$(y-\bar{y})^2$ (6)
10	−3	6.0	−1.2	3.6	9	1.44
11	−2	7.0	−0.2	0.4	4	0.04
11	−2	7.2	0	0	4	0
14	1	7.3	0.1	0.1	1	0.01
14	1	7.4	0.2	0.2	1	0.04
15	2	7.5	0.3	0.6	4	0.09
16	3	8.0	0.8	2.4	9	0.64
合计	—	—	—	7.3	32	2.26

上例相关系数计算如下：

$$r = 7.3/(\sqrt{32} \times \sqrt{2.26})$$
$$= 7.3/(5.656\ 9 \times 1.503\ 3)$$
$$= 0.858\ 4$$

从相关系数可以得出当地的人口数量与商品零售额存在很强的相关性。

2. 回归分析

市场现象之间存在着多种关系，回归分析是研究一个或多个自变量与一个因变量之间的关系，建立能加以表达的回归方程，用于描述自变量与因变量（被解释变量）之间的关系。回归分析包括线性回归分析和曲线回归分析。具体的内容将在项目 8 中学习。

小案例

滴露公司生产的滴露洗手液经过一年的广告投放，销售额节节攀升。具体资料见表 7-26。

表 7-26 广告费与销售额的关系　　（单位：百万元）

销售额	广告费	销售额	广告费
60	1	280	5
100	2	320	6
160	3	400	7
200	4	500	8

建立回归方程表示广告费（x）与销售额（y）之间的关系。销售额随着广告费的投入而增长，两者具有直线相关性。可以先通过计算相关系数进行判断（见表 7-27）。

表 7-27 相关系数计算表

x (1)	$x - \bar{x}$ (2)	y (3)	$y - \bar{y}$ (4)	(2)×(4)	$(x - \bar{x})^2$ (5)	$(y - \bar{y})^2$ (6)
1	−3.5	60	−192.5	673.75	12.25	37 056.25
2	−2.5	100	−152.5	381.25	6.25	23 256.25
3	−1.5	160	−92.5	138.75	2.25	8 556.25
4	−0.5	200	−52.5	26.25	0.25	2 756.25
5	0.5	280	27.5	13.75	0.25	756.25
6	1.5	320	67.5	101.25	2.25	4 556.25
7	2.5	400	147.5	368.75	6.25	21 756.25
8	3.5	500	247.5	866.25	12.25	61 256.25
合计	—	—	—	2 570	42	159 950

求得 $r = 0.99156$，说明滴露洗手液的销售额与广告费的投入具有强烈的正相关性。可再通过最小二乘法求出 a、b 参数（见表 7-28）。

表 7-28　回归参数计算表

销售额 (y)/百万元	广告费 (x)/百万元	x^2	xy
60	1	1	60
100	2	4	200
160	3	9	480
200	4	16	800
280	5	25	1 400
320	6	36	1 920
400	7	49	2 800
500	8	64	4 000
$\sum y = 2\,020$	$\sum x = 36$	$\sum x^2 = 204$	$\sum xy = 11\,660$

计算公式为：

$$a = \frac{n\sum xy - \sum x \sum y}{n\sum x^2 - (\sum x)^2}$$

$$b = \bar{y} - a\bar{x}$$

计算得出 $b = 61.1905$；$a = -22.8573$，则回归方程为

$$y = -22.8573 + 61.1905x$$

【练习】

搜集某商场（或某商品）近期经营销售的资料，进行集中分析、离散分析和其他方面的分析。

实施任务7.3　结合具体项目运用定量分析方法

1. 任务组织

（1）学习小组各成员先分头结合选定的调研专题拟定调研资料分析所选定的定量分析法具体方法的方案，然后小组内进行讨论，拟定出小组最后的调研资料定量分析方法的方案参与老师组织的讨论。

（2）老师组织小组之间进行交流，对各小组结合实际拟定的调研资料定量分析方法的方案进行相互讨论和交流，老师负责说明和决策。

（3）各学习小组将完善的调研资料定量分析方法的方案提交老师评定。

2. 任务实施的要求

（1）每位同学都要积极参与，提出自己的调研资料所采用的定量分析方法的实施方案，并提出选择的具体理由。

（2）注意应对调研资料进行必要的预处理。

（3）定量分析应从多个方面来综合进行。

（4）必须将最终结果用电子文本和纸质文本的形式上交老师。

小知识

在进行分析时，由于资料存在无回答、数据缺失等问题，必须先做必要的处理，然后再进行具体的各种分析。调研数据的统计分析预处理如下。

1. 无回答的处理

无回答有两种情况：一种是全部无回答，又称单元无回答；另一种是部分无回答，又称项目无回答。无回答的被调研者与回答的被调研者具有不同的特征，因此如果对无回答不予纠正，将会引起调研估计上的偏差，所以要具体情况具体处理。

（1）单元无回答是指被调研单元没有提供任何信息。单元无回答产生的原因可能有：抽样框资料不完整、未访问到对象、拒绝访问或者由于某些原因所抽中的对象无法参加调研。

对单元无回答最简单的处理是抛弃。但在无其他多预计的资料补充下，要注意只是按原来的调研所得简单地推论总体，会对总值估计造成一定的影响。例如，调研的总体 $N=300$，采用简单随机抽样，$n=50$，但是结果只有 40 个人提供了所需要的信息，有 10 个人所有的数据资料都缺失。如果不考虑无回答的 10 个人，抽选概率 $p=n/N=50/300=1/6$；总体对样本的倍数或称为设计权数 $W_d=N/n=300/50=6$。再假设 40 个人回答的总收入为 40 000 元，则估计的总收入 $=40\,000\times6=240\,000$（元）；而假设无回答的 10 个人的收入一共是 10 000 元，则估算时少算了 $10\,000\times6=60\,000$（元），即本来总体估计应为 300 000 元。这样，总体就会少估算 60 000 元。这一误差可以称为无回答偏差。

对于无回答偏差，可以通过求"无回答的调整权数"来进行调整处理。具体的方法如下。①先求"无回答的调整系数"，可以按"无回答的调整系数＝原样本单位数÷给出回答的样本单位数"公式计算。②再求"无回答的调整权数"＝无回答的调整系数×原设计权数（W_d）。要注意，此法的实质是加大有回答资料使用的倍数。下面具体再结合前面的例子来进行说明。上例的调整办法：原样本单位数为 $N=50$，有回答的样本单位数 $n=40$，无回答的调整

系数 = 50/40 = 1.25；无回答的调整权数 = 设计权数 × 无回答的调整系数 = 6 × 1.25 = 7.5，即计算时不按 6 而按 7.5 计算，实质是：调整后的新权数 = 原设计权数 × 无回答的调整因子 = 300/50 × 50/40 = 300/40 = 7.5，即按实际有回答的来估计，则此时总体的估计 = 40 000 × 7.5 = 300 000（元），就比较合理准确了。至于是不同子总体的，一般应使用不同"无回答的调整系数"和"无回答的调整权数"或用加权的办法进行调整处理。

（2）项目无回答是指问卷中某些问题的回答空缺。例如，问卷中收入多少的回答空缺。

项目无回答可能由于被调研者拒绝回答、无法回答、疏漏忘记回答、调研者调研技巧不当等原因。对于项目无回答的在数据录入的过程中，往往用 9 或 99 来表示无回答。例如，假定调研对象为 18～40 岁的女性青年，对于未回答年龄的被访者，对应的年龄变量就可以用 9 或 99 来表示。但在这里需要说明的是，在资料分析时要视具体情况处理，不能简单删除。

2. 缺失数据的处理

调研资料中会出现缺失数据，对于缺失数据（missing data）的处理方法有很多，下面介绍三种主要方法。

（1）用一个样本统计量代替。计算出一个可以替代的量来代替缺失的数值。具体的量可以采用以下的方法计算。

1）平均数插补法。这种方法适用于资料的变量变化均衡的情况。例如，某商品某年度各月销售资料如表 7-29 所示。

表 7-29　某商品某年度各月销售资料

月份	销售额 / 万元	月份	销售额 / 万元
1	102	7	104
2	105	8	104
3	105	9	110
4	109	10	105
5	107	11	—
6	108	12	107

资料中出现 11 月资料缺失，由于整个资料反映的当年销售比较均衡，所以，可以用现有的 11 个月的资料计算出平均值作为 11 月的值，计算结果均值为 106，则可以把 11 月的值作为该值。

用前期水平加平均增长量代替，适用于资料的变量逐期增长的情况。例如，某商品某年度 1—9 月销售资料如表 7-30 所示。

表 7-30　某商品某年度 1—9 月销售资料

月份	销售额 / 万元	月份	销售额 / 万元
1	48.1	6	64.2
2	51.4	7	67.5
3	54.8	8	—
4	57.9	9	73.8
5	61.1		

计算逐期增长量，如 2 月的逐期增长量为：51.4 − 48.1 = 3.3（万元），然后计算平均增长量为：(73.8 − 48.1)/8 = 3.2（万元），则 8 月的销售量为：67.5 + 3.2 = 70.7（万元）。

上期乘以平均发展速度适用于资料变量的环比发展速度即逐期增长率相似的资料，例子资料如表 7-31 所示。

表 7-31　某商品 1—7 月销售资料

月份	销售额 / 万元	月份	销售额 / 万元
1	435	5	—
2	457	6	529
3	480	7	583
4	503		

环比发展速度是指本期资料与前期资料发展水平之比。资料的环比发展速度大体一致，就可以计算平均发展速度 = $\sqrt[6]{583/435}$ = 1.05（称几何平均数，geometric mean），则 5 月的销售额 = 503 × 1.05 = 528.15（万元）。

2）比例推算法。这种方法适用于资料的内在比例关系比较稳定的情况。例如，调研三个区，甲、乙两区的家庭户数和人口数资料见表 7-32，而丙区只有家庭户数而无人口数，可以通过比例推算法来求解。

表 7-32　甲、乙、丙 3 区家庭户数和人口资料

区	家庭户数 / 户	人口数 / 人
甲	250	750
乙	390	1 204
丙	420	—

由于家庭户数与家庭人口数的内在比例较稳定，计算甲和乙两区平均的家庭户数与家庭人口数的内在比例：(250 + 390)/(750 + 1 204) = 1 : 3.053 1，则可以推算得出丙区的人口数量 = 420 × 3.053 1 = 1 282.302（人）。

用统计模型（如回归模型）计算出值代替，如经常利用线性模型进行计算推算。下面举例说明。某企业 1—8 月的销售额总体呈线性变化，但其中 7 月的销售额资料是缺的，可以利用模型进行推断（见表 7-33）。

表 7-33　某企业 1—8 月销售额资料

月份	销售额 / 万元	月份	销售额 / 万元
1	163	5	210
2	181	6	207
3	184	7	—
4	186	8	210

总体观察可以看出，1—6 月的资料是呈直线变化的，可以利用最小二乘法求出 a、b 参数：$a = (\sum y - b \sum t)/n$，$b = (n \sum ty - \sum t \sum y)/[n \sum t^2 - (\sum t)^2]$。

求出 $a = 157.599\,9$，$b = 8.828\,6$，则 $y = 157.599\,9 + 8.828\,6t$，$y_7 = 157.599\,9 + 8.828\,6 \times 7 = 219.40$（万元）。

（2）个案删除。当作少一份计算，即该份问卷中该问题变量不要，但不是整份问卷不要。

（3）配对删除。将分析的高度相关的两个变量两两配对，如收入与支出，采用有完整答案的问卷。例如，第一份问卷是完整的，第二份是少了收入的，只用第一份，第二份不采用。

补充资料

a、b 参数的简化计算如表 7-34 所示。

表 7-34　a、b 参数的简化计算

月份	销售额 y/ 万元	时间 t	$\sum ty$
1	163	−5	−815
2	181	−3	−543
3	184	−1	−184
4	186	1	186
5	210	3	630
6	207	5	1 035
合计	1 131	0	309

$a = \sum y/n = 1\,131/6 = 188.5$；$b = \sum ty/\sum t^2 = 309/70 = 4.414\,3$

学习指导

1. 学习建议

通过分析市场调研资料得出调研的结论,是市场调研报告的核心内容。学完本项目,将为后续撰写市场调研报告打下良好的基础。在学习中应重点掌握资料分析的主要方法,包括详细掌握每一种分析方法是如何应用的,特别是对定量分析方法中的指标计算,要通过练习来熟练掌握。

2. 学习重点与难点

重点:定性分析的主要方法、定量分析中的频数分析、集中趋势分析和离散程度分析

难点:利用组中值计算平均数和标准差

核心概念

定性分析　定量分析　回归分析　归纳法　函数关系　相关关系

课后思考与练习

1. 单项选择题

(1) 市场调研资料分析的目的是(　　)资料的价值。
　　A. 挖掘　　　　B. 整理　　　　C. 表达　　　　D. 报告
(2) 市场调研资料的分析过程就是(　　)资料的过程。
　　A. 总结　　　　B. 设计　　　　C. 定性　　　　D. 定量
(3) 市场调研资料分析应尽可能多结合(　　)分析过程。
　　A. 判断　　　　B. 定量　　　　C. 计算　　　　D. 归纳
(4) 市场调研资料的回归分析是建立(　　)进行分析。
　　A. 数学模型　　B. 定性关系　　C. 定量关系　　D. 确定关系
(5) 函数关系是一种变量之间的(　　)关系。
　　A. 变动　　　　B. 不定　　　　C. 不完全确定　　D. 数学

2. 判断题

(1) 调研分析是对资料的深入整理。(　　)
(2) 市场调研分析的根本目的是运用资料。(　　)
(3) 调研分析的定性分析比定量分析要深入。(　　)
(4) 调研分析的定性分析是对资料的表象进行分析。(　　)

（5）众数就是平均数。（　　）
（6）中位数是所有变量进行排列后的中间位置的位置数。（　　）

3. 简答题

（1）为什么说市场调研分析是企业必要的活动？
（2）市场调研分析的主要分析方面包括哪些？

案例分析

某企业投入的营业推广费用与利润额资料如表7-35所示，利用回归分析建立方程。

表7-35　某企业投入的营业推广费用与利润额资料（单位：万元）

年份	营业推广费用（x）	利润额（y）
2015	20	10
2016	30	20
2017	30	30
2018	40	40
2019	50	60
2020	60	70
2021	80	80
2022	90	90
合计	400	400

相关系数计算如表7-36所示。

表7-36　相关系数计算表

x (1)	$x-\bar{x}$ (2)	y (3)	$y-\bar{y}$ (4)	(2)×(4)	$(x-\bar{x})^2$ (5)	$(y-\bar{y})^2$ (6)
20	−30	10	−40	1 200	900	1 600
30	−20	20	−30	600	400	900
30	−20	30	−20	400	400	400
40	−10	40	−10	100	100	100
50	0	60	10	0	0	100
60	10	70	20	200	100	400
80	30	80	30	600	400	900
90	40	90	40	1 600	1 600	1 600
平均 50		平均 50				
合计				4 700	3 900	6 000

$r = 4\,700/\left(\sqrt{3\,900}\times\sqrt{6\,000}\right) = 4\,700/(62.45\times 77.5) = 0.971\,1$,从相关系数可见,该企业的营业推广费用与利润额的直线相关性很强,可以建立直线回归方程进行表达。

【案例分析要求】结合案例认识与思考下面两个主要问题:

1. 如何说明该案例中的变量之间是相关关系?
2. 如何进行回归分析?

项目 8　Project 8

预测市场

学习目标

知识目标

1. 掌握市场预测的要义和基本原则
2. 掌握基本的定性预测和定量预测方法

能力目标

1. 能较清晰地分析说明应选择运用的定性预测和定量预测方法
2. 能结合具体的调研项目运用正确的定性和定量预测方法进行分析

项目介绍

企业在市场的海洋中航行的目标是要驶向遥远的彼岸，要在惊涛骇浪中乘风破浪前行，就必须把握前进方向上的风向、海浪等海情的变化，及时做好应对的准备才能一帆风顺。所以，预测未来企业面对的市场环境的变化是企业要具备的重要能力。市场是多变的，所以预测市场是对企业的基本要求，也是其基本活动。企业开展调研活动的根本目的表象上是收集市场的资料，实际上真正的目的是为决策应对明天市场的发展服务，从而开拓和经营好自己的市场。作为企业必不可少的市场预测活动，不能是无源之水，而是要在市场调研资料的基础上准确把握市场来开展预测，所以市场调研与预测是不可分割的统一的一项活动。本项目主要学习市场预测的基本知识，并在此基础上掌握和运用好预测市场的两大类方法，即定性预测法和定量预测法。两大类方法又包含了多种具体方法，应结合预测市场现象的特点合理地加以运用。

> **小案例**
>
> 1. "大宝"系列化妆品，自 1985 年诞生至今适应了不同时期、不同层次的消费需求，已陆续形成护肤、洗发、美容修饰、香水、特殊用途共 5 大类 100 多个品种。大宝公司通过市场调研成功地预测出男性化妆品将发展成为巨

大的市场，中高收入的年轻男士将成为男性护肤用品市场的主力军。通过不断的市场开拓，大宝成为男性化妆品市场开发最成功的品牌之一，产品的男性使用人数占到了其市场将近一半的比例。大宝也成为化妆品消费市场的主导品牌。通过大宝公司的案例，我们可以认识到市场预测的重要性。

2. 随着科技和"互联网+"的迅速发展，许多企业看中了智能家居、智能家用电子产品（如家用机器人）市场这块大蛋糕，投入大量资金研发产品和抢占市场，毫无疑问，这些市场是有眼光的企业家进行预测而预见到的市场新的发展。

任务 8.1　正确选择市场预测的方法

8.1.1　市场预测的要义

市场调研是对市场的昨天和今天资料的收集，但企业更关心的是对市场明天变化和企业明天发展的把握。所以，市场调研只是表象上的目的，根本目的在于为企业决策应对明天市场的发展服务。市场预测是在市场调研的基础上对市场未来可能发展变化进行的量和质的估计，是为企业开展有效的决策服务的一项重要活动。

8.1.2　市场预测方法的种类

市场预测的方法有很多种，总的来说包括对市场未来可能发展变化的量和质的估计，从而形成两种不同的预测方法，即定性预测法和定量预测法。定性预测法是指对市场未来发展方向和发展性质的变化进行判断估计。例如，通过调研得出近年来高端消费不断增长，结合其他资料的基础上判断得出未来的高端消费将继续增长的预测。定量预测法是结合市场调研所得到的数量资料，利用数理统计方法建立数学模型从数量上判断、预测市场的发展变化。

8.1.3　对定性预测法的认识

定性预测的特点主要概括为6点。

（1）不是建立数学模型，而是借助预测者的主观判断力进行判断，判断事物未来发展变化的趋势。例如，可以结合社会观念、社会经济和社会文化发展等因素的变化，做出随着人们收入水平和消费观念等方面因素的变化，男士化妆品市场潜力将越来越大的判断。

（2）定性预测适合预测那些模糊的、无法计量的市场现象。例如，预测新的经济政策对市场的影响力度。

（3）借助主观判断，结果取决于预测者的判断能力。在实际市场预测中，由于影响市场发展的因素有很多，仅凭主观判断难于加以把握。例如，新的房产税政策出台以后对房地产市场的影响，随着人们收入水平的提高，消费结构将发生的具体变化，企业经营环境分析、产品经营战略分析，类似这样的预测，都很难采用定量预测的方法进行。定性预测主要是借助预测者的主观判断力进行判断，这就要求预测者必须具有丰富的知识和经验，才能得出较好的预测结果而不至于造成预测出现大的误差。

（4）定性预测往往是不可或缺的。定性预测的方法简单易行，在预测者选择得好的情况下能得出较为满意的结果，而且在许多情况下，如预测那些模糊的、无法计量的市场现象等，定性预测是不可或缺的。另外，由于定性预测难以用较清晰的数字来说明问题，所以客户较难满意。因此，在采用定性预测时要尽可能结合数据来进行说明，这样就能够更加理想。事实上，一般的市场预测都是采用定性预测和定量预测相结合的方式进行的。

（5）预测的误差是难免的。定性预测主要是一种主观的估计，精确性相比定量预测以客观的数据作为依据来进行预测，误差往往是难以避免的。

（6）定性预测在新产品投放和新市场开发有特别好的运用。定性预测运用在产品刚步入市场或市场处于培育阶段，由于资料不充分难以采用时间序列分析的方法进行预测，必须借用定性预测的方法进行预测。

8.1.4　对定量预测方法的认识

定量预测主要是通过以往统计的某一市场数量资料，分析掌握其内在规律，建立相应的数学模型，描述资料的规律，并将规律延伸到将来从而进行预测的一类方法。

> **小案例**
>
> 已知某商场1月至10月金龙鱼大米的销售额，建立线性方程描述其规律，然后可预测出11月或其他月份的销售额。

定量预测的主要特点表现在如下4个方面。

（1）借用趋势延伸进行预测。通过以往统计的某一市场资料，分析并掌握其规律，建立相应的数学模型描述规律，并将该规律延伸到将来进行预测。例如，某商品上半年的销售状况为：1月100万元，2月110万元，3月120万元，4月140万元，5月150万元，6月170万元。从资料可以分析得出该商品的销售状况是直线上升的,可以建立直线方程来表达半年的基本变化规律和趋势,并将该变化延伸到 7 月或以后的月份进行预测估计。

(2)要求有较充分的历史资料。定量预测方法是以数量作为预测的基础,所以,要求有较充分的历史资料数据反映所调研对象的变化,一般要求有不少于 5 期的资料。

(3)预测对象的预测现象具有一定的可认识的规律性。这要求影响预测对象发展变化的因素相对稳定;能在预测对象的某一指标与其他相关指标的联系中找出规律性,并能以此作为依据建立数学模型。

(4)实际运用受到一定的限制。在实际工作中,由于市场现象错综复杂,不可能把所有变动因素都纳入数学模型中,加上有些数据难以取得或取得数据成本过高,定量预测方法的运用存在一定的局限性。

8.1.5 市场预测方法的选择

在市场预测实践中,对于同一市场对象往往可以采用不同的预测方法来预测。每一种预测方法都有自己的特点和适用范围。而让预测方法与预测对象相匹配,是提高预测精度的重要途径。选择预测方法一般应考虑 4 个因素。

(1)市场预测的期限长短。每种预测方法均有其最适宜的预测期限和预测范围,其最适宜的期限和范围与要求的预测期限和范围相匹配时,才能得到比较理想的预测精度。短期预测适合采用经验判断法、时间序列分析法等;长期预测适合采用专家意见法、德尔菲法、时间序列分析法、回归分析法等。

(2)所预测市场现象的情况。资料充分、数据准确可靠时,适合采用定量预测方法;相反,市场现象模糊、资料缺乏,适合采用定性预测方法。不同的数据资料模式适合采用不同的定量预测方法。一般平均法和一次指数平滑法只能处理比较平稳、波动少的数据资料;较高阶的平滑法、移动平均法、趋势预测法可以处理具有趋势性的数据资料;回归分析法可以处理大多数数据资料。而定性预测方法有比较广泛的适用性,实际上一般的预测都是需要进行定性预测的。

(3)预测范围的大小。预测范围比较大时一般采用德尔菲法、投入产出法等;小范围的预测一般采用经验判断法和指数平滑法。

(4)预测目标的要求。预测选择的方式方法与预测的要求关系密切。一般来说,定性预测只能对所预测的现象进行方向性和程度性等质的方面的估计。例如,同样是对男士化妆品市场进行预测,定性预测可以做出男士化妆品的市场潜力巨大的判断,而在定量预测下则要求对具体的行业企业商品预测某一期间的销售量进行估计。所以,预测的目标是做具体量的估计则应用定量预测;相反,则适宜用定性预测。如果委托人对要求预测的市场有比较精确的预测,则具体所采用的定量预测的方法也会有不同。此外，预测费用也是选择预测方法的影响因素之一。一般来说，首先，定量预测比定性预测的费用要高。其次，预测精度和预测费用也与方法选择直接相关。所以，选择预测方法应权衡各方面，然后才进行具体预测方法的选择。

8.1.6 市场预测的基本原理

市场是一种物质的现象，市场现象之所以可以被预测，是基于马克思主义哲学的一个基本观点：世界是由物质组成的，物质是在不断运动变化的。通过不断的观察和实践，物质世界是可以被认识的。市场是多种复杂因素共同作用的结果，有时作用力足够大的偶发因素也能促使市场发生变化，但人们通过长期的认识，积累起丰富的经验和知识，可以逐步了解市场变化规律；然后，凭借各种先进的科学手段，根据市场发展历史和现状，推演市场发展的趋势，做出相应的估计和推测。具体而言，市场预测主要是由4个方面的原理做指导的。

1. 惯性原理

任何事物的发展在时间上都具有连续性，表现为特有的过去、现在和未来这样一个过程，任何一种事物的发展与其过去的行为都有联系，过去的行为不仅影响到现在，还会影响到未来，所以，可以从事物的历史和现状推演出事物的未来。市场的发展是一个过程，在时间上表现为一定的连续性。尽管市场瞬息万变，但这种发展变化在长期的过程中也存在一些规律性（如竞争规律、价值规律等），可以被人们所认识，惯性原理是时间序列分析法的主要依据。

2. 因果原理

任何事物都不可能孤立存在，都是与周围的各种事物相互制约、相互促进的。例如，收入与支出的密切关系、销售与利润的密切关系。一个事物的发展变化，必然影响到其他有关事物的发展变化。例如，随着社会观念的变化，人们的行为也在发生变化。因与果的关系可以表现为一因多果或一果多因的现象，但总体来说有其因必有其果，这是一般规律。因此，从已知某一事物的变化规律，推演与之相关的其他事物的发展变化趋势，是合理的。投入产出分析法就是对因果原理的最好运用。例如，购买汽车的因果联系。正是人们的收入水平、消费观念、汽车市场成熟等方面的原因，带动汽车消费热潮。

3. 类推原理

许多事物相互之间存在结构、模式、性质、发展趋势等方面的相似之处。例如，香港的服装潮流先影响邻近的广州，然后再通过广州影响到内地。根据这种相似性，人们可以在已知某一事物发展变化情况的基础上，通过类推的方法推演出相似事物未来可能的发展趋势。例如，彩色电视机的发展与黑白电视机的发展就有某些类似之处，我们可以利用黑白电视机的发展规律类推彩色电视机的发展规律。类推原理在领先指标法中得到了很好的运用。

4. 概率原理

任何事物的发展都有一个被认识的过程。人们在充分认识事物之前，知道其中有些因素是确定的，有些因素是不确定的，即存在着偶然性因素。市场的发展过程中存在必然性和偶然性，而且在偶然性中隐藏着必然性。例如，一般来说，商场空调销售规律是可以琢磨的。因为空调是市场的成熟商品，影响空调销售的主要因素之一天气是可以预测的，这样，基本上可以凭此推测空调销售市场的未来发展变化。

【练习】

如何理解市场预测的概率原理？

【训练】

结合具体的市场现象进行定性预测。

8.1.7 市场预测的基本原则

市场预测必须遵循一定的原则，主要包括以下6个方面。

1. 客观性原则

市场预测是以市场调研得到的客观资料作为基础，对市场进行客观的研究分析估计，虽然是一种估计，但是不能随意进行，这种研究应是通过人的主观活动完成的。

2. 全面性原则

影响市场活动的因素，除经济活动外，还有政治的、社会的、科学技术的因素，这些因素的作用使市场呈现纷繁复杂的局面。预测人员应具有广博的经验和知识，能从各个角度归纳和概括市场的变化，避免出现以偏概全的现象。当然，全面性也是相对的，无边无际的市场预测既不可能也无必要。

3. 及时性原则

信息无处不在，无时不有，任何信息对经营者来说，既是机会又是风险。为了帮助企业经营者不失时机地做出决策，要求市场预测能够快速提供必要的信息，过时的信息是毫无价值的。信息越及时，不能预料的因素就越少，预测的误差就越小。

4. 科学性原则

预测所采用的资料，须经过去粗取精、去伪存真的筛选过程，才能反映预测对象的客观规律。运用资料时，应遵循近期资料影响大、远期资料影响小的规则。预测模型也应精心挑选，必要时还须先进行试验，找出最能代表事物本质的模型，以减少预测误差。

5. 持续性原则

市场的变化是连续不断的，不可能停留在一个时点上。相应地，市场预测须不间断地持续进行。在实际工作中，一旦市场预测有了初步结果，就应当将预测结果与实际情况相比较，及时纠正预测误差，使市场预测保持较高的动态准确性。

6. 经济性原则

市场预测是要耗费资源的。有些预测项目，由于预测所需时间长，影响预测的因素又较多，往往需要投入大量的人力、物力和财力，这就要求预测工作本身必须量力而行，讲求经济效益。如果耗费过大，效益不高，将使市场预测声誉扫地。如果企业自己预测所需成本太高，可委托专门机构或咨询公司来进行预测。

【练习】

如何理解市场预测的及时性原则？

【训练】

结合预测应遵循的原则进行具体市场现象的定性预测。

8.1.8 市场预测的程序

有序的市场预测工作组织是提高市场预测工作的效率和质量的重要保证。完整的预测工作一般包含以下 5 个基本步骤。

1. 确定预测目标

预测目标是开展市场预测的指引。预测的目标不同，预测内容、所采用的方法、需要的资料数据也会不同。预测目标往往首先是大的目标，但是，大的目标预测必须借助小的目标的预测，这是因为市场本身是由多种因素决定的。例如，广东奶制品市场的前景预测。这是一个行业的预测，一方面可以通过细分为液态奶和奶粉预测，另一方面还可以结合广东的地域市场分各地市场进行预测，最后，归总为广东整个奶制品市场的预测。由此可见，在这一阶段应进行预测目标的分解，将大的预测目标分解为小的可明晰预测的目标。

2. 选择预测方法

市场预测方法有很多，但并不是每种预测方法都适合所有被预测的问题。预测方法选用是否得当，将直接影响预测的精确性和可靠性。根据预测的目的、费用、时间、设备和人员等条件选择合适的方法，是预测成功的关键。定性预测不需要建立模型；定量预测必须建立模型，定量模型可以建立的形式有很多，对同一个预测目标，一般应同时采用两种以上的预测方法建立模型，以此比较和鉴别预测结果。要注意定量预测模型应该在满足预测要求的前提下，尽量简单、方便和实用。

3. 搜集资料

资料是预测的依据，有了充分的资料，才能为市场预测提供可靠的数据。搜集有关资料是进行市场预测重要的基础工作，如果某些预测方法所需的资料无法搜集或搜集的成本过高，即便是理想的预测方法也无法应用。广泛收集影响预测对象的一切资料，注意资料的真实性和可靠性，剔除偶然性因素造成的不正常情况，是定量预测模型建立的基础条件。

4. 分析和调整预测结果

市场预测只是一种估计和推测，必然与市场的实际存在偏差。所以，对预测的结果还要结合市场的变化进行更进一步的分析，特别是采用定量的预测方法所建立的预测模型是根据过去或主要的一些市场的因素来建立的。因此，利用数学模型计算的理论预测值，要与过去同期实际观察值、时间序列资料的变化相比较，要计算预测误差，估计预测值的可信度。

5. 编写市场预测报告

市场预测报告是对市场预测结果的反映，也是向委托者提供的"产品"。预测报告与调研报告的格式相当（详细可参考项目9），预测报告的表述，应尽可能地利用统计图表及数据，做到形象直观、准确可靠。实际上预测与调研是难以割裂的，在市场调研活动中往往是一体的，报告也是一体的。

【练习】

市场预测有哪些基本程序？

【训练】

结合具体的市场现象调研结果练习市场预测报告的基本写作。

8.1.9 市场预测的主要内容

企业开展市场预测，具体的内容应当结合决策的目的和要求进行，主要包括宏观环境及其变化预测、行业环境及其变化预测、微观环境及其变化预测，具体来说各自又包括多方面的内容。

1. 宏观环境及其变化预测

宏观市场环境是所有企业必须适应的、大的市场环境，具体包括政治、经济、文化、技术、法律、自然环境等多方面的内容。宏观营销环境是动态变化的，既制约着企业，同时又为企业的发展提供机遇。预测时应当结合调研项目的要求围绕一些比较紧密的因素进行预测。

2. 行业环境及其变化预测

企业处在特定的行业领域，行业的发展阶段即生命周期、发展的水平、发展的态势、发展的政策环境等都是对企业至关重要的，应当结合调研要求进行分析预测。

3. 微观环境及其变化预测

微观环境是对企业的生产经营具有直接影响的一些因素，主要包括消费需求及其变化、市场竞争、市场供求关系等方面。

【训练】

结合具体的市场现象调研结果进行促销方式变化预测。

实施任务 8.1　结合具体项目设计市场预测方法

1. 任务组织

（1）学习小组各成员先分头结合选定的调研专题拟定市场预测方法的运用方案，然后小组内进行讨论，拟定出小组最后的市场预测方法的运用方案参与老师组织的讨论。

（2）老师组织小组之间进行交流，对各小组结合实际拟定的市场预测方法的运用方案进行相互讨论和交流，老师负责说明和决策。

（3）各学习小组将完善的市场预测方法的运用方案提交老师评定。

2. 任务要求

（1）每位同学都要积极参与，提出自己的市场预测方法的运用实施方案，并提出选择的理由和依据。

(2)应注意定性预测方法与定量预测方法的特点,并对所选定方法进行分析比较说明。

(3)注意方法的综合运用。

(4)必须将方案结果用电子文本和纸质文本的形式上交老师。

任务 8.2　运用定性预测法

定性预测主要采用主观判断的方法,可以利用专家经验和同类可比现象的比较进行预测。定性预测法主要包括经验判断预测法和类推预测法两大类。

8.2.1　经验判断预测法

经验判断预测法主要是通过预测者的经验来判断预测市场的未来变化。例如,根据经验可以判断得出当物价持续上涨时,消费者更多的是选择多消费。

1. 经验判断预测法的特点

经验判断预测法的特点是以定性判断(借助专家的知识、经验和判断能力,结合历史和现实资料做出未来的估计)为主,不采用建立数学模型进行推算的方式。

> **小知识**
>
> 　　调研发现,很多的消费者在购买家具时选择倾向发生了较大的变化,购买时要求家具必须与家居的格调相吻合,较多地从居家的整体考虑。这方面的变化符合当前消费需求变化的总体要求,成为市场的主流趋势。以上判断就是采用了经验判断预测法。

2. 经验判断预测法的适用性

经验判断预测法在市场现象比较模糊、难以区分主因或难以用数学方程进行表达时采用。例如,对于汽车的普及时间,由于汽车的消费受到很多因素的影响,再加上汽车的消费是近些年的事情,究竟汽车普及时间是在哪一年出现,众说纷纭。预测时可以结合专家的经验做出估计判断。

3. 经验判断预测法的主要方法

经验判断预测法的主要方法包括专家个人判断法和专家集体判断法。

(1)专家个人判断法。借助个别专家进行判断,在采用这种方法时不仅要注意所请专家的知识和能力水平，还要客观看待专家的判断，不能一味相信。

（2）专家集体判断法。专家集体判断法又称集合意见法，由预测者集体来进行。集体预测是定性预测的重要内容，能集中多数人的智慧，克服个人的主观片面性。它主要包括以下4种方法。

1）专家会议法。这种方法通过有目的地选择专家开集体的调研会议，并由与会专家共同形成判断。但是，在采用该法时要注意，专家面对面的交流，会出现专家之间相互谦让或碍于面子而没有充分表达所有专家的意见，导致所得出的预测是某个权威专家或某部分专家的意见，最终导致预测结果的不理想。

2）头脑风暴法。这种方法也是以邀请几位专家参加会议的方式，由与会专家在会议中畅谈，充分收集设想和对已系统化的预测方案进行充分质疑评价，从而进一步完善方案。这种方法的特点是邀集专家，即对一定范围的问题，敞开思想、畅所欲言，同时有一些基本的要求，就是要鼓励每一个人独立思考、开阔思路，不要重复别人的意见；意见和建议越多越好，不受限制，也不怕冲突；对别人的意见不要反驳、不要批评，也不要做结论；可以补充和发展相同的意见。这种方法旨在鼓励创新并集思广益。

3）反头脑风暴法。与头脑风暴法相反，专家们对同意的肯定意见一概不提，而专门找矛盾，挑毛病，集群力攻之。要注意的是，应将"头脑风暴法"和"反头脑风暴法"两种方法结合运用，可以起到互补作用。

4）德尔菲法。德尔菲法是为了避免专家会议法之不足而采用的预测方法。这种方法的应用始于美国兰德公司，在国外颇为流行。这一方法下各专家不通过会议形式交换意见和进行讨论，而是在互相保密的情况下，用书面形式独立地回答预测者提出的问题，并反复多次修改各自的意见，最后由预测者综合确定市场预测的结论。

①德尔菲法的主要特点，表现为多向性、反复性、收敛性、匿名性。其优点主要体现在：专家不见面，可以无顾忌、充分地表达自己的意见，并结合其他专家的意见调整自己的意见。其缺点主要体现在：专家的意见可能比较多，要归总起来比较困难。

②德尔菲法的预测步骤，包括以下几个阶段。

第一阶段，准备阶段。准备阶段要完成的工作主要是专家的选择，在选择专家时要注意，专家各有研究的专长和经验所长，专家结构的搭配要合理；也要注意专家数量的控制，不能过多或过少，一般以8～13人较合适。准备阶段还要注意所要预测的市场现象相关资料的准备，以及工作人员等方面的准备。

第二阶段，专家进行初步的判断。组织人员先将准备的资料采用邮寄的方式交到专家的手中,专家结合资料进行第一次的判断,并将判断结果寄给组织者。

第三阶段,修正判断。组织者将第二次的判断结果再次寄给专家,专家接到资料后修正自己的判断,然后将判断再次寄回给组织者。

第四阶段,确定最后的预测值。组织者最后将专家修改后的结果进行归总,得出最后的预测值。如果组织者觉得结果还比较散且不够稳定,还可以进行重复预测。但要注意,一般经过三个轮回已经能得出专家的确定性的判断,如果再增加更多的轮次,专家可能都不愿意改变自己的判断,甚至会使专家不乐意。

③ 专家判断的归总。对专家的判断进行归总,涉及专家的定性和定量的判断结果的归总。下面分开进行学习认识。

A.定性结果的归总。对于非数量化的专家意见,组织者主要是要求采用归纳法进行归纳,可采用比重法和评分法进行归纳统计,要注意对专家判断的归类。

a.采用比重法归总。比重法是指计算出专家对某个意见回答所占的人数比例,然后以比例最高者作为预测结果。下面结合例子来认识。假设10位专家对家用机器人市场前景有不同的看法,归类的类别以及评价的分布如表8-1所示。

表 8-1　10 位专家对家用机器人市场前景的看法分布

专家预测	人数	比例(%)
没有市场	1	10
有很少市场	1	10
有一些市场	1	10
有较大的市场	2	20
有很大的市场	2	20
有巨大的市场	3	30
合计	10	100

由此可见,有70%的专家认为市场前景是比较好的,值得去开发以抢占市场先机。

b.采用评分法归总。定性结果的归总还可以采用评分法。专家通过赋予不同分值的形式来体现对事物某种性质的看法。例如,家用热水器智能化功效重不重要,认为"非常重要"打5分,"重要"打4分,"一般"打3分,"不重要"打2分,"非常不重要"打1分,假设10位专家的看法归纳结果如表8-2所示。

表 8-2　10 位专家对家用热水器智能化功效重要性的态度分布

专家评价	人数	比例（%）	得分/分
非常重要（5分）	4	40	20
重要（4分）	3	30	12
一般（3分）	1	10	3
不重要（2分）	1	10	2
非常不重要（1分）	1	10	1

打分法在不同品牌的同类产品的质量评比等方面都可以运用。比如，请 11 位专家对市场上主要的三大品牌空调的质量进行打分评价，认为"最好"的品牌打 3 分，"较好"的品牌打 2 分，"好"的品牌打 1 分。最后归纳结果如表 8-3 所示。

表 8-3　11 位专家对三大品牌空调的质量评分值

| 品牌 | 质量评价/分 | | | | | | | | | | | 合计 |
	专家1	专家2	专家3	专家4	专家5	专家6	专家7	专家8	专家9	专家10	专家11	
格力	3	1	3	3	2	2	3	2	3	2	3	27
美的	2	2	2	1	3	3	1	1	1	1	2	19
海尔	1	3	1	2	1	1	2	3	2	3	1	20

从这 11 位专家的评分来看，格力空调要优胜一些。其实对于打分法还可以变通多种方法加以运用。

B. 量化结果的归总。对专家数量和时间答案的统计，则可用算术平均数、中位数、上下四分位数来处理。下面举例说明。假设一共有 11 位专家参与了金威公司的销售预测。经过三次往复后，11 位专家对该公司的销售预测情况如表 8-4 所示。

表 8-4　11 位专家的销售预测情况

| 专家序号 | 市场滞销 | | 保守估计 | | 市场畅销 | |
	销售额/万元	概率	销售额/万元	概率	销售额/万元	概率
1	100	0.2	150	0.5	300	0.3
2	80	0.3	140	0.4	200	0.3
3	130	0.1	150	0.3	250	0.6
4	110	0.1	160	0.2	270	0.7
5	120	0.2	180	0.4	280	0.4
6	90	0.3	140	0.3	310	0.4
7	100	0.2	160	0.4	320	0.4
8	80	0.4	120	0.3	260	0.3
9	120	0.2	190	0.3	290	0.5
10	100	0.2	200	0.5	300	0.3
11	100	0.2	180	0.2	280	0.6

a. 利用平均数归总。先求出每一位专家的期望值,以第 10 位专家为例,$E_{10} = 100 \times 0.2 + 200 \times 0.5 + 300 \times 0.3 = 210$,其他专家依此类推,然后将 11 位专家的期望值进行加权汇总。

b. 利用中位数归总。由于专家各执己见,往往存在偏差,也可以用中位数进行归总,思路是求出三种市场态势下的中位数,然后进行加权。中位数确定的关键是先计算确定中间位置。中间位置可以按 $(n + 1)/2$ 来确定。

先求市场滞销下的中位数。可以先将 11 位专家在市场滞销状况下的估计值按从小到大排列,即 80、80、90、100、100、100、100、110、120、120、130。然后剔除重复的变量,再将变量进行排列,即 80、90、100、110、120、130,可求得中间位置是 $(6 + 1)/2 = 3.5$。可求得该位置对应的变量是 $(100 + 110)/2 = 105$。

再求保守估计下的中位数。变量按从小到大排列为 120、140、140、150、150、160、160、180、180、190、200,剔除重复的变量,排列为 120、140、150、160、180、190、200,求中间位置为 $(7 + 1)/2 = 4$,对应的中位数为 160。

最后求市场畅销下的中位数。变量按从小到大排列为 200、250、260、270、280、280、290、300、300、310、320,剔除重复的变量,排列为 200、250、260、270、280、290、300、310、320,求中间位置为 $(9 + 1)/2 = 5$,中位数为 280。

最后进行汇总,按一般的概率估计进行,设计为市场滞销 0.2,保守估计 0.5,市场畅销 0.3,这样可以加权计算出最终的结果。

11 位专家的最终判断 $= 105 \times 0.2 + 160 \times 0.5 + 280 \times 0.3 = 185$(万元)

下面再通过一个例子进行说明。某企业计划成批生产一种新产品,请 9 位专家判断市场的销售可能,专家第 3 次判断意见如表 8-5 所示。

表 8-5 9 位专家第 3 次判断意见

专家序号	最低销售/百万元	最可能销售/百万元	最高销售/百万元
A	11	15	18
B	8	10	13
C	10	14	16
D	10	12	25
E	6	10	12
F	6	12	15
G	8	10	12
H	7	8	12
I	6	8	12

先求最低销售估计的中位数:排列变量为 6、7、8、10、11,求中间位置

为 (5 + 1)/2 = 3，中位数为 8。

再求最可能销售估计的中位数：排列变量为 8、10、12、14、15，求中间位置为 (5 + 1)/2 = 3，中位数为 12。

最后求最高销售估计的中位数：排列变量为 12、13、15、16、18、25，同样求中间位置为 (6 + 1)/2 = 3.5，中位数为 (15 + 16)/2 = 15.5。对各状况中位数按一般的概率估计进行加权，9 位专家的最终判断 = 8 × 0.2 + 12 × 0.5 + 15.5 × 0.3 = 12.25（百万元）。

④ 与专家会议法的比较。德尔菲法的预测过程虽然耗时较长，费用较高，但由于它具有"匿名性"和"多向反馈"的特点，能集思广益，把专家会议法的不足变成优点，使预测更精确。当人们对某种要预测的市场现象掌握的资料较少，而未知因素较多，希望依靠专家的经验来做出判断时，采用此法较为适宜。

8.2.2 类推预测法

类推预测法又称类比预测法，是利用以前类似或相同的现象的内在关系进行预测的方法，具体方法包括下面 3 种。

1. 相关类推预测法

以之前类似或相同的市场现象所存在的、市场相关因素之间的内在或外在关系作为因，预测未来类似或相同现象之果。具体的方法包括以下 5 种。

（1）通过相关商品市场的内在需求关系进行预测。该方法又称转导法，即通过市场现象所存在的内在因子之间的关系进行推导。例如，2022 年广州市童装零售额比 2021 年的 20 亿元增长 10%，天河城的童装零售额占广州童装零售额的 20%，天河城百货占天河城的 50%，则可以推导出天河城百货的童装零售额。

具体可以依据因子之间的相互关系建立计算关系进行推算，即

天河城百货 2022 年的童装零售额 = 20 × (1 + 10%) × 20% × 50% = 2.2（亿元）

【思考】

预计某地 2022 年私家轿车比 2021 年的 100 万辆增长 20%，某轮胎厂市场占有率为 10%，求该厂轮胎的需求量。

分析：可以利用转导法计算 2022 年该厂轮胎的需求量为

$$100 \times (1 + 20\%) \times 10\% \times 4 = 48（万个）$$

（2）通过可替代产品的需求变化进行预测。可替代产品与预测产品在需求上存在着此消彼长的关系。比如，电热水器与燃气热水器之间就存在替代的关

系，电热水器的需求增长，必然会导致燃气热水器需求的下滑。所以，对于未来可以通过电热水器的市场需求变化预测燃气热水器需求的变化。

（3）通过互补商品的需求变化进行预测。互补商品间具有同向的需求变化，一荣俱荣。例如，未来房地产需求的增长必然带动家居装修需求的增长。再如，"驴友"的增多必然会带动探险相应装备的销售增长。

（4）通过经济现象间的时间关系进行预测。经济现象之间存在相互制约和促进的关系，并在实践上表现出先后的关系。例如，随着工资的增加，消费和储蓄也会跟着增长。又如，汽车消费增加，紧随或不久汽车装饰需求就会增加。

（5）通过相关变动的顺向或逆向关系进行预测。经济现象之间存在同增同减或一增一减及一减一增的关系。预测时可以利用一种现象预测另一种现象。例如，某地人口增长将会伴随消费的增长；电动自行车购买增加，一般自行车购买的人将减少。而前面替代商品需求是逆向的，互补商品则是顺向的。

2. 对比类推预测法

通过与同类的先行事物比照分析进行推断。例如，通过以前广州市夏季服装普及的时间与内地普及的时间关系类推本季新款夏装内地将普及的时间；而在新商品进入市场时常通过试销来预测未来的销售前景。也可以通过与相似的先行事物对比分析进行推断。例如，近年广州市白云区的商品流通业非常红火，得益于多个因素，这些年黄埔区商业发展也非常迅猛，具备了一些基本条件，可以比照类推得出其将兴旺快速发展的估计；再如，可以比照东莞市的房地产市场发展，分析惠州市房地产市场的发展等。

3. 联测法

联测法主要是通过市场之间的内在关系来进行预测推论。下面结合具体的例子来进行说明。下面是2020年广州市4个区汽车拥有率的情况，为了预测2021年广州市4个区的汽车需求，2020年年初专门对天河区进行了小范围调研，得出100户家庭中20户有计划在本年度内购买汽车，即需求率为20%。现已知天河区和其他各区2020年汽车拥有率以及2020年居民家庭户数如表8-6所示，要求预测其他3个区2021年的汽车需求家庭户数。

表8-6 2020年广州市4个区汽车拥有率及居民家庭户数

4个区	2020年汽车拥有率（%）	居民家庭户数/万户
天河	28	30
白云	21	50
越秀	26	40
海珠	22	28

可以通过联测法先求出其他区的 2021 年需求率并进行预测。

（1）白云区的需求率和需求量预测。

1）计算 2021 年预测的需求率 x。根据内在的关系，可以建立比例关系方程式：

$$28\%/21\% = 20\%/x$$

解出 $x = 15\%$。

2）白云区的需求预测测算：500 000 × 15% = 75 000（户）。

（2）其他区可以类推。

【训练】

结合 2020 年广州市 4 个区汽车拥有率及家庭户数等资料预测越秀区和海珠区 2021 年汽车需求家庭户数。

【思考】

什么是反头脑风暴法？

【练习】

结合具体的市场现象进行类推预测。

实施任务 8.2　结合具体项目运用定性预测法

1. 任务组织

（1）学习小组各成员先分头结合选定的调研专题拟定定性预测法具体方法运用的方案，然后小组内进行讨论，拟定出小组最后的市场定性预测方法的方案参与老师组织的讨论。

（2）老师组织小组之间进行交流，对各小组结合实际拟定的市场定性预测方法的方案进行相互讨论和交流，老师负责说明和决策。

（3）各学习小组将完善的市场定性预测方法的方案提交老师评定。

2. 任务要求

（1）每位同学都要积极参与，提出自己的市场定性预测方法的实施方案，并提出选择的具体的理由。

（2）定性预测的方法有多种，主要包括经验判断预测法和类推预测法两大类。各类方法又包括多种具体的方法，应一一说明所选定方法的实施方案，并注意加以综合运用。

（3）必须将方案结果用电子文本和纸质文本的形式上交老师。

任务 8.3 运用定量预测法

8.3.1 定量预测概述

定量预测也称统计预测，是根据已掌握的比较充分的历史统计数据，运用一定的数学方法建立数学模型，借以揭示有关变量之间的规律性联系，用于预测和推测未来发展变化情况的一类预测方法。

8.3.2 定量预测方法的类别

定量预测法分为两类，即时序预测法和回归分析预测法。

1. 时序预测法（时间序列预测法）

时序预测法是以所预测的市场现象的历史数据的变化趋势，去寻找市场的演变规律，并作为预测的依据，即把未来作为过去历史的延伸。具体的方法包括简单平均法、加权平均法、加权移动平均法、指数平滑法等。

> **小案例**
>
> 某电器专营商 2016—2022 年空调销售情况，如表 8-7 所示。
>
> 表 8-7 某电器专营商 2016—2022 年空调销售情况
>
> | 年份 | 销售额/万元 | 年份 | 销售额/万元 |
> | --- | --- | --- | --- |
> | 2016 | 200 | 2020 | 300 |
> | 2017 | 220 | 2021 | 340 |
> | 2018 | 230 | 2022 | 360 |
> | 2019 | 250 | | |
>
> 可以将历史数据的变化趋势进行描述，然后借助趋势预测 2023 年的空调销售情况。

2. 回归分析预测法

回归分析预测法是因果分析法中很重要的一种方法，从一个指标与其他指标的历史和现实变化的相互关系中，探索它们之间的规律性联系，建立数学模型，作为预测未来的依据。该方法具体包括一元回归法和多元回归法。

> **小案例**
>
> 某企业汽车广告费用投入与销售额之间的关系，如表 8-8 所示。

表 8-8　某企业汽车广告费用投入与销售额之间的关系（单位：万元）

广告费用	销售额	广告费用	销售额
300	2 000	510	3 600
360	2 200	530	3 700
400	3 000	600	3 730
500	3 500		

广告费用投入与销售额之间的关系可以通过模型进行描述，然后借助模型预测，相应广告费用投入可以促进多少商品的销售或者要达成相应的销售需要多少的广告投入。

8.3.3　定量预测方法评价

1. 定量预测法的优点

定量预测法偏重于数量方面的分析，重视预测对象的变化程度，能做出变化程度在数量上的比较准确描述；它主要把历史统计数据和客观实际资料作为预测的依据，运用数学方法进行处理分析，受主观因素的影响较少；它可以利用现代化的计算方法，进行大量的计算工作和数据处理，求出适应工程进展的最佳数据曲线。

2. 定量预测法的缺点

定量预测法的缺点是比较机械，不易灵活掌握，对信息资料质量要求较高。

8.3.4　时间序列预测法

1. 时间序列预测法的要义

时间序列预测法是一种利用历史资料建立时间序列，根据市场现象的历史资料，运用科学的数学方法建立预测模型，以此来延伸预测市场现象未来的发展变化趋势，或预计市场现象未来表现的数量，又称历史延伸法或趋势外推法。

时间序列也叫时间数列或动态数列。它是将某种统计指标的数值，按时间先后顺序排成的数列。广州市天河区粤垦路的一家全家便利店自 2020 年 9 月至 2021 年 5 月的月销售额资料，如表 8-9 所示。

表8-9　粤垦路全家便利店2020年9月至2021年5月的销售额资料

月份	销售额/万元	月份	销售额/万元
9	7	2	8.2
10	7.3	3	8.4
11	7.3	4	8.7
12	7.4	5	9
1	8		

时间序列预测法就是通过编制和分析时间序列，根据时间序列所反映出来的发展过程、方向和趋势，进行类推或延伸，借以预测下一段时间或以后若干年内可能达到的水平。

可见，进行定量预测，通常需要积累和掌握历史统计数据。把某种统计指标的数值，按时间先后顺序排列起来，以便于研究其发展变化的水平和速度。这种预测就是对时间序列进行加工整理和分析，利用数列所反映出来的客观变动过程、发展速度和发展趋势，进行外推和延伸，借以预测今后可能达到的水平。

2. 时间序列的变动类型

时间序列中的每一时期的数值，都是很多不同因素同时发生作用后的综合反映。总的说来，这些因素综合作用后形成4种不同的时间序列变动类型。

（1）长期趋势。长期趋势是时间序列变量在较长时间内的总态势，即在长时间内连续不断地增长或下降的变动态势。它反映预测对象在长时期内的变动总趋势，这种变动趋势可能表现为向上发展，如劳动生产率提高；也可能表现为向下发展，如物料消耗的降低；还可能表现为由向上发展转为向下发展，如物价变化。长期趋势往往是市场变化情况在数量上的反映，因此它是进行分析和预测的重点。

（2）季节变动。季节变动是指一再发生于每年特定时期内的周期波动，即这种变动上次出现后，每隔一年又再次出现。简单地说，每年重复出现的循环变动，就叫季节变动。例如，每年春秋季节服装的销售具有非常明显的季节变化。

（3）循环变动。某些经济现象以数年为周期（如3年、5年、10年等）来观察，呈现波浪式的循环变动。虽然每一次的变动周期长短不一，波幅不同，但都呈现出盛衰起伏的现象。例如，市场经济下经济发展呈现出周期性的变化，即呈现危机、复苏、高涨、衰退的变化。循环变动具有一定的规律性，可以用于预测。

（4）不规则变动。不规则变动又称随机变动，其变化无规则可循。这种变动都是由偶然事件引起的，如自然灾害、政治运动、政策改变等影响经济活动的变动。不规则变动幅度较大，而且无法预测。

3. 时间序列预测法的步骤

采用时间序列预测法一般有以下四个步骤。

第一步，收集历史资料，加以整理，编成时间序列，并根据时间序列绘成统计图。

第二步，分析时间序列。时间序列中的每一时期的数值都是许许多多不同的因素同时发生作用后的综合结果。时间序列分析通常是把各种可能发生作用的因素进行分类，传统的分类方法是按各种因素的特点或影响效果分为4大类，即长期趋势、季节变动、循环变动、不规则变动。

第三步，选择预测方法，建立预测模型。求时间序列的长期趋势、季节变动和循环变动的值，并选定近似的数学模型来代表它们。对于数学模型中的各未知参数，使用合适的技术方法求出其值。

第四步，测算预测误差，确定预测值。

4. 时间序列预测法的基本运用

时间序列预测法可用于短期、中期和长期预测。根据对资料分析方法的不同，又可分为：平均预测法（简单平均数法、加权平均数法、移动平均法、加权移动平均法）、指数平滑法、趋势延续预测法、季节指数预测法等。下面介绍几种常用方法。

（1）简单平均数法。简单平均数法又称算术平均法，是把若干历史时期的实际销售量的平均值作为下期预测值。这种方法基于"过去是这样，今后也将会是这样"的假设，把近期和远期数据平均化，因此这种方法只适用于没有明显波动或只有较小增减变化的事件的预测。如果事物呈现某种上升或下降的趋势，就不宜采用此法。

（2）加权平均数法。该法是把各个时期的历史数据按近期和远期影响程度进行加权，求出平均值，作为下期预测值。具体还可以参考项目7资料分析中的说明。

（3）移动平均法。该法是把移动平均数作为预测值或预测值的基数的一种预测方法。其包括一次移动平均法和多次移动平均法。这里只介绍最简单的一次移动平均法中直接应用最近一期移动平均数进行预测的方法。

移动平均数是自资料首期开始，利用不断向前移动的、若干期数据计算出的平均值。所确定的"若干期"称为跨越期，用 N 表示。确定 N 后，可以自资料首期开始，计算出一系列的由远至近的平均数，所以称为移动平均数。

例1 某企业2021年1—6月的销售额如表8-10所示。

表 8-10　某企业 2021 年 1—6 月销售额

月份	销售额 / 万元	月份	销售额 / 万元
1	100	4	150
2	120	5	180
3	140	6	210

要求利用移动平均法预测 2021 年 7 月的销售额。假设 $N=3$。

【解】可以计算出利用三期资料的移动平均数。

1 月移动平均数 = (100 + 120 + 140)/3 = 120（万元）

2 月移动平均数 = (120 + 140 + 150)/3 = 136.67（万元）

3 月移动平均数 = (140 + 150 + 180)/3 = 156.67（万元）

4 月移动平均数 = (150 + 180 + 210)/3 = 180（万元）

最简单的预测，就是利用最近一期的移动平均数 180 万元作为 7 月的预测值或预测值的基数。

还可以进一步采用计算加权移动平均数的方法，进行更好的预测。加权移动平均法是给固定跨越期限内的每一期资料赋予不同的权数计算平均数用于预测。

例 2　某洗衣机 2021 年 1—6 月的销售额如表 8-11 所示。

表 8-11　某洗衣机 2021 年 1—6 月的销售额

月份	销售额 / 万元	月份	销售额 / 万元
1	90	4	150
2	110	5	180
3	140	6	210

要求利用加权移动平均法预测 2021 年 7 月的销售额。假设 $N=3$。

【解】可以设定最近三期资料的权数为 0.6、0.3、0.1，计算最近一期的加权移动平均数为

最近一期的加权移动平均数 = $210 \times 0.6 + 180 \times 0.3 + 150 \times 0.1 = 195$（万元）

可以把 195 万元作为 2021 年 7 月的预测值或预测值的基数。

移动平均法方法计算简单，很容易就能求出预测值。但要注意市场是变动的，利用历史资料进行预测存在时间的差异，市场更多的是发展的，所以最好是把移动平均数作为预测值的基数进行必要的修正。

（4）指数平滑法。在预测时会遇到资料不够充分的情况，比如，刚开始销售的商品、刚开业的店铺，这时候可以考虑采用指数平滑法。指数平滑法是将现实的历史资料和相应的预测资料结合，计算加权平均数进行预测的方法。具体来说，对本期进行预测，就是利用上期的实际值和预测值，赋予不同权数计

算加权平均数来进行预测。

例3 某企业一款刚开始销售的新家具，2021年1—2月销售额如表8-12所示，要求预测2021年3月的销售额（已知2021年年初预测的销售额为90万元）。

表8-12 某企业新家具2021年1—2月销售额

月份	销售额/万元
1	100
2	103

【解】从对1月预测90万元，到实际销售100万元，可以说明预测者的判断是有一定的价值的。很明显，可以综合1月的实际值和1月的预测值，对2月的销售额进行预测。由于新家具刚开始销售，市场还是比较模糊的，但预测者认为市场的实际应当更可取，所以赋予权数0.6，则赋予预测值的权数为 $1-0.6=0.4$。

2月的销售额的预测值 $= 0.6 \times 100 + 90 \times 0.4 = 96$（万元）

同理，可以利用2月的实际值和2月的预测值，对3月的销售额进行预测。

3月的销售额的预测值 $= 0.6 \times 103 + 96 \times 0.4 = 100.2$（万元）

因此，2021年3月的销售额的预测值为100.2万元。

指数平滑法中赋予历史实际资料的权数，用 α 代表，则预测值资料的权数为 $(1-\alpha)$。

指数平滑法的一般计算公式：

$$Y_t = \alpha S_{t-1} + (1-\alpha) Y_{t-1}$$

其中，Y_t 为所求的预测值，S_{t-1} 为上一期的实际值，Y_{t-1} 为上一期的预测值。α 为加权系数或平滑系数（$0 \leq \alpha \leq 1$）。

这里，还要指出的是，结合例子可以清晰地认识到指数平滑预测法实际上是一种特殊的加权移动平均法。

8.3.5 回归分析预测法

1. 回归分析预测法的要义

回归分析法，是在掌握大量观察数据的基础上，利用数理统计方法建立因变量与自变量之间的回归关系函数表达式（称回归方程）。通常线性回归分析法是最基本的分析方法。回归分析法是定量预测的主要方法之一。由于它依据的是事物内部的发展规律，因此采用这种方法预测比较精确。

2. 回归分析预测法的原理

任何事物的发展变化都是由多种因素决定的，现实市场中的各种现象也不例外。例如，商品销售量的多少与消费者的购买力、商品价格、品牌影响力等息息相关。因此，在市场预测中，找出影响和决定预测对象变化的有关市场因素，把有关的市场因素作为原因，把预测对象看作结果，并根据这些有关的市场因素的变化来推测预测对象的变化，这就是所谓的回归分析法。

回归分析法包括一元回归分析法和多元回归分析法。一元回归分析法，是在考虑预测对象发展本质变化的基础上，分析因变量随一个自变量变化而变化的情况并建立方程，据以进行预测。一元回归分析法包括线性回归分析法与非线性回归分析法。

例如，在一定时期内产品销售量随广告费用的投入而发生变化，可以搜集该时期相应的数据资料。用 x 代表自变量广告费用，用 y 代表对应的产品销售量。通过求解参数 a 和 b，可以建立起回归方程 $y = a + bx$，并利用该方程进行预测。

3. 一元线性回归分析法的运用

一元线性回归的基本模型可以表示为 $y = a + bx$，其中 x 为自变量，y 为因变量。a 和 b 为参数，也称回归系数，具体求解可按下面的公式：

$$b = (n\sum xy - \sum x \sum y)/[n\sum x^2 - (\sum x)^2]$$
$$a = (\sum y - b\sum x)/n$$

注意，要先求 b，再求 a。下面结合上一项目调研分析中曾用过的例子来进一步说明。

某企业营业推广费用与利润额之间的关系，可以利用回归分析建立方程进行未来的预测。

具体可以先计算分析相关系数判断营业推广费用与企业利润额之间的关系，再建立一元线性回归方程。具体资料如表 8-13 所示。

表 8-13　某企业营业推广费用投入与利润额资料　（单位：万元）

年份	营业推广费用 x	利润额 y
2015	20	10
2016	30	20
2017	30	30
2018	40	40
2019	50	60
2020	60	70
2021	80	80
2022	90	90
合计	400	400

计算相关系数的各项数据如表 8-14 所示。

表 8-14 相关系数计算表

x （1）	$x-\bar{x}$ （2）	y （3）	$y-\bar{y}$ （4）	（2）×（4）	$(x-\bar{x})^2$ （5）	$(y-\bar{y})^2$ （6）
20	−30	10	−40	1 200	900	1 600
30	−20	20	−30	600	400	900
30	−20	30	−20	400	400	400
40	−10	40	−10	100	100	100
50	0	60	10	0	0	100
60	10	70	20	200	100	400
80	20	80	30	600	400	900
90	40	90	40	1 600	1 600	1 600
平均 50		平均 50				
合计				4 700	3 900	6 000

据表 8-14 计算 $r = 4\,700 \big/ \left(\sqrt{3\,900} \times \sqrt{6\,000}\right) = 4\,700/(62.45 \times 77.5) = 0.971\,1$，从相关系数可见，该企业的营业推广费用与利润额直线相关性很强，可以建立直线回归方程进行表达，求回归参数。回归参数计算表如表 8-15 所示。

表 8-15 回归参数计算表

年份	x	y	xy	x^2	y^2
2015	20	10	200	400	100
2016	30	20	600	900	400
2017	30	30	900	900	900
2018	40	40	1 600	1 600	1 600
2019	50	60	3 000	2 500	3 600
2020	60	70	4 200	3 600	4 900
2021	80	80	6 400	6 400	6 400
2022	90	90	8 100	8 100	8 100
合计	400	400	25 000	24 400	26 000

$$b = (n\sum xy - \sum x \sum y)/[n\sum x^2 - (\sum x)^2]$$
$$= (8 \times 25\,000 - 400 \times 400)/(8 \times 24\,400 - 400^2)$$
$$= 1.136\,4$$
$$a = \sum y/n - b\sum x/n = (400/8) - 1.136\,4 \times (400/8)$$
$$= 50 - 56.82 = -6.82$$

所以回归方程为：$y = -6.82 + 1.136\,4x$，可以利用该方程进行预测。

实施任务 8.3 结合具体项目运用定量预测方法

1. 任务组织

（1）学习小组各成员先分头结合选定的调研专题拟定定量预测法具体方法的运用方案，然后小组内进行讨论，拟定出小组最后的市场定量预测方法的方案参与老师组织的讨论。

（2）老师组织小组之间进行交流，对各小组结合实际拟定的市场定量预测方法的方案进行相互讨论和交流，老师负责说明和决策。

（3）各学习小组将完善的市场定量预测方法的方案提交老师评定。

2. 任务要求

（1）每位同学都要积极参与，提出自己的市场定量预测方法的实施方案，并提出选择的具体理由。

（2）定量预测方法有多种，主要包括时间序列预测法和回归分析法两大类。各类方法又包括多种具体的方法，应一一说明所选定方法的实施方案，并注意加以综合运用。

（3）必须将方案结果用电子文本和纸质文本的形式上交老师。

学习指导

1. 学习建议

市场定性预测是针对认识比较模糊、资料不够充分的市场现象进行质的判断，另外，为了把握市场本质的发展，对市场现象也需要进行定性的判断。所以定性预测法是市场预测的重要方法。定性预测法主要是借助判断者的知识和经验进行，可分为两种：第一种方法是经验判断预测法，即利用专家判断的方法，具体又包括专家个人和集体来进行判断的集合意见法（包括专家会议法、头脑风暴法、反头脑风暴法和德尔菲法）；第二种方法是类推预测法。每一种方法都有它的优点、缺点和比较适用的条件，要进行分析比较来采用，掌握这些方法可以多结合现实的市场现象进行，以充分认识每一种方法的使用要点。

定量预测也称统计预测，是根据已掌握的比较完备的历史统计数据，运用一定的数学方法进行科学的加工整理，借以揭示有关变量之间的规律性联系，用于预测和推测未来发展变化情况的一类预测方法。

定量预测基本上可分为两类。一是时序预测法。它是以一个指标本身的历史数据的变化趋势，去寻找市场的演变规律，作为预测的依据，即把未来作为过去历史的延伸。时序预测法包括简单平均法、加权平均法、加权移动平均法、指数平滑法等。二是回归分析预测法。回归分析预测法是因果分析法中很重要的一种，主要包括一元回归法、多元回归法。它从一个指标与其他指标的历史和现实变化的相互关系中，探索它们之间的规律性联系，作为预测未来的依据。进行定量预测，通常需要积累和掌握历史统计数据。

2. 学习重点与难点

重点：定性预测的原则、德尔菲法、时间序列预测法、一元线性回归分析法

难点：指数平滑法

核心概念

定性预测　定量预测　德尔菲法　时间序列预测法　移动平均法　加权移动平均法　指数平滑法　回归分析法

课后思考与练习

1. 单项选择题

（1）市场定性预测是对市场（　　）的判断。
　　A. 质　　　　B. 量　　　　C. 质和量　　　　D. 金额变化

（2）市场定性预测活动是（　　）的过程。
　　A. 收集资料　　　　　　　　B. 设计问卷
　　C. 为预测决策服务　　　　　D. 设计方案

（3）市场预测活动属于企业（　　）活动。
　　A. 促销　　　B. 营销管理　　C. 管理　　　D. 日常经营

（4）市场预测方法包括（　　）预测。
　　A. 定额　　　B. 定量　　　　C. 数量　　　D. 计量

（5）市场定量预测的方法不包括（　　）分析法。
　　A. 因果　　　B. 回归　　　　C. 时间序列　　D. 相关

（6）建立数学模型进行预测的方法是（　　）。
　　A. 专家法　　B. 回归分析法　C. 定性预测法　D. 德尔菲法

2. 判断题

（1）定量预测与定性预测无关。（　　）

（2）预测不需要借助预测现象数量方面的资料。（　　）

（3）定性预测是为了定量预测服务。（　　）

（4）德尔菲法下专家的数量越多越好。（　　）

（5）一般来说，任何市场预测都必须进行定性预测。（　　）

（6）定量预测比定性预测准确。（　　）

3. 简答题

（1）简要说明定性预测的主要方法。

（2）简要说明定量预测的主要方法。

案例分析

中国低度酒市场正在发力，有资料显示，目前50度以下的降度白酒和低度白酒已经占了白酒消费市场90%以上的份额。伴随着"90后""00后"进入职场，低度白酒的市场份额在快速增长，他们更加懂得追求健康的生活观念，必然会促使低度酒行业的迸发。

【案例分析要求】上网收集相关信息，结合资料分析认识如下问题：

1. 市场预测应包括哪些方面的预测？

2. 市场预测与市场分析存在着什么关系？

项目 9 | Project 9

撰写市场调研报告

学习目标

知识目标

1. 掌握市场调研报告的格式要求
2. 掌握市场调研报告撰写的特点和各部分撰写的要求

能力目标

1. 能设计出市场调研报告的基本格式
2. 能结合具体的市场调研项目分析市场调研报告的各要素
3. 能以一定的专业理论和专业水平结合具体的市场调研项目撰写报告

项目介绍

市场调研活动的结果必须通过一定的形式予以反映，市场调研报告就是市场调研结果最好的反映。调研报告在资料反映的基础上，对资料进行分析得出有价值的结论，并结合市场预测提出合理建议来指导企业的决策。市场调研报告是一种实用的经济应用文，是一种具有专门的撰写要求的文体，在学习过程中要掌握好撰写的特点、技巧和要求。

任务 9.1　拟定市场调研报告的格式

9.1.1　市场调研报告概述

市场调研报告是在对调研得到的资料进行处理、分析的基础上，反映市场调研成果，并结合市场预测提出合理化建议和意见的一种书面报告，是市场调研活动过程中最重要的一环，也是市场调研工作的最终成果。调研企业或者委托调研企业可以利用调研报告进行生产经营管理的决策。

9.1.2　市场调研报告的作用

市场调研活动的目的是为企业的生产经营管理决策服务的，所以，必须把调研的成果通过一定的形式表达出来。要注意的是，调研问卷是零散的，不容易看出市场的现象，资料经过处理有序化，但也不能将现象描述出来；只有资料经过分析，才能得出市场现象的结果，而这些结果也正是通过具体的市场调研报告的形式进行表达的。具体来说，调研报告的作用主要有以下3个方面。

1. 通过一定的文体形式清楚地反映调研成果

调研报告是一种实用的经济应用文，具有一定的格式、写作特点和要求。能将调研的结果按照基本固定的格式要求进行各部分的撰写和组织；能按照写作特点进行资料的反映和分析说明；能按照撰写要求提出建议和意见。调研报告要简洁明了、系统全面。

2. 可以给客户提供满意的结果

从客户委托企业进行调研的角度来说，调研报告就是企业给客户的"产品"，调研报告直接反映了调研工作的组织水平和达成的结果，也直接反映了企业的调研行业水准，是企业得到和维系客户的关键一环。

3. 可以为企业的市场营销决策提供依据和帮助

调研报告的使用者往往依据调研报告，加上自己的分析判断，做出合理的市场营销决策。而且调研人员还在报告中结合市场调研资料提出了一些合理的建议、主张，可以帮助报告的使用者进行有效的决策。

9.1.3 市场调研报告的种类

好的调研报告重在内容，形式是次要的。调研报告必须根据问题的特点、读者的思维习惯和偏好等，来合理地安排其内容和形式。

（1）从表达形式来看，调研报告分为书面报告和口头报告两种形式。对小型调研活动或急需基本信息进行决策时，就没有必要或没有时间使用书面报告，因此口头报告也是一种必要的表达形式。在调研实践中也可以把两者结合起来，在提交书面报告的同时，辅之以口头报告作为补充或解释说明。

（2）从所反映的市场调研对象来分，可以分为行业市场调研报告、企业市场调研报告、商品市场调研报告、消费市场调研报告、供求关系市场调研报告、市场营销策略调研报告等。实践中，常见的是消费市场调研报告，如广州市居民牛奶消费市场的调研报告。

9.1.4 市场调研报告的特点

市场调研报告作为一种文体，相比其他经济应用文体，具有自身特殊的撰写特点，主要表现在如下 4 个方面。

1. 客观性

市场调研报告最大的特点在于客观性。以所调研的资料为依据，进行整理分析并写出报告。调研报告要实事求是、以事明理，切忌杜撰，不得虚构、不得夸大其词。

2. 针对性

市场调研报告要求针对企业所面临的问题，就企业所关心的问题，结合资料进行分析报告，也就是要求紧紧围绕市场调研的目的来反映调研的结果。

3. 实用性

市场调研报告是为企业的生产经营管理决策服务的，所以，报告必须针对所调研得到的市场现象的结果提出合理的建议、主张，为报告使用者提供帮助。

4. 简明性

市场调研报告文体比较简单，在写作上不要求大篇幅的描述、华丽的文采，只要求对资料进行反映，然后进行分析得出结论，提出建议和主张。所以，要注意与其他文体的不同，特别要注意不要写成记叙文或议论文的形式。

9.1.5 市场调研报告的格式

尽管市场调研报告的格式会因项目和使用者的要求不同而有所差异，但调研报告要把市场信息报告给决策者的功能和要求是不能改变的。所以，在长期的实践中，调研报告也形成了一般格式。

一份完整的市场调研报告可分为前文、正文和结尾三大部分，它们又各自包含一定的内容，如表 9-1 所示。

表 9-1　市场调研报告的一般格式

前文	正文	结尾
1. 封面 2. 标题 3. 目录 4. 前言	1. 研究目的 2. 调研基本内容 3. 调研方式与方法 4. 调研分析与调研结果 5. 调研结论与建议	1. 结语（概述、展望等） 2. 附录

实施任务 9.1　结合具体项目设计市场调研报告的格式

1. 任务组织

（1）各小组先结合选定的调研专题进行讨论，拟定自己小组市场调研报告的格式。

（2）老师组织小组之间进行交流，对各小组结合具体项目设计的市场调研报告格式进行相互讨论和交流，老师负责说明和决策。

（3）学习小组将完善的市场调研报告格式设计方案提交老师评定。

2. 任务要求

（1）每位同学都要积极参与，发表自己的观点。

（2）调研报告的格式必须紧密结合设计要求，可以参考图 9-1 进行设计。

```
                         前文
1. 封面（含标题）
2. 目录
3. 前言（引言）
                         正文
1. 研究目的
2. 调研基本内容
3. 调研方式与方法
4. 调研分析与调研结果
5. 调研结论与建议
                         结尾
1. 结语（概述、展望等）
2. 附录
```

图 9-1　调研报告的格式

（3）必须将方案结果用电子文本和纸质文本的形式上交老师。

任务 9.2　设计市场调研报告的各要素

9.2.1　前文部分的设计

1. 封面设计

封面是一份报告的"脸面"，所以，设计应当简洁明了，有一定的吸引力。封面设计的元素应当包括标题、委托单位、受托单位、责任人、时间等。可以参照图 9-2 的例子。

> **小案例**
>
> 关于广州市天河区居民家庭汽车购买行为的调查报告
>
>
>
> （可以设计简约的修饰）
>
>
>
>
>
> 委托单位：
受托单位：
责任人：

20××年×月×日

图 9-2　调研报告的封面设计

2. 标题设计

标题是调研报告中心的展现。一般标题的元素应当包括调研对象、调研内容再加"调研报告"后缀。

> **小案例**　　　　　**一般标题设计**
>
> （1）广州市青年择偶标准的调研报告。
> （2）广州市新兴业态发展状况的调研报告。
> （3）广州市电子商务发展状况的调研报告。

对于标题的表达形式，上述形式是比较规范的，从表达形式上来说属于直叙式。为了更加吸引阅读者注意和提高他们的兴趣，可以采用其他富有吸引力的形式：一是观点式，在标题中就直接提出引发人们注意的观点；二是提问式，在标题中提出核心观点并设问。

> **小案例**　　　　　　　**不同形式标题的设计**
>
> （1）广州市现代服务业发展状况的调研报告。（直叙式）
> （2）空调企业在202×年将经营维艰；广州家电连锁发展再也不能等待；现代人婚姻逐步走向裸婚。（观点式）
> （3）广州零售企业还能再等待吗？（提问式）

对于较大范围的调研，可以采用复合标题的形式，即主标题加上副标题。主标题反映调研的大方向，副标题反映具体的调研主题内容。

> **小案例**　　　　　　　**主副标题设计**
>
> （1）当代广州青年婚姻观——对广州市青年择偶标准的调研报告。
> （2）广州市是全国最好的营商城市——对广州市商业经营环境的调研报告。
> （3）广州市连锁经营必须奋起直追——对广州市连锁经营状况的调研报告。

3. 前言设计

前言是所报告调研项目调研情况的简要说明，又称为摘要，对报告的阅读起到引线作用，通常包括开展调研的原因、主要调研的对象、调研内容、调研的方式方法、调研的目标和目的、调研所依据的一些假设（可靠依据，如有必要，可加入历史背景的简要描述）、调研主要结论、调研建议以及调研活动前瞻等。注意不宜过长，一般情况下最好不超过两页。

> **小案例**　　　　　　　**前言的设计**
>
> 　　为了把握好广州市天河区居民家庭的汽车购买行为，我公司接受贵方委托，进行了为期10天的专项调查。具体采用了非随机抽样中的配额抽样方式调查了360户家庭，通过设计的专业问卷，采取在街边拦人访问的方法很好地完成了资料的收集。本次调研主要是从调研对象的基本资料、消费行为、消费动机、消费态度意见进行，从资料分析中得出了两个重要结论：（1）……（2）……由此，我们得出如下的市场认识，目前天河区居民家庭汽车购买意愿强烈，4S店以及车展是他们获得信息和购买的地点首选，特别是车展，由于有较好的气氛和营销促销形式，成为有购车意向的消费者最为关注的地方。为此，我们建议：（1）……（2）……具体的内容将在报告的下文中详述。

4. 目录设计

一般的调研报告都应该编写目录，以便读者查阅特定内容。目录包含报告的主要元素及其相应的起止页码。

如果报告含有图和表，那么需要在目录中包含一个图表目录，目的是帮助读者快速地找到对一些信息的形象解释。因为图和表是独立的数字编号，因此，在图表目录中，也许既有图1，也有表1，需列出每一图表的名称，并在报告中按出现的次序排列。目录的设计样式如图9-3所示。

```
前言
一、研究目的…………………………………………………………（01）
二、调研方式与方法…………………………………………………（03）
三、调研分析与调研结果……………………………………………（08）
四、调研结论与建议…………………………………………………（15）
附录……………………………………………………………………（17）
```

图9-3　目录的设计样式

9.2.2　正文部分的设计

正文主要包括调研目的、调研方式与方法、调研分析与调研结果、调研结论和建议等主体内容。

1. 调研目的

报告正文部分一开始，首先应当简要地说明调研活动的主要目的，方便报告使用者的阅读和把握，此部分内容要注意与方案的呼应。

2. 调研方式与方法

简要说明调研活动中样本组织的方式，以及调研资料搜集主要采用的方法。此部分内容也要注意与方案的呼应。

3. 调研分析与调研结果

这部分是调研报告最为重要的部分。应通过结合整理好的调研资料图表，采用定量分析和定性分析方法进行深入的分析，形成调研结果。

调研结果在正文中占有较大的篇幅。这部分在报告中应按照所调研市场发展的资料的一般顺序展开分析后形成。具体撰写要求在后面再做说明。

4. 调研结论与建议

调研结论是结合调研结果的发现，通过科学的归纳形成的、符合市场原理和一般规律的判断,应当在报告中认真地论述说明。

市场调研的根本目的是为企业的决策服务的。所以,可以结合调研公司作为专业的市场研究组织或专业的撰写小组人员的认识,提出一些合理化的建议。建议首先紧扣结论来提出或延展提出其他的一些建议,并做必要的说明。

9.2.3 结尾部分的设计

结尾部分为了方便归类认识,概括为两个部分:一是结语部分,二是附录部分。

1. 结语的撰写要求与要点

撰写结语时要注意,一份完整的调研报告是一个整体,从前言开始到结尾是一体的。所以,结语也应当作为报告的重要部分认真撰写。

结语的写法比较多,首先应当呼应开头,概述本次调研的意义。下面是一些写作手法。

(1)抓住结果中最有价值的部分概括深化主题和结论。

(2)概述全文,形成结论。

(3)提出看法和建议(如针对局限性可以提出解决问题的方法、对策或下一步改进工作的建议)。

(4)展望未来说明意义,或展望前景,发出鼓舞和号召。

(5)提出问题,引发人们的进一步思考。

2. 附录设计

对于一些有价值但又不便于在正文反映的资料(如技术性太强或过于详细的资料),可以通过附录的形式出现以备阅读者在必要的时候查阅。

通常出现在附录部分的内容有以下几类。

(1)调研方案、调研问卷和观察记录表等。

(2)不便于在正文中全部反映的资料(如正文中相关资料的详细计算和说明;被访问人或组织的名单)。

(3)正文中有关情况的补充说明、扩展说明或资料(较为复杂的抽样调研技术的说明)。

(4)一些次关键数据的计算(最关键数据的计算,如果所占篇幅不大,应该编入正文中)。

(5)较为复杂的统计表。

(6)二手资料来源的索引、参考文献。

(7)其他有价值的资料(会议记录、网络报告的地址、PPT)等。

实施任务 9.2　结合具体调研项目设计调研报告的各要素

1. 任务组织

（1）学习小组各成员先分头结合选定的调研专题设计调研报告的各要素，然后小组内进行讨论，定出小组最后的方案参与老师组织的讨论。

（2）老师组织小组之间进行交流，对各小组结合实际设计的调研报告要素方案进行相互讨论和交流，老师负责说明和决策。

（3）各学习小组将完善的调研报告要素设计方案提交老师评定。

2. 任务要求

（1）每位同学都要积极参与，设计好自己的市场调研报告，并认真加以说明。

（2）要求进行封面设计、目录设计，采用正确的论述方式，得出调研结论，提出正确建议，并注意结尾的写作形式。

（3）必须将设计方案结果用电子文本和纸质文本的形式上交老师。

任务 9.3　市场调研报告各部分的撰写

9.3.1　写作调研报告的基本要求

1. 主题明确、文笔简练

如何将调研结果清晰、明了地表现出来？这就要求撰写的报告有明确的主题；报告应当简明扼要、条理清晰；有简洁的表现形式；报告中的图表应该有标题；对计量单位应清楚地加以说明；如果采用了已公布的资料，应该注明资料来源。

2. 适度运用图表

正文中穿插图表是行之有效的表现手法，图表是一种传递和表达信息的工具，每个图表只包含一个信息，非常直观。研究表明，图表越复杂，传递信息的效果就越差。在用图表表达数据的同时，还要注意一些细节处理。比如，使用柱状图和条形图时，柱体之间的距离应小于柱体本身；在说明文字较多时，用条形图表示更清晰，便于读者辨认；在使用饼状图时，在标明数据的同时，应突出数据的标志。对于过长的表格，可以用附录形式表现。

3. 内容完整

调研报告中应该陈述调研的目的、方式方法、分析结果、结论和建议等方面的内容。

4. 注意运用好表达形式

（1）纸质文本。纸质文本是传统的报告形式，也是必不可少的形式。

（2）演示文稿。PowerPoint 是制作调研报告的常用手段，并可以电子文本形式存储在 U 盘中。

（3）网络。有些调研报告在网络上发布，可以更快速、更省力。

9.3.2 正文开头部分的撰写

报告撰写中常会遇到"万事开头难"的问题。对于开头部分的撰写，要注意结合文体的要求，尽量实用、简练。开头部分的撰写形式主要有如下几种。

1. 开门见山，揭示主题

直奔主题。例如，以"针对所要调查的主题，我们收集了如下几方面的资料"开篇，然后展示资料、分析资料、得出结果和结论。

2. 结果（或结论）先行，逐步论证

先提出本次调研得出的结果（或结论），一一展示并结合资料说明结果（或结论）的由来。例如，以"通过调研，我们发现当前全民都在做'纤体运动'"开篇，然后利用资料分析说明结果。

3. 交代情况，逐层分析

先说明本次调研的内容，再结合内容一一说明得到的资料，然后展开分析并得出结果和结论。例如，本次调研我们从四个方面开展，第一个方面是……后面接着是资料列举、分析，得出结果和结论。

4. 提出问题，引入主题

在开头就提出调研需要解决的问题，然后就问题说明调研得到什么资料，再进行分析说明。例如，当前的汽车消费市场是否处于供大于求的状况？是否消费者持币待购？针对上述问题我们进行了几个方面的调研，第一个方面是……后面接着是资料列举、分析，得出结果和结论。

9.3.3 调研分析与结果部分的撰写

调研报告的分析与结果部分的撰写可以有多种形式，主要包括下面 3 种。

1. 先给出资料后进行分析得出结果

先列举出调研整理好的资料，然后结合市场原理对资料进行分析，得出市场现象的调研结果。

2. 先提出调研结果（或结论）后引出资料进行论证

先提出调研得到的结果（或结论），然后再用调研得到的资料来分析为什么有这样的结果（或结论）。

3. 先提出问题后结合资料分析得出结果（或结论）

先提出所面临的问题，围绕问题举出调研得到的资料，然后进行分析得出结果（或结论）。

这里还要说明的是，开头部分的撰写和"调研分析与结果"部分是紧密相连的。

9.3.4 调研结论与建议部分的撰写

结论应紧扣调研的结果，通过演绎法和归纳法进行推理判断总结得出。调研的建议应紧扣结论，具有可行性意义，当然也可以提出一些进一步的意见、建议。

小案例　　　　**给某连锁家电经营企业的建议**

结论：一般消费者喜欢到电脑城购买电脑。

建议：要改变消费者的购买习惯需要一定的过程，而且要求品牌有较强的影响力。为此，我们认为应采取优惠力度较大的促销策略来激发消费行为的改变，具体策略如下。

（1）会员可以凭积分在购买电脑时享受优惠。

（2）一改整个商品宣传，因为品牌效应已经形成。可以进行专门的"电脑经营范围拓宽"的宣传，通过一段时间的广告逐步改变消费者的购买习惯。

（3）增加产品类型，以提高电脑的购买挑选度。

（4）通过一段时间的"以提高市场占有率"为目标，利用"薄利多销"策略扩大销售。

（5）加强售后服务。

实施任务 9.3　结合具体调研项目撰写市场调研报告

1. 任务组织

（1）学习小组各成员先分头结合选定的调研专题撰写调研报告，然后小组内讨论，定出小组最后的报告参与老师组织的讨论。

（2）老师组织小组之间进行交流，对各小组结合实际撰写的调研报告进行相互讨论和交流，老师负责说明和决策。

（3）各学习小组将完善的调研报告提交老师评定。

2. 任务要求

（1）每位同学都要积极参与，撰写出自己的市场调研报告。

（2）要求进行封面设计、目录设计，采用正确的论述方式，得出调研结论，提出正确建议，并注意结尾的写作形式。

（3）必须将完善的结果用电子文本和纸质文本的形式上交老师。

学习指导

1. 学习建议

市场调研报告作为一种经济应用文具有很强的实用性，应做到客观、简明、具有针对性，即它是针对需要解决的市场问题的一个结果反馈。应通过学习掌握好市场调研报告撰写的意义与特点。明确市场调研报告的特点与撰写的格式要求。应多结合各部分的要求进行练习，能结合具体的项目撰写出市场调研报告。

2. 学习重点与难点

重点：调研报告的格式和开头部分的撰写，调研分析与结果部分的撰写

难点：调研开头部分的撰写

核心概念

调研报告　调研报告格式

课后思考与练习

一、单项选择题

1. 调研报告具有（　　）形式。
   A. 1 种　　　　　　B. 2 种　　　　　　C. 多种　　　　　　D. 6 种
2. 调研报告与调研方案之间（　　）。
   A. 无关　　　　　　B. 关系密切　　　　C. 有一点关系　　　D. 根本不相关
3. 调研报告结尾部分的撰写方式有（　　）。
   A. 1 种　　　　　　B. 2 种　　　　　　C. 多种　　　　　　D. 固定格式
4. 调研报告开头部分的撰写方式有（　　）。
   A. 1 种　　　　　　B. 2 种　　　　　　C. 多种　　　　　　D. 固定格式

二、判断题

1. 调查报告的格式是基本固定的。(　　)
2. 附录是调研报告正文的重要部分。(　　)
3. 调研报告是一种提交给客户的"产品"。(　　)
4. 调研结果与调研结论的实质是完全一样的,但表述又是不同的。(　　)
5. 调研报告是为企业的决策服务的。(　　)

三、简答题

1. 简要说明调研报告的格式。
2. 简述调研报告结尾撰写的形式。

案例分析

全国各地房地产市场发展的状况有很大的不同。而随着人口城市化程度越来越高,城市住房需求也在增长。其中一线城市人口的集中度还在提升,以广州市为例,当地的房地产市场发展在一线城市中是比较稳定的。可以通过网络收集有关广州市房地产业市场发展情况的报告,这些报告都是从市场资料入手,分析市场的现象,得出对市场的一些认识,并提出一些建议的。

【案例分析要求】结合收集的报告分析如下问题:

1. 说明报告撰写的格式要求。
2. 报告撰写的特点是什么?
3. 收集其他行业资料并撰写一份市场调研报告。

参考文献

[1] 刘常宝. 市场调查与预测 [M]. 北京：机械工业出版社，2017.
[2] 魏炳麒，陈晖. 市场调查与预测 [M]. 5版. 大连：东北财经大学出版社，2016.
[3] 徐林，王自豪. 市场调查与预测 [M]. 北京：北京大学出版社，2011.
[4] 刘红. 市场调查与预测 [M]. 北京：北京交通大学出版社，2010.
[5] 范云峰. 营销调研策划 [M]. 北京：机械工业出版社，2004.
[6] 赵轶. 市场调查与预测 [M]. 3版. 北京：清华大学出版社，2015.
[7] 珀西. 市场调研：点铁成金 [M]. 文岳，译. 北京：机械工业出版社，2000.
[8] 杨勇，王惠杰. 市场营销学 [M]. 2版. 北京：中国财富出版社，2015.
[9] 杨勇. 市场营销策划 [M]. 北京：北京大学出版社，2014.
[10] 杨静. 市场调研基础与实训 [M]. 北京：机械工业出版社，2011.
[11] 王建增. 市场调查与预测 [M]. 北京：北京邮电大学出版社，2012.
[12] 余平. 市场调查与预测 [M]. 北京：北京师范大学出版社，2015.
[13] 叶向，李亚平. 统计数据分析基础教程：基于SPSS 20和Excel 2010的调查数据分析 [M]. 2版. 北京：中国人民大学出版社，2015.
[14] 楼红平，涂云海. 现代市场调查与预测 [M]. 北京：人民邮电出版社，2012.